사랑할까, 먹을까

어느 잡식가족의 돼지 관찰기

황윤 지음

사랑할까,

어느 잡식가족의
돼지 관찰기

황윤 지음

돼지를 찾아서

돼지농장, 돼지 게임

딜레마

먹을까

고기 디스토피아

살고 싶은 모두를 위한 식단

동물들의 미투 선언 : 차별에서 공감으로

프롤로그

어린 시절, 개들은 내 인생 최초의 친구이자 스승이었다. 내가 가까이 다가가기만 해도 좋아서 꼬리를 흔들어대고, 놀아주지 않으면 시무룩해지고, 피아노를 치면 어떤 곡을 알아듣고는 구슬프게 노래하던 모습을 보면서, 감정과 성격이 인간만의 전유물이 아님을 일찍부터 알았다. 나는 사랑하는 친구들에게 돼지고기를 주기 위해 정육점에 갔다. 등뼈와 붉은 살점이 쇠고랑에 걸려 매달려 있었지만 그것은 늘 보던 익숙한 풍경이었고 나는 그것들이 어디서 온 무엇인지 궁금하지 않았다. 내가 사 온 붉은 살코기를 내 개가 맛있게 먹는 모습을 보며 그저 흐뭇했다.

어른이 되었다. 동물원에 갔다. 북극곰이 머리를 흔드는 이상 행동을 하고 있었다. 사람들은 즐거워했다. 나는 갇힌 자들의 눈으로 동물원을 바라보기 시작했다. 호랑이, 재규어, 유인원들의 눈동자가 내게 이야기를 들려주었다. 밖으로 나가고 싶다고, 고향으로 가고 싶다고. 나는 이들의 이야기를 영화라는 언어를 통해 인간 세상에 전하는 '통역사'가 되기로 했다. 영화 <작별>을 시작으로 인간과 비인간 동물의 관계는 내 인생의 화두가 되었다.

광우병 위험이 높은 미국산 소고기 수입을 반대하는 촛불집회 즈음에 햄버거의 불편한 진실을 알려주는 한 편의 영화를 보았다. 나는 적어도 소고기, 돼지고기는 먹지 말자고 다짐했다. 2년쯤 지속된 어정쩡한 육식 기피가 막을 내린 것은, 지인의 아들 돌잔치에 갔을 때였다. 내 앞에 놓인 잘 익은 스테이크 앞에서 결국 나이프를 들고 말았다.

바쁜 일상을 핑계로 나는 다시 돈가스 마니아로 돌아왔다. 삼겹살이 빠진 회식 자리를 상상할 수 없었고 치킨은 어느새 국민 간식이 되어 있었다. 게다가 소, 돼지, 닭의 안녕보다 더 중요하고 급한 일들이 세상에 너무 많다고 생각했다. '치맥'을 먹으며, 나는 북극곰, 코끼리, 호랑이의 현실에 눈물 흘렸다. 소, 돼지, 닭에게는 미안하지만, 좀 더 기다려달라는 부탁을 하는 수밖에. 급한 일들이 많으니 '나중'에 너희들에 대한 고민을 해볼게.

적어도 수십 년 뒤의 일일 거라 생각했던 '나중'은 생각보다 빨리 왔다. 분주했던 영화 일을 잠시 내려놓고, 이제 막 말을 배우기 시작한 어린 아들을 키우며 하루가 어떻게 가는지도 모르게 육아로 바쁜 나날을 보내고 있던 어느 날. TV와 라디오에서 구제역 살처분 뉴스가 흘러나왔다. 그제야 난, 이름 모를 '고기'들의 삶이 처음으로 궁금해지기 시작했다. 그리고 평생 동안 내가 단 한 번도 살아 있는 돼지를 본 적이 없다는 사실을 깨달았다. 그것은 놀라운 발견이고 충격이었다. 돈가스 마니아이고 회식 자리에서 족발과 삼겹살을 즐기던 내가 단 한 번도 돼지를 본 적이 없다니. 이상한 일이었다. 돼지들은 다 어디 있으며, 이 많은 돼지고기는 다 어디서 오는 걸까. 주방세제를 살 때도, 옷을 살 때도 성분표를 보고 사는 내가, 유독 고기에 대해서만 그토록 무심했다는 것은 참 이상한 일이었다. 우리 가족이 먹고 있는 돼지가, 어디서 어떻게 사는지 알고 싶었다. 무엇보다 아들에게 돼지인형이 아니라 '진짜 돼지'를 보여주고 싶었다. 한 손에는 카메라를, 한 손에는 아이 손을 잡고 돼지를 찾아 길을 떠났다. 돈가스 마니아의 돼지 찾아 삼만 리. 영화 <잡식가족의 딜레마>는 이렇게 시작되었다.

가깝고도 먼 동물, 돼지. 돼지는 우리 식탁 위에 놓이지만 그들의 삶은 의외로 잘 알려져 있지 않다. 호랑이에 대해서라면 할 말이 있어도 돼지에 관해서라면 일자무식이었던 나는, 진심 영광스럽게도 돼지우리에 초대되어 그들의 숨결을 가까이에서 지켜보면서 이들이 얼마나 놀라운 존재인지 처음 알게 되었다.

 급하게 아무거나 먹고 배를 채우기 바빴던 나는 '무엇을 먹을 것인가'의 문제를 처음으로 진지하게 생각하게 되었다. 안전한 먹을거리에 대한 고민은 물론, 생명에 대한 윤리문제, 나아가 우리가 살아가는 유일한 서식지인 이 별에 대한 고민이 이어졌다. 먹는 것은 단지 취향의 문제가 아니라, 세상의 아주 많은 것들과 연결된, 대단히 사회적이고 정치적인 일임을 알게 되었다. 무엇을 먹을 것인가의 질문은 결국 어떻게 살 것인가의 질문으로 이어졌다. 어떻게 해야 위기에 처한 이 별에서 다 함께 살아남을 수 있을까. 이 중요한 질문에 대한 답이 한 그릇의 밥에, 한 끼니의 밥상에 담겨 있었다. 돼지를 찾아 떠난 여정은 지구 반대편 이웃에 대한 생각으로 뻗어나갔다가 다시 나의 일상, 나의 내면으로 돌아왔다.

이 책은 영화를 만든 과정뿐 아니라, 제작 이후의 일들까지 포함하고 있다. 영화가 잡식가족이 돼지가족을 만났을 때 일어나는 딜레마에 관한 이야기라면, '사랑할까, 먹을까'의 딜레마를 풀기 위해 수년간 고민하고 답을 찾아간 과정을 이 책에 담았다. 한 편의 영화에 다 풀어내기에는 방대한 주제이기 때문에, 영화에서 못다 한 이야기를 책으로 쓰고 싶다는 바람이 있었다. 이 책은 '동물을 먹는다는 것'을 건강, 환경, 윤리, 심리, 페미니즘 관점에서 이야기한다. 영화는 관객들도 딜레마에 빠져서 함께 답을 찾아가면 좋겠다는 바람으로 만들었다면, 이 책은 딜레마를 푸는 약간의 안내서 같기를 바라는 마음으로 썼다. 물론 이 책이 결코 정답은 아니다. 다만 내가 겪은 일련의 고민과 해답을 찾는 과정이 오늘 저녁 무엇을 먹을 것인지를 고민하는 분들에게 작은 도움이 되면 좋겠다는 바람이다.

2011년 1월, 무턱대고 돼지를 찾으러 떠난 여정이 만 7년 11개월 만에 끝났다. 아들이 세 살 됐을 때 영화를 만들기 시작해서 일곱 살 되던 해 극장에 개봉했고, 이후 전국 곳곳에서 작은 상영회를 이어가는 와중에 짬짬이 책을 쓰며 또 몇 년이 지났다. 아들은 이제 열한 살이 된다. 아들도 자랐고 나도 자랐다. 조연출을 했던 후배가 말했다. "감독님은 작품 하나 만들 때마나 제단에 뼈를 하나씩 바치는 것 같아요"라고.

맞는 말 같다. 이 작품에 최소한 갈비뼈 몇 개는 바친 느낌이다. 4년 4개월의 제작 기간 동안 많은 밤 불면에 시달리며 작업했던 기억. 촬영하고 돌아와 혹여나 어린 아들에게 바이러스가 옮을까, 장비며 옷이며 수없이 닦고 빨았던 기억. 자료조사를 하며 울다가, 유치원에서 귀가하는 아들을 맞이할 때는 밝은 표정을 지어야 했던 기억들. 잠든 아들 머리 한번 쓸어주고 이른 새벽에 길을 나섰고, 시간이 없어 고속버스에서 끼니를 때우는 날도 허다했다. 힘들

때마다 이 여정을 왜 시작했는지를 떠올렸다. 우리가 살아가는 세상이 좀 더 평화로웠으면, 죽임보다는 살림의 기운으로 가득 찼으면 하는 마음이 영화를 만든 계기였고, 책을 쓴 이유였고, 나를 달리게 한 힘이었다.

의도한 것은 아닌데, 돼지해를 앞두고 이 책을 세상에 내놓게 됐다. 황금돼지 목걸이뿐 아니라 '진짜 돼지'들의 삶에 보다 많은 사람들이 관심 갖게 되면 좋겠다. 그들이 안녕해야 우리도 안녕할 수 있음을 많은 사람들이 알게 되면 좋겠다.

돼지들은 내가 어떤 방향으로 가야 하는지를 알려준 스승들이다. 엄마 돼지 십순이에게 특히 고맙다. 돼지들의 삶을 가까이에서 볼 수 있게 허락해준 양돈농장 관계자들, 그리고 원가자농의 원중연 선생님 부부께 마음 깊이 감사드린다. 책이 나오기까지 섬세하고 따뜻한 조언으로 긴 여정을 함께해주신 한겨레출판사 편집부에 진심으로 감사드린다.

묻지도 따지지도 않고 같이하자 손잡아준 김일권 프로듀서, 함께한 시네마달 직원들, 부족한 제작비에 힘든 현장에서도 마음으로 함께해준 모든 스태프, 용기를 주신 임순례 감독님, 도움 주신 여러 동물권 단체들과 후원자들, 그리고 관객들에게 고마움을 전한다. 관객들의 공감이 이 책을 쓰는 데 큰 용기가 되었다. 함께 둥글게 모여 앉아 이야기를 나누다 보면 반드시 더 나은 세상을 만들 수 있을 거라 믿는다.

나의 사랑하는 '잡식가족'에게도 고마움을 전한다. 영화 속에서 많은 이들에게 웃음과 공감을 선사하고 언제나 든든하게 곁에 있어준 동반자 영준에게 많이 고맙다. 망각의 강을 건너지 않도록 도와준 것은 결국 아이와 영화, 그리고 이 책이었다. 세상의 모든 것을 궁금해하며 이건 왜 그렇고 저건 왜 그런지 묻는 아이에게 나는 거짓말을 할 수 없었다. TV와 신문에서 소, 돼지, 닭을 매장하는 뉴스가 나오는데, 고기는 그냥 고기일 뿐이고 인간이 동물을 저렇게 대하는 건 '어쩔 수 없는 일'이라고 어물쩍 넘어갈 수 없었다. 아이는 당연하게 생각했던 것들에 대해 질문을 하게 만들었다. 영화와 책은 그 질문에 대한 답을 찾는 과정이었다. 아이와 영화, 책이 아니었다면, 난 어쩌면 이런저런 핑계를 대며 살상의 충격을 망각하고 익숙한 습관에 안주했을 것이다. 돼지를 찾아 떠난 여정에서 소중한 동반자가 되어주고, 언제나 내가 어떤 삶을 살아야 하는지 질문하기를 멈추지 않도록 도와주는 나의 거울, 내 사랑하는 아들, 도영에게 이 책을 바친다.

2018년 12월

황윤

돼지를
찾아서

먼저 연민의 삶을 살라. 그러면 깨달음을 얻을 것이다.

— 붓다

제작일기.

도영이 손을 잡고 동네를 산책했다. 늙은 나무 한 그루가 있다.

도영이와 나는 그 나무에 '할머니 나무'라고 이름을 붙였다.

"할머니 나무한테 인사하자. 그러면 나무가 대답할 거야."

도영이가 말한다. "할머니 나무가 대답 안 해."

"나무를 안아봐. 그러면 할머니 나무가 대답하는 걸 느낄 수 있어."

도영이가 나무를 안아본다.

평소 차를 타고 가거나 혼자 빨리 걷다 보면 보이지 않던 것, 듣지 못했던

작은 소리, 맡지 못했던 향기를 아이와 손을 잡고 천천히 걷다 보면 느끼게

된다. 도영이 덕분에 내 앞에 펼쳐지는 작지만 소중한 세계들.

엄마인 내가 도영이를 가르치고 이끈다고만 생각했는데 거꾸로 도영이가 나를

이끌고 더 나은 세계로 인도한다는 느낌을 받는다.

도영이가 아니었다면 '무엇을 먹을 것인가'에 대한 생각도 이렇게까지

진지하게 하지 못했을 것이다. 사는 게 바쁘다는 이유로 아무거나 대충 먹는

삶을 계속 살았을 것이다. 아이 덕분에 나는 다른 눈으로 세상을 보게 되었고,

'먹는다는 것'에 대한 고민을 처음으로 진지하게 하게 되었다.

그리고 그 질문은 '어떻게 살 것인가'로 이어졌다.

구덩이

2009년이 시작될 때쯤 갑자기 하늘에서 선물이 떨어졌다. 아이라는 이상하고 신기한 생명체였다. 이 넓은 우주에서 오직 나만 의지하는 생명에 대한 감동도 잠시, 육아는 전혀 예측하지 못했던 세계로 나를 데려다 놓았다. 배 속에 아이를 품은 채 열 달 동안 엄마가 될 준비를 했건만, 예습은 별 도움이 되지 않았다. 좋아하는 책과 영화는 저 멀리. 아기가 스스로 몸을 뒤집고 기고 걷고 말하기 시작하는 놀라운 성장에 감탄하면서도, 혼자 아이를 돌보고 모든 문제를 스스로 해결해야 하는 이른바 '독박 육아'의 세계는 너무 외롭고 힘겨웠다.

엄마가 되기 전에 영화를 만들며 다양한 사람들을 만나고 많은 것을 배웠지만, 아이를 키우는 일에 대해서만큼은 왕초보였고, '좋은 엄마가 되는 것'의 어려움에 비하면 영화를 만들며 부딪쳤던 난관들은 아무것도 아니었다. 가습기는 어떤 것이 좋은가, 아기가 감기에 걸렸을 때 항생제를 먹여야 하나 말아야 하나, 기저귀는 무엇을 써야 하나. 어느 하나 쉬운 결정이 없었다. 인터넷엔 너무 많은 정보가 있어서 보면 볼수록 더 헷갈렸다.

아이를 키우며 마주치는 일상의 숱한 선택 앞에서 나는 자주 가치관이나 윤리 같은 저울을 꺼내야 했다. 그런데 가치관이라는 저울을 꺼내면 습관이란 방해꾼이 불쑥 튀어나오고, 윤리라는 저울을 꺼내면 이기심이 튀어나왔다. 저울의 눈금은 자주 왔다 갔다 했다. 그래도 나름대로 '윤리적 소비'를 하려고 노력했다. 먹을거리는 물론 세제, 휴지 등 생필품을 생활협동조합(생협)에서 구입했다. 그것이 아이의 건강은 물론 땅과 강, 사람 모두를 살리는 길이라 생각했다.

어느새 아이가 두 돌을 앞두고 있었다. 육아에 전념하던 2010년 말, TV에서 이상한 뉴스가 나오기 시작했다. 구제역이라는 병이 돌아 돼지와 소를 '살처분'한다는 소식이었다. 며칠 지나면 잠잠해지겠지 싶었는데 사태는 수그러들 줄 모르고 일파만파 번졌다. 경북 안동에서 시작된 구제역은 보름 만에 경기도 등 전국으로 삽시간에 확산됐다.

2011년 새해가 시작되었고 설 명절이 다가왔지만 사태는 진정되지 않았다. TV를 켜면 하얀 방역복을 입은 사람들과 멀리서 움직이는 포클레인이 화면에 비쳤고, 아나운서와 방역당국 공무원들은 오늘 또 몇 만 마리의 돼지와 소를 살처분했는지 보도했다. 그런데 '살처분'이라니. 처음 듣는 소름 끼치는 단어였다. 생명이 어떻게 '처분'의 대상이 될 수 있지?

소, 돼지는 대부분 생매장됐다. 병에 걸리지 않은 멀쩡한 소,

돼지까지도 생매장됐다. 이른바 '예방적 살처분'이었다. 새끼에게 젖을 먹이던 어미 소, 엄마 젖을 먹던 아기 돼지, 동물복지 농장에서 건강하게 키우던 소, 돼지도 가리지 않았다. 숫자가 눈덩이처럼 불어났다. 100만 마리, 200만 마리, 300만 마리…. (2011년 4월까지 총 350만 마리의 소, 돼지가 매장됐다.)

멀쩡한 소, 돼지를 파묻어야 하는 농장주들의 억울함, 침출수로 지하수가 오염되고 있다는 농민들의 절규, 정부의 잘못된 대응과 살처분의 폭력성을 비판하는 목소리, 한쪽에서는 지나친 육식과 밀집 축산에 대한 반성, 또 한쪽에서는 돼지고기값 상승과 소비 위축을 걱정하며 이럴수록 더 많은 고기를 먹어달라는 축산업자들과 정부 관료들의 삼겹살 시식회…. 그야말로 혼돈 그 자체이자 '국가 재난' 사태가 되었다.

끔찍한 상황이었지만 내가 할 수 있는 일은 없어 보였다. 아이를 돌보다 보면 하루가 눈 깜짝할 사이 지나가버렸다. 돼지까지 신경 쓸 여유가 없었다. 어서 이 끔찍한 상황이 끝나기를 기도하는 일만이 내가 할 수 있는 유일한 일 같았다.

그때 한 통의 전화를 받았다. 임순례 영화감독이었다. 동물권행동 카라의 대표이기도 한 임 감독님이 이렇게 말했다.

"지금 엄청난 일이 일어나고 있는데, 누군가는 다큐로 만들어야 하지 않을까요? 황 감독님이 누구보다 적임자라 생각되는데…."

당시 유기견과 길고양이에 관한 영화 <미안해, 고마워>를 만들고 있었던 임 감독님은 이렇게 말을 이었다.

"개, 고양이는 제가 맡을 테니 황 감독이 소, 돼지를 맡아줘요."

농담처럼 들렸지만 사뭇 진지한 역할 분담 제안이었다. 나는 손사래를 치며 답했다.

"감독님, 차라리 호랑이 영화가 쉽겠어요. 소, 돼지는 제가 아는 게 하나도 없어요."

시시각각 멸종으로 내몰리는 야생동물들의 현실을 알리는 것이 '중요하고 급한' 일이라 여겼고, 지금까지 줄곧 야생동물에 대한 영화를 만들어왔듯이 다음 작품도 그런 이야기를 할 거라고 생각하고 있던 터에 갑작스런 제안이 버겁게 느껴졌다. 돼지에 관해서라면 나는 아들 도영이와 같은 수준이었다. 저금통 아니면 고기. 이게 내가 아는 돼지의 전부였다. 관심도 없고, 별로 알고 싶지도 않은 동물, 돼지. 도시에서 살아온 나는 돼지를 본 적도 없었다. 게다가 어린 아들을 두고 어떻게 촬영을 다니나.

"쉽지 않을 것 같아요. 애기도 봐야 하고요. 그래도 고민은 한번 해볼게요."

어떻게 해야 할까? 방에 앉아 곰곰이 생각에 잠겼을 때 갑자기 책꽂이에 꽂혀 있는 책 한 권이 눈에 들어왔다. 세계적인 행동주의 철학자 제레미 리프킨의 《육식의 종말Beyond Beef》. 교양인의 필독서로 알려진 책이라 사놓기는 했지만 왠지 손이 가지 않아 책꽂이에 꽂힌 채 먼지만 쌓여 있던 책이었다. 책을 꺼내 펼쳤다. 첫 장부터 밑줄을 긋기 시작했다. 축산업이 일으키는 지구 종말적인 생태 파괴와 환경오염, 사회 불평등의 문제들이 낱낱이 적혀 있는 그 책은 한 편의 '묵시록' 같았다. 늦은 밤 부엌에서 불을 밝히고 읽던 나는 손에서 책을 놓을 수 없어 밤을 새워 다 읽었다. 책 전체가 밑줄과 별표로 가득 찼다. 그동안 대충 알고 있다고 생각했던 문제들이 얼마나 피상적인 지식이었는지를 깨달으면서 눈앞을 가로막았던 장막이 걷히는 느낌이 들었다. 마지막 장을 넘기는 순간, 이제부터 어떤 운명적인 여정을 떠나게 되리라는 것을 직감했다.

며칠 뒤, 아이를 어린이집에 보낸 후 출산과 육아로 쉬고 있던 카메라의 먼지를 털어 길을 나섰다. 집에서 출발한 지 20분쯤 후, 택시는 도심 외곽의 한적한 시골에 나를 내려놓고 떠났다. 방역차가 있는 풍경이 을씨년스러웠다. 미리 주소를 파악해둔, 살처분이 진행되는 돼지농장을 찾아갔다. 웃는 돼지가 그려진 빛바랜 간판이 보였다. 맞게 찾아온 것 같다. 100m쯤 안쪽에 축사로 보이는 건물이 있었다. 심장 뛰는 속도가 빨라졌다. 심호흡을 한 번 하고 안으로 들어가려고 하자, 하얀 방역복을 입은 남자들이 다가와 앞을 가로막으며 출입 금지라고 했다. 여기까지 왔는데 그대로 돌아갈 수는 없었다. 주위를 둘러보자 나지막한 산이 있었다. 얼음으로 미끄러운 언덕을 나뭇가지를 붙잡고 겨우 기어올랐다. 멀리 방역복을 입은 사람들이 분주히 움직이는 모습이 보였다. 카메라를 켜고 줌 버튼을 당겼다. 사람들이 돼지들을 막대기로 툭툭 치며 축사에서 밖으로 내몰았다. 거대한 포클레인이 구덩이 앞에서 떨어지지 않으려 하는 돼지들을 밀쳐 넣었다. 산 채로 구덩이에 빠진 돼지들은 서로 뒤엉켜 몸부림쳤다. 날카로운 소리가 멀리서 들렸다. 바람소리인가 싶었던 그 소리는 돼지들의 비명 소리였다.

뉴스로만 보던 살처분 현장을 직접 목격하고 충격을 받은 나는 집에 와서 인터넷을 뒤졌다. 동물권 단체 케어에서 올린 영상이 있었다. 활동가들이 경기도 이천의 어느 살처분 현장에서 찍은 영상이었다. 거대한 구덩이에 가득 찬 수천 마리 돼지들이 비명을 지르고 있었다. 아비규환이었다. 구덩이, 내 인생은 그 구덩이를 보기 전과 후로 나뉘게 되었다.

돼지를 캐스팅하다

살처분 현장을 목격하고 돌아온 날부터 나는 딜레마에 빠졌다. 냉동실엔 얼마 전 아이를 위해 사다 둔 고기가 들어 있었다. 이 비싼 고기를 안 먹고 버릴 수도 없고, 먹자니 내키지가 않았다. 여러 가지 질문이 고개를 들었다.

'마트의 신선육은 다 어디서 오는 걸까?' '고기는 이렇게 많은데, 살아 있는 돼지들은 다 어디에 있는 걸까?' '우리가 먹는 동물들을 이렇게 폐기 처분하고 또 키워서 먹는 시스템은 옳은 건가?' 여러 가지 질문들이 동시다발적으로 떠올랐고 답을 찾고 싶었다. 하루 세끼 밥을 먹을 때마다, 아이를 위한 밥상을 차릴 때마다, 장바구니에 뭘 담을지 결정할 때마다, '선택'을 해야만 했기 때문이다. 어떤 학자의 이론이 아니라 나 스스로, 내 삶 속에서 그 질문에 대한 답을 찾고 싶었다. 이 고민과 딜레마가 나만의 것은 아닐 거라는 생각이 들었다. 영화를 만들기로 했다. 어느새 나는 새 작품의 기획안을 쓰고 있었다.

2011년 1월, 나는 영화의 대략적인 줄거리를 쓰기 시작했다. '고기'가 식탁에 오르기까지의 과정을 보여주는 영화, 송아지를 주인공으로 이야기를 써 내려갔다. 돼지는 생각지도 않았다. 돼지농장을 가본 적도, 살아 있는 돼지를 본 적도 없어서 돼지를 주인공으로 하면 어떤 장면들이 펼쳐질지 상상이 가지 않았다.

그러다 문득, 돼지가 참 이상한 동물이라는 생각이 들었다. 첫 번째, 돼지는 흔한 동물인 것 같은데 막상 주위를 둘러보면 보이지 않는다. 두 번째, 우리는 돼지를 친숙하게 여기고 잘 아는 동물이라 생각하지만 막상 돼지가 어떤 동물인지 잘 모른다. 가깝고도 먼 동물이 돼지라는 생각이 들었다. 세 번째 이상한 점, 돼지는 좋은 것과 나쁜 것을 동시에 상징한다. 돼지는 예부터 풍요와 복의 상징이었다. 돼지꿈은 길몽이다. 오래된 식당이나 이발소에는 아직도 새끼 돼지들에게 젖을 먹이는 엄마 돼지의 그림이 걸려 있다. 사업이 번창하기를 바라는 마음일 것이다. 십이지신 중에도 돼지가 있다. 돼지신은 악귀로부터 집을 지키고 왕의 무덤을 지키는 수호신이었다. 삼국시대, 통일신라시대, 고려시대의 왕릉과 오래된 사찰의 그림, 조각에서 발견되는 돼지신은 망자를 지키고 불법을 지키는 상서롭고 용맹스런 존재였다. 그런데 언제부터인가 사람들은 돼지를 탐욕스럽고 더러운 동물로 여긴다. 이것은 네 번째 이상한 점과 맞물린다. 우리는 돼지를 먹고 돼지가 우리 몸의 일부가 되는데도 돼지를 멸시하고 혐오한다. 더럽고 탐욕스러운 사람에게 "돼지 같은 놈"이라고 욕한다. 실제로 돼지가 탐욕스럽고, 더러운 동물인지 아닌지는 차치하고, 돼지를 맛있게 먹으면서도 더럽다고 욕하는 인간의 속성이 참 모순되게 느껴졌다. 돼지가 굉장히 다층적이고 희한한 동물이라는 생각에 이르자, 영화를 만드는 입장에서 돼지가 무척 흥미롭게 느껴졌다. 점점 돼지를 주인공으로 해야겠다는 생각이 굳어졌다. 그렇지만 막막한 건 여전했다. 축산 관련 보도를 했던 한 언론인에게 자문을 구했다. 그는 나를 만류했다.

"돼지는 찍을 게 없어요. '그림'이 나올 게 없어요."

주변 사람들도 웃었다. 왜 하필 돼지냐고. 소는 익숙했다. 그런데 내가 익숙하면 관객도 익숙할 것이다. 나도 모르고 관객도 잘 모르는 영역이어야 영화로서 가치와 매력이 있다고 생각했다. 돼지의 디귿 자도 몰랐지만, 일단 부딪쳐보기로 했다. 몇 달 동안 소를 주인공으로 썼던 기획안을 휴지통에 던졌다.

돼지를 캐스팅하기로 했다.

돼지 찾아 삼만 리

본격적으로 주인공을 찾기 시작했다. 책, 인터넷, 언론기사 등 자료를 찾아보니 돼지는 놀랍게도 '농장'이 아닌, '공장'에서 사육되고 있었다. 이름은 농장이지만, 실제로는 햇빛과 바람이 통하지 않는 밀폐된 축사 안에 적게는 수백 마리, 많게는 1만 마리 이상의 돼지들을 밀집 사육하는 곳. 한국에서 사육되는 돼지는 무려 1,000만 마리가 넘는데, 이 많은 돼지들이 마치 공장의 부품처럼 사육되는 것이다. 이른바 공장식 축산.

돼지가 농장이 아닌 공장에 산다는 사실도 충격이었지만, 이런 현실을 전혀 모르고 살아왔다는 사실이 더 놀라웠다. 나만 몰랐던 건지 궁금했다. 거리에서 시민들을 인터뷰해보았다.

"소, 돼지가 어떤 곳에서 사는지 아시나요?"

시민들은 대부분 "농장", "초원"이라고 답했다. 푸른 초원에서 평화롭게 풀을 뜯는 소, 우리 한구석에서 낮잠을 자는 돼지, 마당을 돌아다니며 모이를 쪼는 닭, 밀짚모자를 쓴 농부. 우리가 어릴 적 봤던 그림책들을 아이들에게도 보여주며 여전히 소와 돼지가 그렇게 살아가고 있으리라 생각하지만 이제 이런 농장은 거의 없다. 우리가 먹는 99.9%의 돼지고기는 농장이 아닌 공장에서 생산된다.

농장은 정말 없을까? 우리가 '농장'이라는 단어를 듣고 떠올리는 그런 농장 말이다. 나는 영화에서 공장과 농장을 다 보여주고 싶었다. 공장은 우리가 소비하는 대부분의 돼지고기가 생산되는 곳이어서 보여주고 싶었고, 농장을 보여주고자 한 이유는 두 가지였다. 공장식 축산이 아닌 다른 방식으로 키우는 대안을 찾고 싶었고, 돼지가 돼지답게 살아가는 모습을 보여줘야만 돼지가 실제로 어떤 동물인지를 알 수 있을 것 같았기 때문이다.

제작 초기, 다음과 같은 이야기가 떠올랐다.

한국에서 사육되는 1,000만 마리의 돼지들 중 두 돼지의 삶을 따라가보기로 한다. 공장식 양돈농장에서 태어난 아기 돼지와 소규모 친환경농장에서 태어난 아기 돼지. 이름 없이 '번호'만 있던 이들에게 각각 '돈오'와 '돈수'라는 이름을 붙여준다.
돈오와 돈수는 대조적인 삶을 살아간다. 인공적이고 삭막한 공장식 양돈농장에서 사육되는 돈오. 이에 비해 돈수는 자연스러운 환경에서 '돼지다운 삶'을 살아간다. 나는 어린 아들 도영과 함께 돼지들을 만나러 간다. 돈오와 돈수의 서로 다른 일상을 가까이 지켜보며, 돼지에 대해 전에는 몰랐던 것들을 알아가게 되는데….

돼지의 이름을 뭐라고 붙일까 고민하다가 '돈오', '돈수'라는 이름이 섬광처럼 떠올랐다. '돈오돈수頓悟頓修'는 불교에서 단박에 깨쳐서 더 이상 수행할 것이 없는 경지를 말한다. 물론 '돼지 돈豚'의 발음을 살린 이름이기도 하다. 부처가 중생을 교화하기 위해 여러 모습으로 변화한다는데, 깨달음의 화신化身처럼 갑작스럽게 내 인생에 나타나 화두를 던진 돼지.

먼저 돈오, 그러니까 공장식 양돈농장의 새끼 돼지를 찾는 여정부터 출발해보기로 했다. 리스트를 뽑아서 전화를 돌리기 시작했다.

"아, 네. 방역 때문에 외부인 출입이 금지되어 있습니다."

"그럼, 저희가 소독을 완벽하게 하고 방역복을 입고 들어가겠습니다."

"아무튼 안 되고요. 다른 데 알아보세요."

딸깍. 전화가 끊어졌다. 수십 통의 전화를 했지만 반응은 모두 똑같았다. 며칠 고민하다 다시 시도해보았다. 목소리가 20~30대로 들리는 여성 직원이 전화를 받았다. 간단한 소개 후 촬영 협조를 구했다.

"돼지를 보고 싶은데 어디 있는지 볼 수가 없더라고요."

"그렇죠. 주변에 농장이 있는 걸 주민들이 싫어하니까 구석으로 들어가게 되죠. 그래서 살아 있는 돼지를 보기 힘든 거예요."

직원의 반응이 굉장히 솔직했다. 의외였다.

"그렇군요. 그래도 우리가 먹는 돼지를 보긴 봐야 하잖아요."

"네, 제작 의도를 정리해서 보내주시고요. 그런데 아까도 말씀 드렸지만 돼지를 키우는 양돈장이 사회적으로 문제를 일으킬만한 소지가 있어요."

양돈 기업이 스스로 문제를 인정하고 있다니, 뜻밖의 반응에 잠시 적응이 되지 않았다. 질문을 이어나갔다.

"어떤 면에서 그렇죠?"

"일단 선생님도 댁 옆에 양돈장이 있는 걸 좋아하지 않으시겠죠? 대부분 혐오 시설로 취급하니까요."

"돼지농장이 왜 혐오 시설로 취급을 받나요?"

"냄새, 암모니아 냄새가 나고요. 사회적인 문제를 많이 가지고 있어요. 기사도 찾아보시고, 공부를 좀 해주세요. 평창올림픽을 유치하려고 평창 지역에 있던 농장들을 이주시켰어요."

이렇게 솔직하게 말하는 직원은 처음이었다. 목소리는 친절했지만 호락호락 빗장을 열어줄 것 같진 않았다.

"동물복지 문제도 있고… 저희가 나름대로 바람직한 방향으로 가려고는 하지만, 밖에서 일반인들이 볼 때는 동물을 학대한다고 생각할 수 있거든요. 어떤 주제로 촬영하시는지 모르겠지만, 저희 농장은 안 될 것 같아요."

역시 공장식 양돈농장은 매우 폐쇄적이었다. 공장의 문을 두드리는 한편, 농장도 찾아나섰다. 우선 '동물복지 농장'을 떠올렸다.

찾기가 쉽지 않았다. 많지 않기 때문이다. 한 농장은 '돼지 운동장'이 있다고 했다. 전화를 해서 물어보니, 축사 바깥에 200평 정도의 운동장이 있다고 했다. 사육하는 돼지는 1,500마리 정도. 한꺼번에 풀어줄 수 없으니 조를 짜서 교대로 운동장에 나갈 기회를 준다고 했다. 돼지 각자에게는 몇 주에 한 번 햇빛을 볼 기회가 주어지는 셈이다. 또 다른 동물복지 농장은 음악을 틀어준다고 했고, 어떤 곳은 간식으로 사과를 준다고 했다. 모두 사육두수 2,000마리 정도의 작지 않은 규모였다.

나름 노력하는 농장들이었으나 어쩐지 끌리지 않았다. 공장식 양돈농장인데 약간의 '복지'를 가미한 그곳들은 내가 찾는 이미지가 아니었다. 동물복지 농장들을 조사하면서 깨달은 것은 '사육두수', 그러니까 키우는 돼지의 숫자가 많을수록 동물복지와는 거리가 멀어진다는 사실이었다. 돼지 수가 많아지면 사육밀도가 높아지고 돼지 한 마리가 누릴 수 있는 공간은 좁아진다. 결국 공장이 될 수밖에 없다. 그것을 깨달은 순간, 내가 어떤 이미지를 원하는지 정확히 알게 되었다. 들고 있던 동물복지 농장 목록을 내던지고, '소규모 농장'을 찾기 시작했다. 20~30마리, 혹은 100~200마리 정도의 돼지를 키우는 작은 농장들. 그때부터는 발로 뛰는 취재를 했다.

소규모 돼지농장은 거의 '멸종 위기' 수준이었다. 무슨 일이 일어난 것일까? 1980년대부터 정부 주도로 공장식 축산이 시작되면서 집집마다 돼지를 키우던 방식이 사라졌다. 수소문 끝에 몇 군데를 찾았다. 소규모 돼지농장은 파주, 천안, 아산, 홍성, 곡성, 해남 등 전국 각지에 있었는데 그 수가 정말 적었다. 직접 눈으로 확인하려고 하나씩 찾아다니기 시작했다. 이 농장들은 공장식 농장과 확연히 다른 모습이었다. 밀폐된 건물이 아니라 햇빛과 바람이 통하는 축사였고, 돼지들에겐 볏짚이 제공됐다. 심지어 어떤 농장에선 돼지들이 마치 야생 멧돼지처럼 동산을 뛰어다니기도 했다. 농장 옆에 작은 동산이 있었고, 그 동산의 일부를 돼지 방목장으로 썼다. 그만큼 야생동물은 돼지들에게 땅을 빼앗기는 것을 의미하지만, 돼지만 놓고 본다면 최고의 농장이었다. 돼지들은 놀고 싶으면 나가서 놀고, 쉬고 싶으면 집에 들어와 편안히 쉬었다. 농장마다 형태나 운영방식이 조금씩 달랐지만 공통점이 있었다. 첫째는 돼지들이 행복해 보인다는 점, 둘째는 농장주가 행복해 보인다는 점이었다. 동물들에게 편안하고 행복한 환경은 동물을 키우는 사람에게도 편안하고 행복한 환경이라는 걸 알 수 있었다.

그렇지만 어느 한 곳 '여기다' 싶은 곳이 없었다. 어떤 곳은 농장주가 직접 돼지를 돌보지 않고 일꾼에게 시켰고 (나는 농장주가 돼지들과 직접 교감하는 곳을 찾고 있었다), 어떤 곳은 돼지를 키우는 방식은 좋았으나 정육점과 식당을 겸하고 있었다. 제주도에 아주 좋은 농장이 있다는 걸 알고 있었으나 육지에선 실현하기 힘든 예외적인 면적의 농장이었다.

충청도 어느 지역에 흑돼지들을 넓은 들판에 방목하는 농장이 있다는 소식을 들었다. 어쩌면 이곳에서 주인공 돼지를 만날 수 있을 것 같다는 기대감에 가슴이 뛰었다. 버스에서 내려 드디어 농장 입구에 다다랐다. 그런데 차에서 내리자 이루 말할 수 없는 악취가 코를 찔렀다. 냄새를 따라 가보니 갈색 죽 같은 형태의 음식 쓰레기가 배관 튜브를 통해 콸콸콸, 웅덩이에 부어지고 있었다. 옛날에 농촌에서 사람이 먹고 남은 음식을 닭이나 돼지에게 준 것과는 차원이 달랐다. 먹고 남은 '신선한' 잔반이 아니라 온갖 식당, 가정, 단체급식 등에서 남은 정체불명의 잔반, 게다가 며칠이 지났는지 알 수 없는 음식 쓰레기였다.

돼지는 개보다 후각이 발달한 동물이다. '음식물 쓰레기 슬러시'를 먹고 사는 그곳 돼지들이 너무 가엾었다. 그 돼지를 사람이 먹는 것도 위험해 보였다. 고기를 먹는 사람들은 아무것도 모르고 "국내산 최고급 돼지고기야. 방목해서 키운 흑돼지라서 역시 맛이 좋아"라며 그 고기를 먹을 것이다. 농장주는 운영비 절감을 위해 음식 쓰레기를 사용한다고 했다.

몇 개월 동안 들고 다니던 목록에서 농장을 하나하나 지워나갔다. 공장은 수없이 많았지만 촬영 허가를 받기 힘들었고, 농장은 나를 환영했지만 여기다 싶은 데가 없었다. 돼지 찾기가 이렇게 어려울 줄이야. 한국에 1,000만 마리의 돼지가 살고 있다는데, 돼지 보기가 호랑이 보기보다 어렵다니. 하도 들고 다녀서 이제는 꾸깃꾸깃해진 소규모 농장 메모지. 이제 남은 곳은 한 군데, 강원도 평창이었다.

0.1%의 돼지들을 만나다

아직 어둑어둑한 새벽에 카메라를 챙겨 집을 나섰다. 평창으로 가는 버스를 탔다. 영화 기획안을 쓴 지 10개월이 되어가는 시점이었다. 버스를 몇 번 갈아타고 반나절 만에 평창군 진부면에 도착했다. '원가자농'의 농장주 원중연 선생님이 마중을 나오셨다. 체크무늬 셔츠에 야구 모자, 은발의 꽁지머리. 독특한 스타일이었다. 선생님의 트럭을 타고 농장까지 가는 길에는 울창한 침엽수림이 펼쳐졌다. 농장은 진부면에서도 15분 남짓 들어간 산 중턱에 있었다.

농장까지 가는 길에 잠깐 대화를 나눴다. 유기농으로 채소농사를 짓고 있다고 하셨다. 작물을 기르고, 돼지들에게 줄 사료를 만들고, 돼지들을 보살피는 모든 일을 부인과 둘이 직접 한다고 하셨다. 낮고 굵은 목소리, 느리고 신중한 단어 선택, 흙 묻은 손, 얼굴에 깊게 팬 밭고랑 같은 주름들. 이야기를 나눌수록, 농사 경력 40년 베테랑 농부의 농장과 돼지들을 빨리 만나보고 싶었다.

아스팔트 도로를 벗어나 좁은 흙길을 달려 드디어 농장에 도착했다. 울창한 숲이 병풍처럼 펼쳐져 있었고, 그 앞에 넓은 밭이 있었다. 당근 밭이라고 했다. 당근 밭 옆으로 비닐하우스가 몇 개 있었다. 돼지들이 사는 축사였다.

옆으로 미는 문을 열면서 원 선생님이 "꿀꿀" 하는 소리를 냈다. 처음엔 장난인가 싶었는데 진지하셨다.

"돼지들이 놀라지 않게 인사를 하고 들어가는 거지."

돼지의 감정과 기분을 헤아리는 농장주라니. 나도 낯선 이의 집을 방문하는 손님의 자세가 되어 "꾸울~" 하며 선생님 뒤를 따라 조심스럽게 들어갔다. '실례합니다.' 이런 정도의 느낌을 실어서.

나무로 된 울타리 안에 흑돼지들이 있었다. 태어난 지 3~4개월부터 7~8개월 이상 된 돼지들이라고 했다. 축사에는 햇살이 따스하게 비쳤다. 바람이 통해 냄새가 거의 나지 않았다. 나른한 오후에 쉬고 있던 돼지들에게, 선생님이 직접 기른 무 몇 개를 던져주셨다. 돼지들이 달려와 아삭아삭 맛있게 먹었다. 살아 있는 돼지를 가까이에서 보는 것은 처음이었다. 신기했다.

좋은 곳에서 좋은 물, 좋은 공기를 마시며 좋은 먹이를 먹고 자라는 원가자농 돼지들은 정말 건강해 보였다. 검정색 털에 윤기가 잘잘 흐르고 표정도 편안해 보였다.

"구제역으로 온 나라가 난리가 났을 때도 우리 농장은 아무 탈이 없었어요. 우리 돼지들은 무탈할 거라는 자신이 있었어요. 구제역이 큰 병이 아니라, 잠깐 스쳐 지나가는 감기 같은 거라는 얘기를 들었어요. 평소 좋은 환경에서 건강하게 살아온 돼지들은 구제역에 잘 걸리지도 않고, 걸려도 자연 치유가 된다고 하더라고요. 홍천 어느 집 돼지들이 구제역에 걸렸는데 뜨거운 물을 먹이고 햇볕을 쬐게 했더니 저절로 나았다는 얘기를 들었어요. 우리는 돼지들을 늘 햇빛, 바람, 흙 속에서 살게 하고, 좋은 먹이를 주니까 자신이 있었죠. 우리가 무너지면 전체가 무너지는 거죠. 여기서 무너진다면."

원중연 선생님의 말에서 자신감과 자부심이 느껴졌다. 안쪽에 또 다른 비닐하우스 축사가 있었다. 엄마 돼지와 새끼 돼지들이 있는 '모돈사'였다. 선생님은 엄마 돼지들이 출산 후라 예민하니 조심하라고 당부하시면서 돼지들을 안심시키기 위해 낮은 목소리로 짧게 "꿀꿀, 꿀꿀" 하며 문을 열었다. 아까보다 한 옥타브 낮은 소리였다. 나무 울타리로 나눠진 열 개 정도의 우리가 있었고, 1.5평에서 2평 정도 되는 크기의 우리마다 엄마 돼지가 한 마리씩 살고 있었다. 이제 막 새끼를 낳은 엄마 돼지도 있었고, 출산을 앞둔 엄마 돼지도 있었다. 맨 안쪽에는 수퇘지와 암퇘지가 자연 교배할 수 있도록 합사한 우리도 있었다. 새끼 돼지들이 엄마 품에서 곤히 자고 있었다. 사랑스럽고 평화로운 모습이었다.

엄마 돼지들에게는 각자의 이름이 있었다. 일순이를 필두로, 이순이, 삼순이, (…) 구순이, 십순이, 십일순이. 지극히 순해서 지순이, 뚱뚱해서 뚱순이, 용감해서 용순이, 정씨 집에서 와서 정양이, 눈이 많이 내리던 날 와서 한설이. 선생님이 이름을 부르며 손짓하자 지순이가 다가왔다. 선생님이 지순이의 머리를 쓰다듬으며 곧 새끼를 낳을 어미라고 했다. 선생님이 엄마 돼지 지순이의 머리를 쓰다듬는 모습이 마치 개를 쓰다듬는 모습과 다를 바 없어 보였다.

선생님 댁은 농장에서 200m 위로 올라간 언덕 꼭대기에 있었다. 나무와 흙으로 손수 지은 집이었다. 자리에 앉아 차를 마시며 명함을 주고받았다. 하얀색 종이에 검정 글씨로 '농부 원중연'이라고 쓰여 있었다. 아무런 홍보 문구 없이, '농부'라고만 쓰여 있었다. 여태껏 이렇게 단순 명료하고 겸손하면서도 자신감 넘치는 명함을 본 적이 없었다. 명함 한 장에서 직업과 삶에 대한 철학이 느껴졌다.

나는 이곳까지 찾아온 경위와 이유를 말씀드렸다. 구제역 살처분의 충격으로 돼지에 관심을 갖게 된 이야기, 대부분의 돼지가 사육되는 공장식 축산 시스템, 그 정반대 축에서 전혀 다른 방식으로 돼지를 키우는 소규모 농장을 찾아 여기까지 오게 됐노라고. 나의 진심이 전해졌는지 원 선생님은 흔쾌히 촬영을 허락하셨다.

이렇게 나는 한국에 사는 0.1% 돼지들의 삶으로 들어가는 초대장을 받게 되었다.

아이에게 돼지가 나오는 그림책을 읽어주는데 뉴스에서 살처분 뉴스가
흘러나왔다. 냉동실 안의 고기를 꺼내 요리를 할지 말지 고민이 됐다. 나
는 돼지농장에 직접 가보기로 했다.

돼지를 돼지답게 기르는 농장을 찾아 헤맨 끝에 강원도 평창까지 왔다. 원
중연 선생님은 공장식 축산에 대한 대안으로, 햇빛과 바람이 통하는 축사
에서 소규모로 돼지를 기르고 있었다. 엄마 돼지들에게는 각자의 이름이
있었다. 바로 이곳이구나 하는 느낌이 들었다.

돼지농장,
돼지공장

공장식 축산은 역사상 가장 끔찍한 범죄 중 하나다.

— 유발 하라리(역사학자)

제작일기.

이제 네 살이 된 아들은 세상에 대한 이해의 틀을 구축하느라 바쁘다.

사람이 동물을 괴롭히면 안 된다는 것을 도영은 잘 알고 있다.

덫으로 동물을 잡으면 안 되고,

동물을 훈련시켜 쇼를 하는 것도 옳지 않음을 알고 있다.

산책하다 마주치는 새와 개, 고양이에게 돌을 던지면 안 된다는 것도

알고 있다.

그런 것처럼, 돼지나 닭을 좁고 어두운 건물에 가둬서는 안 되고,

아프게 해서는 안 된다고 도영은 생각한다.

세상을 단순하고 명료하게 바라보는 아이들처럼 어른들도 그렇다면,

그러면 세상의 불필요한 잔인함과 고통은 사라질 텐데···.

엄마 돼지 십순이, 아기 돼지 돈수

"지순이가 새끼를 낳으려 해요. 촬영하려면 지금 빨리 와요."

농장에서 돌아오고 얼마 뒤, 원 선생님이 전화를 주셨다. 어미 돼지의 출산 장면은 가장 찍고 싶은 장면이었는데 어떻게 내 마음을 아셨을까. 남편에게 아이를 맡기고 부랴부랴 달려갔지만 한발 늦었다. 몇 시간 사이 이미 새끼들이 다 나온 것이다. 무척 아쉬웠지만, 출산 직후의 어미 돼지와 갓 태어난 새끼 돼지들을 처음 본 것만도 진귀한 경험이었다.

영화를 처음 기획할 때부터 돼지의 출산 장면은 가장 찍고 싶은 위시리스트 장면들 중 0순위에 있었다. '고기'이기 이전에 '생명'인 돼지를 이야기할 때 탄생의 순간만큼 좋은 장면은 없다고 생각했기 때문이다. 하지만 촬영 기회가 또 올까?

지순이의 출산 후 두 달 뒤. 원 선생님은 또 다른 어미 돼지가 출산할 기미를 보인다고 하셨다. 십순이라는 어미 돼지라고 했다. 이번만큼은 진통하는 과정부터 출산 전 과정을 카메라에 담고 싶었다. 하지만 정확한 출산일을 알 수 없는데 촬영감독과 나, 조연출이 언제부터 대기하고 있어야 하는 걸까? 원 선생님은 어미 돼지들이 출산 전에 보이는 행동들이 있는데, 볏짚을 모으는 행동이라고 했다. 볏짚을 모으기 시작하면 출산이 임박했다는 징조이니 그때 오면 된다고 하셨다.

2012년 1월. 촬영팀은 출산이 있을 것으로 짐작되는 둘째 주와 셋째 주에 다른 스케줄을 잡지 않고 언제든 달려갈 수 있도록 '스탠바이' 상태로 기다렸다. 마침내 원 선생님으로부터 전화가 왔다. 십순이가 볏짚을 모으기 시작했다는 소식이었다. 우리는 곧장 진부로 달려갔다.

체감온도 영하 15도의 산골 농장. 십순이는 남산만 한 배를 하고 진통으로 힘겨워하고 있었다. 우리는 십순이가 스트레스를 받지 않도록 조심조심 천천히 움직이며 숨죽인 채 지켜보았다. 십순이와 말은 통하지 않았지만 진통이 심한 게 느껴졌다. 쭈그려 앉았다가, 누웠다가를 반복하던 십순이가 볏짚을 한곳으로 모아 둥지를 만들기 시작했다. 원 선생님은 어미 돼지들이 출산 전에 볏짚을 모아 둥지를 만든다고 했다. 너무 신기했다. 원 선생님은 십순이에게 볏짚을 더 넣어주셨다. 십순이는 둥지를 더 크고 폭신하게 만들었다. 그러고는 그 위에 눕기도 했다가, 볏짚을 이불처럼 뒤집어쓰기도 했다. 진통에 힘겨워하는 십순이를 안쓰럽게 지켜보던 원 선생님이 우리 안으로 들어가 십순이의 배를 가만가만 쓸어주셨다. 웅크리고 있던 십순이는 원 선생님의 손길이 위안이 되는지 편안히 드러누웠다. 원 선생님이 십순이를 보고 말씀하셨다.

"2만 년 진화의 역사가 너에게 있다. 힘내!"

원 선생님은 돼지를 단순히 돼지로 보지 않으셨다. 오래된 진화의 역사와 생명의 신비를 간직한 존재로 바라보셨다.

십순이의 진통은 꼬박 하루가 넘도록 계속됐다. 나의 출산이 떠올랐다. 늦은 나이의 출산이었지만 자연분만을 하고 싶었던 나는 진통제도 맞지 않고 꼬박 24시간이 걸려 아기를 낳았다. 차라리 죽는 게 더 낫겠다 싶을 정도로 아팠다. 십순이도 그렇겠지.

다음 날 오후 2시. 드디어 첫 번째 새끼가 나왔다. 갓 태어난 새끼 돼지는 눈도 뜨지 못한 채 아장아장 걸어 십순이의 얼굴 쪽으로 갔다. 마치 "엄마, 나 나왔어"라고 인사라도 하는 것처럼. 엄마와 눈도장을 찍은 새끼는 다시 걸어 젖꼭지를 찾아갔다. 따스한 겨울 햇살이 축사 안에 낮게 드리워졌다. 새끼 돼지가 뒤집어쓰고 있던 끈끈한 양수는 금방 떨어지고, 보송보송한 솜털이 됐다.

약 한 시간 후 둘째가 나왔고, 이어서 셋째, 넷째, 다섯째, 여섯째, 일곱째. 어느새 한밤이 되었다. 잠시 휴식을 취한 후 다시 축사로 가보았다. 이제 다 나온 건가 궁금해하며 좀 더 기다리고 있을 때, 마지막 새끼가 나왔다. 양수를 뒤집어쓴 막내의 몸에는 볏짚이 붙어 있었다. 눈도 뜨지 못하고 비틀비틀 걸어 형제들 사이를 비집고 들어가 엄마 젖을 무는 데 성공한 막내. 십순이는 이틀간의 진통 끝에 여덟 마리의 건강한 새끼를 낳았다. 나는 막내에게 미리 준비해두었던 '돈수'라는 이름을 붙여주었다.

원가자농에 있는 어미 돼지들은 제각각 성격이 달랐는데 용순이, 십일순이처럼 성격이 까칠한 어미 돼지들도 있었다. 그에 비해 십순이는 무척이나 순했다. 우리는 운 좋게도 어미 돼지 중에서 가장 순한 어미 돼지를 촬영했던 것이다. 만약 까칠한 어미 돼지였다면, 카메라를 들이대지도 못하고 돼지우리에서 쫓겨나거나, 어미나 새끼가 잘못되는 불상사가 있었을지도 모를 일이다. 성격 좋은 십순이는 진통부터 출산까지 이틀이라는 힘겨운 시간 동안 낯선 사람들의 존재를 너그럽게 용인해주었다. 덕분에 생명의 출산과 탄생이라는 신비로운 순간을 온전히 카메라에 담을 수 있었다.

돈수가 태어난 날 원중연 선생님은 일기를 쓰셨다.

돼지 영화를 촬영했다. 십순이가 여덟 마리 새끼를 순산했다. 기다림은 지루할 수도 있지만 그 끝자락이 아름다운 것은 그 끝에서 새로운 생명이 태어나기 때문이다. 눈이 온다. 모두를 축복하는 눈인가 보다. 내 안에서 또다시 발견된 십순이. 순산 과정에서 함께 얻은 희열. 태고부터 날마다 일상처럼 빚어지는 일들이 영혼과 순간, 그 모두를 아우른다. 어느 먼 훗날 오늘을 되짚어볼 때 기다림도 경이로움도 모두 내게 감동일 것이다.

가을날 국화꽃이 동토를 가르며 시작했듯 산고의 아픔을 통해 또다시 이어지고 피어나는 아름다움은 나와 돼지의 인연이었으리라.

출산을 수없이 보아왔을 텐데도 여전히 감동과 경이로움으로 생명의 탄생을 바라보는 농부는, 흙 묻은 손으로 한 자 한 자 일기를 써 내려갔다.

칠흑 같은 어둠이 깔린 축사 한쪽에 따뜻한 노란 전등이 하나 켜 있고, 볏짚 위에 어미 돼지 십순이가 누워 갓 태어난 새끼 돼지들에게 젖을 먹였다. 아기를 낳은 사람 엄마, 갓난아기와 조금도 다를 바 없는 모습이었다. 아름답다, 평화롭다는 느낌을 넘어서 신비롭고 성스러운 느낌마저 들었다. 가톨릭 신자들의 비난을 받을지도 모르지만, 마구간에서 아기 예수를 안은 마리아의 모습도 떠올랐다. 어찌 감히 돼지를 성모마리아에 비하느냐고 하겠지만, 성녀와 인간 엄마와 돼지 엄마를 관통하는 공통점이 있는 것 같다. 생명의 힘, 사랑의 힘이다. 모든 탄생의 순간은 경이롭다. 온 우주가 도와서 일어나는 신비로운 순간. 모든 생명은 그 자체로 귀하며, 동등하다. 누구의 도구가 되기 위해서가 아니라 사랑하고 사랑받기 위해 태어난 존재라는 점에서. 고통이 아닌 행복을 추구한다는 점에서.

돼지 관찰기

다큐멘터리를 만든다는 건, 정글이나 사막 같은 오지에서 고독하고 징글징글한 시간을 보내야 하는 생태학자, 인류학자의 처지와 비슷하다. 농장은 멀었고, 폭설이 내린 강원도 산골 농장으로 올라갈 때면 자동차가 미끄러지고 헛바퀴를 돌기 일쑤였다. 십순이의 표정, 돈수의 반응 등 결정적인 순간을 카메라에 담기 위해 흙먼지 풀풀 날리는 돼지우리에서 종일 카메라를 놓고 기다리는 것도 결코 쉬운 일이 아니었다. 촬영 협조를 구하기 위해 돼지의 환심을 사야 하고, 말도 안 통하는 돼지의 마음을 읽어내야 하고, 돼지의 영혼과 접속하려 애쓰는 내 모습이란….

개에겐 개의 언어가 있고 고양이에겐 고양이의 언어가 있는 것처럼, 돼지에겐 돼지만의 언어가 있었다. 처음 '꿀꿀' 소리를 들었을 땐 다 같은 '꿀꿀'인 줄 알았는데 오래 듣다 보니 '꿀꿀'에도 미묘한 차이가 있었다. 맛있는 간식이 나왔을 때 내는 꿀꿀, 놀랐을 때 내는 꿀꿀, 화가 날 때 내는 꿀꿀, 배고플 때 내는 꿀꿀 소리가 다 달랐다.

개와 고양이처럼, 돼지 역시 꼬리를 보면 어느 정도 감정을 읽을 수 있다. 전형적인 돼지 꼬리 모양으로 동그랗게 말려 있으면 기분이 좋은 상태, 꼬리가 일직선으로 펴져 있으면 놀라거나 화가 났다는 표시다.

돼지에겐 돼지만의 세계가 있었지만, 사람과 닮은 점도 많았다. 새끼 돼지들은 사람 아기들처럼 호기심이 넘치고 장난을 좋아했다. 볏짚은 단조로운 우리 안에서 돼지들에게 최고의 장난감이었다. 던지고 물며 놀 수도 있고, 숨바꼭질용 은신처도 되고, 질겅질겅 씹는 심심풀이 껌도 됐다. 예전에는 농촌에서 집집마다 돼지를 한두 마리씩 키웠고 볏짚도 당연히 주었지만, 요즘 돼지에게 볏짚을 주는 농장은 거의 없다. 아니, 농장 자체가 거의 없고 대부분 공장식 축산에서 대규모로 돼지를 키우는 형국이니, 돼지에게 볏짚은 사치품이 되었다. 게다가 볏짚은 소의 여물로 팔리고 있어서 더욱 귀해졌다. 그런 면에서 농장주가 일부러 볏짚을 사서 '무한리필' 해주는 원가자농의 돼지들은 행운아 돼지들임이 분명하다.

유럽에서는 볏짚이 있는지 여부가 동물복지 농장에 꼭 필요한 인증 기준이다. 나아가 유럽의 동물복지 운동가들은 유럽연합의 동물복지 규칙에 '돼지를 위한 장난감 제공'이라는 조항을 넣기 위해 오랜 시간 노력했다. 마침내 2003년 유럽연합은 회원국의 모든 돼지들에게 의무적으로 장난감을 제공하겠다고 발표했다. "돼지에게 진주 목걸이도 아니고 웬 장난감?" 하고 의아해하는 사람들이 있겠지만, 영화를 찍는 동안 돼지들을 가까이에서 지켜보니 충분히 이해된다. 돼지들은 매우 영리하고 활동적이기 때문에 지루한 환경은 그 자체로 돼지에게 고통을 준다.

볏짚은 돼지들의 이불이 되기도 했다. 원가자농에서 촬영을 하다 해 질 무렵이 되면 돼지들은 여기저기 흩어진 볏짚을 발로 모으기 시작했다. 잠자리를 준비하는 것이다. 나의 관찰이 틀리지 않은 것 같다. 찰스 다윈의 할아버지, 에라스무스 다윈이 1794년에 쓴 《동물 생리학, 혹은 생물의 법칙Zoonomia or Laws of Organic Life》을 보면 다음과 같은 관찰 기록이 나온다.

돼지들이 입에 지푸라기를 물고 시끄럽게 울면서 이리저리 뛰어다니는 것은 분명히 차가운 바람이 불어올 거라는 신호다. 돼지들은 잠자리를 따뜻하게 만들기 위해 짚을 모으며, 시끄럽게 우는 것은 다른 돼지들을 불러서 함께 잠자리를 더 따뜻하게 하자는 뜻이다.

농민들은 돼지의 행동을 통해 날씨를 예측할 수 있다는 것을 동서고금을 막론하고 아주 오래전부터 알고 있었다. 돼지가 입에 지푸라기를 물고 우리 안을 뛰어다니는 것은 폭풍우나 강풍이 다가오는 징조로 여겨졌다.

농장이 공장에 비해 한결 나은 환경이지만, 호기심 많은 동물인 돼지들이 한 평 남짓한 우리 안에서 살아야 하는 건 무척 답답한 일일 것이다. 원가자농의 새끼 돼지들은 곧잘 우리 밖으로 '탈출'하여 축사 주위 여기저기를 놀러 다니곤 했다. 울타리가 워낙 틈이 넓고 허술했기 때문에 새끼 돼지들은 종종 빠져나갈 수 있었고, 울타리 뛰어넘기가 여의치 않을 때는 땅을 파기도 했다. 앞발로 부지런히 땅을 파는 모습은 강아지와 똑같았다. 한번은 여러 마리 새끼들이 동시에 나온 적이 있었다. 뒤늦게 알아차린 원 선생님이 이쪽으로 몰면 저쪽으로 도망가고, 저쪽으로 몰면 이쪽으로 도망가고. 원 선생님은 아주 진땀을 빼셨다. 우리 안보다 밖이 훨씬 넓고 재미있다는 것을 안 새끼 돼지들은 자주 탈출의 기회를 엿보았다.

원가자농에는 열에서 열다섯 마리 정도의 어미 돼지들이 있었다. 내 눈에는 다 똑같아 보이는 어미 돼지들을 선생님은 어떻게 구분하시는지 신기하기만 했다. 그런데 자세히 보다 보니, 나도 곧 어미 돼지들을 구분할 수 있게 됐다. 이름처럼 얼굴과 외모도 제각각, 성격도 다들 개성이 넘쳤다. 십순이는 퉁퉁한 외모처럼 성격도 둥글둥글했다. 어지간해서는 짜증을 내는 법이 없었다. 출산하는 동안 외부인인 촬영팀의 접근도 허락해주었으니 정말 성격 좋은 돼지였다. 귀가 축 처져 눈을 덮은 외모 때문에 더욱 순해 보였던 십순이. 그 축 처진 귀도 가끔 놀라거나 경계할 때는 쫑긋 서기도 했다. 지순이는 지극히 순해서 지순이라는 이름을 얻었지만 예민한 부분도 있어서 한번은 원 선생님에게 와락 달려든 적도 있었다. 이유 없는 공격은 아니었다. 새끼들이 위협받는다고 생각했던 지순이의 보호 본능이었다. 지순이는 모돈사 최고의 미녀 돼지였다. 지순이를 볼 때마다 참 예쁘다는 생각이 들었다. 갸름한 얼굴에 동그랗고 큰 눈, 짙은 속눈썹, 까만 털도 항상 윤기가 자르르했다. 원가자농의 수돼지는 모두 흑돼지였는데, 신기하게도 지순이에게서는 가끔 갈색 줄무늬 새끼들이 나왔다. 꼭 멧돼지 새끼 같았다. 아니나 다를까. 원가자농 돼지들은 토종 흑돼지와 야생 멧돼지를 교잡해 나온 돼지들이라고 했다. 성격이 예민하고 사람을 경계하고 공격성이 있는 돼지들은 멧돼지 피가 많이 섞여서 그럴 거라고 했다. 그런 면에서 용순이는 어쩌면 멧돼지 피가 가장 많이 섞인 돼지였던 것 같다. 털이 거칠고 성격도 까칠했다. 하지만 이름처럼, 용기 있는 엄마 돼지였다. 한번은 뒷다리가 심하게 다친 적이 있었는데 치료 없이 스스로 이겨내고 출산까지 했다. 용감함과 극기의 아이콘이었다. 뚱순이는 욕심이 많았다. 내가 십순이에게 던져 준 당근 잎까지 다 빼앗아 먹을 정도였다.

어미 돼지들은 각자 성격이 달랐지만, 새끼에 대한 사랑이 지극하다는 점만큼은 똑같았다. 어미들은 새끼들이 귀찮게 굴어도 짜증 한번 내지 않고 인내심 있게 받아주었다. 참 좋은 엄마들이구나, 엄마 돼지들을 보며 반성도 하고 배우기도 했다. 엄마 돼지들은 혹시라도 볏짚 속에 숨은 새끼를 밟을까 봐 조심성 있게 움직였다. 한 평 남짓한 우리 안에서 적게는 대여섯 마리, 많게는 여덟아홉 마리의 새끼들을 키우다 보면 어미 돼지가 실수로 새끼를 밟을 법도

하건만, 그런 일은 일어나지 않았다. 공장식 축산에서 출산한 어미 돼지들을 분만틀에 가두는 이유가 '어미 돼지가 새끼 돼지를 밟는 일을 방지하기 위해'라고 하는데, 적어도 원가자농에서 내가 지켜본 바에 따르면 어미 돼지들은 한 번도 새끼를 밟지 않았다. 공장식 축산에서 그런 일이 일어난다면, 그건 너무 좁고 자연스럽지 못한 환경에서 어미 돼지들이 극도의 스트레스를 받기 때문일 것이다. 또 공장식 축산의 어미 돼지들은 새끼를 많이 낳도록 개량되어 몸이 지나치게 비대해 다리에 문제가 생기는 경우가 많다고 한다. 제대로 서지 못해 새끼를 밟는 것이다.

'돼지 언어' 입문자인 내가 돼지들의 말을 다 알아듣진 못했지만, 젖 먹일 때 어미 돼지가 내는 소리는 어떤 말인지 확실히 알 것 같았다. 어미 돼지는 새끼들에게 젖 먹일 때가 되면 옆으로 편히 눕는다. 새끼들이 엄마 젖꼭지를 하나씩 차지해 먹을 준비가 되면, 그때부터 어미 돼지는 낮고 잔잔하며 규칙적인 꿀꿀 소리를 낸다. 마치 사람 엄마가 아기에게 젖을 먹일 때 "오야, 오야." 하는 것처럼. 어서어서 많이 먹으라고 새끼들을 독려하는 소리다. 달콤한 젖에 엄마의 꿀꿀 소리까지 나직하게 깔리면 새끼 돼지들은 삼매경에 빠져들어 열심히 젖을 먹은 후 그대로 잠들곤 했다.

'젖동냥'을 하는 새끼도 있었다. 용순이 새끼 하나가 엄마 젖을 다 먹고도 모자라 '옆집 아줌마' 지순이의 젖을 탐냈다. 용순이네와 지순이네는 나무 칸막이로 분리되어 있었고 새끼들이 넘어갈 수 없는 구조였다. 용순이 새끼가 지순이네로 넘어갈 수 있었던 것은 '땅굴'을 통해서였다. 용순이 새끼는 울타리 아래 땅을 열심히 파서 옆집으로 넘어가는 데 성공했다. 넘어온 용순이 새끼를 지순이 새끼들이 반길 리 없다. 젖꼭지를 놓고 치열한 경쟁이 벌어진다. 그래도 용순이 새끼는 기어이 지순이 새끼들 틈을 비집고 들어가 지순이의 젖을 몇 모금이라도 얻어먹고 나온다. 배가 덜 차서 옆집 이모 젖을 탐냈던 건지, 아니면 장난삼아 그러는 건지는 모르겠지만, 젖 동냥을 하는 용순이 새끼를 보니 내 경험이 떠올랐다. 나도 갓난아기 때 외숙모의 젖을 얻어먹고 자랐다. 엄마는 젖이 부족했다. 그때 마침 외숙모가 비슷한 시기에 아이를 낳았다. 나는 외숙모에게 젖 동냥을 해서 살아남을 수 있었다. 외숙모는 인심 좋게 한쪽 젖은 조카딸에게, 한쪽 젖은 아들에게 주며 아이 둘을 키워냈다.

정말 신기하게도, 어미 돼지들은 젖이 동시에 나왔다. 지순이가 새끼들에게 젖을 먹이면 옆집의 정양이도 새끼들에게 젖을 먹이고, 또 그 옆집 십순이도 새끼들에게 젖을 먹였다. 어미들의 젖이 동시에 나오는 것 같았다. 몇 번이나 그 광경을 목격했다. 엄마 돼지들이 서로 "애들아, 우리 이제 애들 젖 먹일 시간이야"라고 말하는 걸까?

미국에는 '생추어리 농장'이 있다. 뉴욕주 북부에 본부를 둔 비

영리 조직인데, 공장식 농장과 도축장에서 학대받은 가축들을 구조하여 자연적인 환경의 농장에서 보호하는 일종의 구조센터 혹은 쉼터 같은 곳이다. 이 단체의 설립자인 진 바우어가 자신의 경험을 쓴 《생추어리 농장Farm Sanctuary》이라는 책에는 '공동육아'를 하는 어미 돼지들의 습성이 잘 묘사돼 있다.

자연적인 환경에서라면 암퇘지는 풀과 나뭇잎 따위의 재료를 물어 와 둥지를 푹신하게 만든다. 그걸 더 구석진 장소로 옮겨, 거기서 새끼를 낳는다. 새끼들을 둥지에서 보호하다가 새끼들이 걸음마를 할 수 있게 되면 다른 암퇘지와 그 가족들에게 새끼들을 소개한다. 돼지들은 서로 돌아가며 남의 새끼를 봐주는 식으로 집단 내에서 협조해가며 새끼를 키운다. 그리고 위험이 닥치면 서로 힘을 합쳐 새끼들을 보호한다.

'생추어리 농장'과 똑같은 광경을 나도 원가자농에서 보았다. 비록 칸막이로 나뉘어져 있어서 엄마 돼지들이 따로따로 자신의 새끼들을 키우는 형태였지만, 엄마 돼지들은 새끼들이 위험에 처했을 때 함께 소리치며 저항했다. 아이들이 위험에 처했을 때 사람 엄마들이 함께 뭉치고 소리치고 저항하는 것과 똑같았다. 또 십순이는 구순이의 젖이 잘 안 나오자 '유모' 역할을 해주었다. 물론 스스로 한 것은 아니고 원 선생님께서 구순이의 새끼들을 십순이 우리에 넣어준 것이지만, 십순이는 구순이 새끼들을 내치지 않고 젖을 물게 해주었다. 자신의 새끼인 줄 알고 그랬을까? 결코 그렇지 않다.

연구에 따르면, 돼지는 동물 중에서 청각과 후각이 가장 발달한 동물 중 하나다. 무리의 돼지들을 소리와 체취로 구분할 줄 안다. 어미 돼지는 다른 새끼들 중에서 자기 새끼들의 소리와 냄새를 확실히 구분할 수 있고, 새끼 돼지들도 여러 어미의 소리 중에서 자기 엄마의 소리를 확실히 구분할 수 있다. 영국 연구자들의 연구에 따르면, 태어난 지 겨우 하루밖에 되지 않은 새끼 돼지도 엄마 돼지의 목소리를 녹음한 소리에는 반응하고 다른 엄마 돼지들의 소리는 무시했다고 한다. 어쨌든 십순이는 구순이의 새끼가 자기 새끼가 아닌 것을 충분히 알았을 텐데도 기꺼이 젖을 먹게 했다.

자연스러운 환경에서 살아가는 돼지들의 경우, 어미 돼지들은 다른 어미 돼지의 새끼들을 대신 돌봐주기도 한다. 새끼를 다른 어미들에게 맡기고 외출한 엄마 돼지는 마음 놓고 먹이를 구하러 돌아다닐 수 있다. 엄마 돼지에게 문제가 생기면 다른 엄마들이 고아가 된 새끼들을 '입양'하기도 한다.

각자 아이를 키우지만 필요할 때는 함께 돌보는 '따로 또 함께' 방식의 '공동육아'는, 사실 돼지뿐 아니라 많은 포유동물이 수만 년의 진화 과정에서 후손을 키웠던 방식이다. 고래와 인간처럼 사회적 관계를 중요시하고 공동체 의존도가 높은 동물일수록 그렇다.

돼지들은 무리 지어 생활하면서도 특히 더 친하게 지내는 동료들이 있고, 친한 친구와의 우정도 돈독하다. 《생추어리 농장》에는 이런 사례가 나온다. 다리가 부러진 채 구조된 호프라는 돼지가 있었다. 다른 몇몇 돼지들, 특히 욕심 많은 라켈이라는 돼지가 호프의 밥을 빼앗아 먹곤 했다. 활동가들의 도움으로 호프는 밥을 굶지 않고 지낼 수 있었는데, 어느 날 어린 돼지 조니가 농장에 새로 들어왔다. 조니는 곧 호프의 친구이자 보호자가 되었다.

배급 시간이면 조니는 호프 옆에 딱 붙어서 다른 돼지들의 방해를 받지 않고 호프가 식사를 마치도록 지켜보았다. 밤에도 이 둘은 나란히 누워서 잤다. 그러나 호프는 조니보다 나이가 한참 많았고 해가 갈수록 건강은 악화됐다. 어느 날 호프가 죽어버렸다. 조니는 크게 상심했다. 너무 상심해서, 아직 젊고 건강한데도 불구하고 몇 주 뒤에 숨을 거두었다. 내가 유일하게 수긍할 수 있는 설명은 조니가 너무 마음이 아파서 죽었다는 것이다.

나는 이 이야기를 전혀 과장으로 받아들이지 않는다. 제인 구달 박사가 젊은 시절 곰베 정글에서 침팬지들을 관찰하며 쓴 책들을 읽다 보면, 엄마 플로의 죽음을 하염없이 슬퍼하다가 며칠 뒤에 죽음에 이르는 새끼 침팬지 플린트 이야기가 나온다. 강렬한 유대와 감정은 인간만의 것일까? 혹은 인간과 닮은 유인원만의 것일까? 나는 <잡식가족의 딜레마>를 만드는 동안 돼지들도 분명한 희로애락을 느끼는 존재임을 알 수 있었다. 새끼 돼지들은 어미와 함께 있을 때 행복해하고 떨어지면 불안해한다. 어미 돼지는 새끼들이 위협에 노출됐을 때 분노하며 어떻게 해도 그 상황을 이겨낼 수 없을 땐 크게 절망하고 슬퍼한다. 돼지들은 친구와 노는 것을 좋아하고 장난을 좋아하고 주변 환경을 탐색하는 것을 좋아하고 쾌적한 잠자리를 좋아하고 신선한 공기와 햇빛을 좋아한다. 사람과 똑같다.

돼지들 곁에서 촬영을 하면 할수록, 돼지와 인간의 차이점보다는 비슷한 점이 더 많이 보였다. 젖을 먹을 때 돈수 입 주위에는 엄마 젖이 하얗게 묻었다. 엄마 젖을 배불리 먹고 한껏 늘어져 자고, 누워 있는 엄마의 배를 타고 올라가 쭉 미끄러지고, 아장아장 걷기 연습을 하고, 자면서 꿈을 꾸는지 귀를 쫑긋거리는 모습을 지켜보며, 마치 내 아기를 보는 것만 같았다. 농장에서 촬영을 마치고 집으로 돌아오면 십순이와 새끼들이 오늘은 어떤 하루를 보냈을지 궁금했다. 이제 막 친해지기 시작한 어느 친구의 안부가 궁금한 것처럼.

어린 아들의 부드러운 이마에 입 맞추고 재우며 자장가를 불러주다 보면 돈수의 눈동자가 생각났다. 까맣고 순진한 그 눈동자, 쌍꺼풀 진 동그란 눈, 기다란 속눈썹, 보송보송한 털… 사람 아기와 다를 바 없이 사랑스러운 돈수와 돈수의 형제들을 보며 나의 진짜 딜레마가 시작됐다. 더 이상 돼지를 돈가스나 삼겹살로 볼 수 없게 된 것이다.

하늘, 땅, 야생초, 돼지

"선생님, 어쩌다가 돼지를 키우게 되셨어요?"

"채소를 유기농으로 생산하는데 화학비료를 안 쓰고 거름을 만들려니까 가축이 필요해서 몇 마리 기르게 된 거예요. 제일 좋은 거름은 가축이 만드는 것이거든요. 화학비료는 일시적으로는 효과가 있어도 결국 땅을 죽이니까. 사람이 인공적으로 만든 것은 자연이 만든 걸 능가할 수가 없어요."

"그럼 똥 때문에?"

"네. 밭에 쓸 거름을 만들려고 돼지를 키우게 된 거죠."

원 선생님은 원래 농약을 사용하는 관행농을 했다. 그러다가 농약이 농부와 땅, 먹는 이 모두를 죽인다는 것을 알게 된 후 유기농으로 전환하면서 평창 산골에 터를 잡으셨다. 어떻게 하면 땅을 기름지게 할까 생각하다가 돼지를 소규모로 키우기 시작했다. 일반적인 현대식 양돈농장은 오로지 고기를 목적으로 돼지를 키우는데 비해, 원 선생님은 고기가 주목적이 아니라 유기농 채소농사를 위한 퇴비를 얻기 위해 돼지를 키운다는 점이 달랐다.

"퇴비를 써서 비옥해진 땅에 작물을 기르고, 그렇게 키운 채소에서 나온 부산물을 돼지에게 주고, 돼지가 그걸 먹고 똥을 싸면 또 좋은 퇴비가 생기고. 순환이죠. 좋은 작물 먹고 건강하게 자란 돼지들의 똥이 밭으로 가면 또 거기서 최고의 균형이 맞춰진 무, 배추, 인삼이 나오는 거죠. 자연은 순환이 철칙이에요. 이 순환이 자꾸 단절되어서 문제지."

'가축家畜'의 한자를 보면 '家(집 가)'는 지붕 밑에 돼지가 있는 형상이다. 즉, 지붕 밑에 돼지가 있는 곳, 그곳이 바로 집이었다. 다시 말하면 집에는 돼지가 있었다. 한자를 쓰는 농경 문화권에서 돼지는 집의 구성원으로 살아왔음을 알 수 있다. '畜(짐승 축)'은 '밭 전田' 위에 '검을 현玄'을 썼다. 짐승은 퇴비로 밭을 검게, 비옥하게 만드는 존재다. 집에 살면서 밭을 비옥하게 만들어주는 동물이 가축인 것이다. 가축은 이렇게 인간과 한 울타리 안에 살면서 농경에 이로움을 주는 존재였다. 이들이 고기를 목적으로 길러지는 '식용동물'로 전락한 것은, 공장식 축산이 등장하면서부터이다.

원가자농은 국내에서 보기 드문 유기농 경축순환 농장이다. 경축순환이란, 작물의 부산물을 가축이 먹고 가축의 퇴비를 작물 재배에 이용하는 순환을 말한다. 과거에는 이런 농장이 대부분이었지만 지금은 극히 소수다. 지금도 논밭에 퇴비를 사용하지만, 대부분 밖에서 사 오는 퇴비이지 자신이 기른 가축의 퇴비는 아니다. 게다가 공장식 축산에서 나온 분뇨로 만들어진 퇴비이므로, 사육될 때 사용한 항생제와 약물도 포함된 퇴비다. 원 선생님은 자신의 경작지 안에서 가축을 길러 그 가축의 똥을 퇴비로 쓰는 경축순환 농장을 구현하고 있었다. 게다가 유기농 작물을 먹고 자란 돼지의 '유기농 똥'으로 만든 퇴비이므로 일반 시중의 퇴비와는 질적으로 전혀 다른 퇴비다. 똥이라고 다 같은 똥이 아닌 것이다.

"똥, 땅은 원래 하나예요. 발음도 비슷하잖아요? 음식이라고 할 수 없는 것들을 먹어서 똥이 더러워진 것이지, 올바른 음식을 먹으면 똥이 더러울 게 없지요. 똥이 땅으로 가고, 땅에서 난 것이 몸으로 와서 다시 똥이 되는 순환이 이루어지면 땅과 인간 모두 건강할 수 있어요."

원 선생님이 농장을 설명할 때 가장 많이 사용하는 단어는 '순환'이었다. 현대의 모든 재앙은 순환의 깨짐, 단절에서 왔다. 가축의 분뇨는 땅과 강을 오염시키고, 남은 음식은 쓰레기가 되어 골칫거리가 되고, 빗물도 자원으로 순환되지 못하고 하수구로 흘러가 버리고, 에너지도 방사능 폐기물을 남기는 핵에너지, 심지어 사람들의 혈관도 콜레스테롤로 막혀 피가 제대로 순환되지 못한다. 그러니까 이 모든 재앙의 해결은 막힌 곳을 뚫고 끊어진 순환을 연결하는 데서 시작해야 한다.

선생님이 햇빛에 쌓아둔 돼지 두엄을 손으로 한 줌 쥐어 내 코 앞에 갖다 대었다. 악취가 전혀 나지 않고 흙냄새가 났다. 조금 과장하면 향긋하기까지 했다. 만약 보통의 흙과 원가자농의 돼지 두엄을 놓고 블라인드 테스트를 했다면 맞추지 못했을 것 같다.

"이 똥하고, 유전자조작 곡물사료 먹인 양돈 분뇨하고는 완전히 달라요. 우리 농장의 돼지 두엄은 미생물이 살아 있어요. 발효된 미생물이 장을 거쳐 똥으로 나오는 거죠. 부패를 막는 이로운 미생물이죠. 미생물이 관건이에요. 미생물과 오염되지 않은 영양원들로 된 온전한 거름. 거름이 온전하면 온전한 채소들이 나오지. 거기서 나온 부산물이 다시 돼지로 가고. 온전한 순환이 이루어지는 거죠."

원가자농의 돼지들은 좋은 것만 먹었다. 돼지들의 주식은 유기농 쌀겨, 깻묵 등을 발효시켜 만든 가루 사료였다. 발효는 미생물의 힘으로 이루어졌는데, 볏짚에 사는 균이 발효를 돕는 일등공신이었다. 돼지들 밥이 어떤 맛일지 궁금했다.

"현미효소랑 맛이 똑같아. 맛있어. 돼지가 먹는 건 내가 먼저 다 먹어봐요. 내 입에서 거부반응이 일어나면 돼지한테도 주면 안 되니까."

사료를 먹어봤다. 고소하면서도 감칠맛이 나는 것이 꼭 미숫가루 같았다.

돼지들은 아침밥, 저녁밥으로 수제 사료를 먹고, 중간에는 유기농 채소 부산물을 간식으로 먹었다. 선생님이 유기농으로 기른 채소들 중 팔기에 적당하지 않은 것들, 그러니까 못난이 무, 당근 잎, 야콘 줄기, 브로콜리 줄기 등 억세거나 맛이 써서 사람이 먹지 않는 것들을 돼지들에게 주면 깨끗이 먹어주었다. 돼지들 덕분에 농장에선 버리는 게 없었다. 때로는 녹즙을 만드는 지인에게서 밀싹을 얻어 와 돼지들에게 주기도 하셨다. 밀싹 샐러드를 먹는 돼지들이라니.

여름철 특별 간식은 야생초였다. 일체의 농약과 제초제를 쓰지 않는 농장 주변의 들판에는 온갖 야생초가 가득했다. 들판은 커다란 무료 샐러드바 그 자체였다. 사람들이 '잡초'라 부르는 풀들이 원 선생님에겐 귀한 '약초'였다. 선생님은 뜨거운 한여름에도 풀을 베어 돼지들에게 주었다. 낫 놓고 기역 자도 모르던 나는 원 선생님께 낫질을 배워 풀을 쓱쓱 베어냈다. 십순이에게 줄 야생초는 따로 챙겨뒀다. 달이 뜰 때 피어난다는, 이름도 예쁜 달맞이꽃이었다.

"야생초라는 게 가뭄에 대비해야 할지, 장마에 대비해야 할지, 벌써 다 읽어낸 놈들인데. 그걸 스스로 다 준비한 게 야생이잖아. 이런 풀을 돼지가 먹으면 이 야생초의 야성을 그대로 옮겨 받는 거거든."

책상에서 수십 년을 공부한 어떤 철학자도 알 수 없는 땅의 철학을, 원 선생님은 낫으로 풀을 베면서 아무렇지 않게 말씀하셨다. 40년을 땅과 더불어 살아오며 자연의 섭리를 배워온 농부만이 할 수 있는 말이었다. 선생님의 이 말이 너무나 멋있어서, 나는 풀을 베느라 구부리고 있던 허리를 펴고 그 말을 곱씹었다. 우주의 기운을 간직한 야생초, 그 야생초를 먹는 돼지, 그 돼지의 똥으로 키운 작물, 그 작물을 먹는 사람, 모든 것이 하나로 연결된 순환의 고리였다.

옷이 땀으로 흠뻑 젖도록 풀을 벤 선생님의 노고가 아깝지 않게, 돼지들은 야생초를 무척 좋아했다. 야생초를 실은 수레가 축사에 가까워지자 돼지들은 빨리 달라 꿱꿱대며 아우성을 쳤다. 키가 1m 이상 자라 질길 대로 질겨진 쑥, 개망초, 고들빼기 같은 풀들을 우리 안에 던져주자, 돼지들은 일제히 머리를 파묻고 허겁지겁 먹었다. 이렇게 맛있는 건 세상에 또 없을 거라는 행복한 표정으로.

"돼지들이 이렇게 풀을 좋아하는지 몰랐어요."

내가 이렇게 말하자 선생님이 장난기 서린 웃음을 띠며 답하셨다.

"황 감독이 돼지가 풀을 좋아한다는 걸 몰랐다는 게 나는 더 신기해."

그렇다. 나는 돼지에 대해 몰라도 너무 몰랐다.

《육식의 종말》을 읽는 돼지 농장주

원중연 선생님은 철학하는 농부, 농사짓는 철학자이다. 낮에는 땀 흘리며 농사짓고, 밤에는 흙에서 배운 것들을 일기장에 쓴다. 그리고 책을 읽는다.

선생님의 책꽂이에는 가령, '돼지를 빨리 살찌우는 법' 이런 책 대신, 제레미 리프킨의 명저《육식의 종말》, 실천윤리 철학자 피터 싱어의 《동물 해방Animal Liberation》, 환경운동가 니콜렛 한 니먼이 쓴 《돼지가 사는 공장Righteous Porkchop》 같은 책들이 꽂혀 있었다. 돼지 농장주가 육식을 비판하는 책들을 읽고, 동물 해방 철학서를 읽는다니! 재미있기도 하고 존경스럽기도 해서 농담 반, 진담 반 단도직입적으로 질문을 던졌다.

"선생님, 채식주의자세요?"

"아니. 채식주의자까지는 아니지만, 고기를 적게 먹어야 한다고 생각해요. 고기를 많이 팔고 많이 먹기 위해 만들어진 공장식 축산 시스템은 재앙이에요. 인간은 한 생명으로 태어날 때 기본권을 부여받고 태어나잖아요. 살찌려고 태어나는 게 아니잖아요. 돼지도 자라는 과정이 있고 고유한 속도가 있어요. 공장식 축산에서는 돼지의 기본권을 박탈했죠. 그런 사육 환경에서 몸에 독이 얼마나 생기겠어. 그런 고기를 사람이 먹으면 안 되지. 먹을거리를 산업화시키면서 모든 재앙이 시작됐죠. 이런 이야기를 조목조목 쓴 책이 《육식의 종말》이더라고요. 과거에 우리 민족은 동물을 참 귀하게 여겼고 제사 지낼 때나 고기를 썼는데 산업화되면서 타락한 거죠. 자본이 교묘히 고기에 대한 욕망을 유도한 것이죠. 생명을 파괴하고 자연의 흐름에 역행하는 공장식 축산 쪽으로 지금 너무 기울어져 있으니까, 균형을 맞추려면 누군가는 다른 편에 서야죠. 이 시대에 산다는, 역사적인 압박감 같은 게 있었어요. 아무것도 안 하고 가만히 있으면 공범자 아니면 주범이라는 생각을 했어요."

한번은 원 선생님이 실험을 한 적이 있다. 기르는 돼지들을 두 그룹으로 나눠서, 서로 다른 사료를 주고 어떤 차이가 생기는지 관찰한 것이다. (여기서는 편의상 '가', '나' 집단으로 칭한다.) '가' 집단의 돼지들에게는 고단백 사료를 주었다. 콩 단백 함량이 높은 사료였다. '나' 집단의 돼지들에게는 원래 선생님이 농장 돼지들에게 주는 발효 곡물사료를 주었다. 쌀겨, 깻묵 등으로 만든 곡물사료에도 단백질은 풍부했지만, '가' 집단의 사료가 좀 더 고단백 사료라고 할 수 있었다.

'가' 집단 돼지들은 '나' 집단 돼지들에 비해 빨리 자랐다. 그런데 이상하게도 '가' 집단에서는 가끔 죽는 돼지들이 있었다. 똥에서 냄새가 났고, 파리가 많이 꼬였다. '가' 집단 돼지들은 성질이 급하고 배고픈 걸 못 참았다. 그렇다면 '나' 집단의 돼지들은? '가' 집단 돼지들에 비해 다소 성장이 느린 듯 보였지만, 결국 '가' 집단 돼지들만큼 자랐다. '나' 집단 돼지들은 갑자기 죽는 돼지가 없었다. 성격도 느긋했다. 똥에서도 냄새가 나지 않았다.

단백질 함량이 높은 사료를 먹인 '가' 집단 돼지들보다 적당히 먹인 '나' 집단 돼지들이 더 건강했고 성장에도 문제가 없었다. '나' 집단 돼지들이 느리게 자라거나 덜 자라는 게 아니라, '가' 집단 돼지들이 너무 빨리 자라는 거였다. 돼지 성장 속도의 차이는 농장주의 수익과 직결되는 문제다. 돼지가 빨리 자라야 빨리 도축할 수 있고, 같은 시간에 더 많은 돈을 벌 수 있기 때문이다. 하지만 원 선생님은 이런 사실을 알면서도 '나' 집단 돼지들에게 줬던 사료를 선택했다. 조금 느리더라도 돼지와 땅, 사람 모두에게 건강한 방식을 선택한 것이다.

유전자조작 사료를 먹이지 않고 빠른 성장을 위한 약물을 쓰지 않는 원가자농에서 돼지들은 자연의 속도에 따라 성장했다. 공장식 양돈농장에서는 생후 6개월 만에 100kg이 넘는 체중이 되어 도축장으로 보내지지만, 원가자농에서는 비슷한 몸무게가 될 때까지 1년 정도가 걸렸다. 속도로 보자면 느린 성장이지만, 정확히 말하면 원가자농 돼지들의 성장이 느린 것이 아니라 공장식 양돈농장의 돼지들이 비정상적으로 빠른 속도로 부풀려지는 것이다.

"열량이 높은 사료, 고단백 사료, 이런 걸 먹이면 체중 증가가 빠르고 빨리 커요. 비만한 돼지라고 보면 되지. 사료회사나 축산업자는 수지가 맞을지 모르지만 먹는 사람에겐 치명타예요. 비만 돼지들에게서 나온 퇴비도 똑같이 균형이 무너진 거름이 되죠. 시중의 일반 퇴비를 생각해보세요. 악취가 심하잖아요. 공장식 축산 돼지들이 먹는 사료가 정상이 아니기 때문이에요. 수입 옥수수가 주원료인데, 대부분 유전자 변형이에요. 열량이 높으니까 비육은 빨리 되는데, 돼지고기에서 포화지방이 높아지죠. 이런 돼지들이 만들어낸 퇴비를 밭에 뿌리고 파종을 하면 발아가 잘 안 돼요. 그걸 쓰려면 땅에 미리 섞어놓고 보름을 기다렸다가 파종을 해야 겨우 발아가 돼요. 그런데 우리 돼지들이 만든 퇴비는 밭에 뿌리고 파종을 하면 씨앗이 바로 발아가 되지요. 가축, 가축이 먹는 사료, 가축이 싸는 똥, 똥이 뿌려지는 땅, 그 땅에서 난 작물, 작물과 가축을 먹는 사람의 건강, 이 모든 것이 하나로 연결돼 있어요. 사람복지, 동물복지가 다른 게 아니에요. 가축이 좋은 것을 먹고 편안하게 살면 사람복지가 자동으로 되는 거예요. 한 고리예요. 하나가 온전하면 나머지가 온전해지는 거예요. 하나가 그릇되기 때문에 다 사슬처럼 어그러지는 거예요. 불과 30~40년 사이에 집집마다 기르던 가축이 사라지고 공장식 축산으로 변했는데 그러면서 부작용이 나타나고 있잖아요. 정상이 아닌 사료를 먹이고 축산 분뇨가 엄청난 오염을 일으키고, 동물도 고통받고, 그걸 먹는 사람의 건강도 악화되고. 옛날 방식의 가축 기르기를 회복해야 해요. 그러려면 고기를 적게 먹어야 해요. 많이 먹으면 공장식 축산으로 가게 되니까.”

원 선생님 댁에서 밥을 여러 번 얻어먹었다. 선생님의 식탁에는 직접 기른 브로콜리, 시금치 같은 채소, 그리고 산에서 채취한 나물, 현미밥이 늘 주식으로 올라왔다. 원 선생님은 되도록 채식 위주로 먹는 ‘채식 지향인’이셨다. 적은 수의 가축을 제대로 기르고 육식을 적게 하는 것이 사람과 땅 모두를 살리는 길이라는 생각을 갖고 계셨다.

“사람과 다른 형태일 뿐이지 똑같다고 여겨요. 돼지라는 이름의 품격을 가진 존재로 바라보면 함부로 못 대해요. 돼지를 키우기 전에는 풀은 그냥 귀찮은 존재였지. 근데 돼지가 잘 먹고 좋아하니까 풀은 귀한 거라고 생각이 바뀌었죠. 세상에 귀하지 않은 게 없어요. 내 자식만 귀한 게 아니고 남의 자식도 귀하게 여길 줄 알아야 내 자식이 딴 데서도 대우를 받는 거고. 돼지한테 귀한 걸 먹이면서 정성스레 키웠다고 생각해야 자긍심이 생기지.”

내 자식, 남의 자식, 사람, 돼지, 흙, 작물, 야생초… 만물이 하나로 연결된 순환의 고리. 그러므로 모든 것을 귀하게 대하고 모든 것에 친절하라. 땅에서 땀 흘리며 배운 농부의 철학이었다.

돼지우리에 빠지다, 돼지의 매력에 빠지다

팔리 모왓의 《울지 않는 늑대Never Cry Wolf》 같은 책이나 자연 다큐멘터리를 보면, 늑대는 많은 이들이 생각하는 것처럼 포악한 동물이 아니라는 것을 알 수 있다. 또 공동체를 중요시하는 동물이라는 것도 알 수 있다. 엄마 늑대가 사냥을 하러 간 동안 혈연관계가 없는 '아저씨' 늑대가 새끼들의 베이비시터가 되기도 한다. 엄마 늑대는 피 한 방울 안 섞인 이웃 남자에게 아이들을 맡겨놓고 마음 편히 바깥일을 보고 돌아온다. 이 멋진 동물이 멸종 위기에 처해 있다는 사실은 매우 가슴 아픈 일이다.

서구 문화에서 늑대는 오랜 세월 부당한 박해의 대상이 되어왔다. 신화, 전설, 동화, 그림책, 영화에서, 늑대는 인간에게 해로운 잔인한 짐승, 죽여 마땅한 존재로 묘사돼 왔다. 《빨간 모자》, 《늑대와 일곱 마리 아기 양》, 《아기 돼지 삼 형제》, 《피터와 늑대》 같은 이야기에서 늑대는 착한 주인공들을 간교하게 속여 괴롭히고 무자비하게 잡아먹는 악당으로 묘사된다. 착한 사람들이 못된 늑대를 잡아 가위로 배를 싹둑싹둑 가르고 돌을 집어넣고 다시 실과 바늘로 배를 꿰매 강물에 풍덩 빠트리는 장면에서, 아이들은 안도의 숨을 내쉰다. 늑대에 대한 근거 없는 혐오는 그렇게 아이들에게 내재되고 문화로 전승된다. 이런 옛날 이야기들을 뒤집거나 재해석하는 작품들이 최근 많이 나오고 있는 건 그나마 다행스런 일이다.

늦대 이상으로 억울한 동물이 고릴라다. 1933년에 만들어진 후 몇 번이나 리메이크된 영화 <킹콩>에서 고릴라는 도시를 파괴하고 미녀를 납치하는 괴수로 형상화된다. 그러나 실제로 고릴라는 온순하다. 가슴을 두드리는 행동은 공격보다는 적을 향한 위협에 가깝다. 또 그들은 진정한 채식주의자다. 과일과 식물을 먹고 산다. 아프리카의 고릴라는 서구의 식민지 지배, 야생 정복을 과시하는 전리품이 되었다. 손과 발은 잘려 재떨이로 팔렸고, 머리는 트로피로 팔렸다. 제국주의 시대에 유럽과 북미 열강이 아프리카, 아시아 식민지의 야생동물들을 마구 잡아다가 도시의 동물원에 전시한 것이 근대식 동물원의 시작이었는데, 당시 고릴라 새끼를 잡기 위해 엄마 고릴라, 아빠 고릴라는 물론 이모, 삼촌, 할머니 고릴라 등 온 가족을 몰살하곤 했다. 가족이 죽는 것을 보고 홀로 동물원에 전시된 새끼 고릴라는 정신적으로 많은 고통을 받았다. 이런 고통을 받은 고릴라들이 영화와 대중매체에서 포악한 난봉꾼으로 그려지는 것을 보면, 당사자 고릴라 입장에서는 참으로 기가 막히는 일이 아닐 수 없다.

‘교활한 여우’, ‘미련한 곰’, ‘사악한 뱀’이라는 표현은 정당한가? 종교나 문화에서 전승된 이런 통념은 생태적으로 볼 때 그 어느 것도 사실이 아니다. 인간은 자신의 어두운 그림자를 비인간 동물에게 던져 그들에게 '누명'을 씌워왔다. 그래야 죄책감을 느끼지 않고 그들의 가죽을 벗기거나 잡아먹을 수 있었기 때문이다. 동물들은 두 번의 죽음을 겪는다. 실제로 죽음과 멸종으로 몰리고, 문화 속에서는 인간을 해치는 포악한 가해자로 곡해됨으로써 또 죽는다.

돼지는 어떨까? 많은 이들이 '돼지' 하면 더럽고, 미련하고, 탐욕스럽고 식탐 많다는 이미지를 떠올린다. 농장에서 돼지들을 가까이 보면서, 이런 통념들이 얼마나 잘못된 편견인지 알게 됐다. 그리고 누군가 "돼지 같은"이라는 욕을 하면 돼지 변호를 자청하게 됐다.

돼지에 대한 첫 번째 변론, 돼지는 더럽지 않다. '돼지 축사' 하면 우선 고약한 분뇨 냄새부터 떠올리는 사람들이 많을 것이다. 나도 그랬다. 그런데 원가자농 돼지 축사에서는 악취가 전혀 나지 않았다. 통풍이 잘되기도 했지만, 풀과 채소를 먹어서 그런지 똥에서도 냄새가 나지 않았다.

또 돼지들은 배변 장소를 완벽하게 구분했다. 한두 평 되는 작은 우리 안에서도 돼지들은 잠자는 곳과 화장실을 구분했다. 영리한 동물로 알려진 개들도 배변 훈련이 어렵고 사람도 생후 몇 년은 기저귀가 필요한데, 돼지들은 알아서 척척이었다.

돼지들이 깔끔하지 못하다고 생각하는 이유는 그들이 진흙 목욕을 좋아하기 때문이다. 돼지들은 땀샘이 없어서 체온 조절을 하려면 몸에 진흙을 묻혀야 한다. 그래야만 적당한 체온을 유지할 수 있다. 원가자농에서도 푹푹 찌는 한여름에는 돼지들이 너무 힘들어 보였다. 한번은 내가 물을 뿌려준 적이 있었다. 그랬더니 돼지들이 진흙에 배를 깔고 뒹굴고 목욕을 하며 무척 행복해하는 것이 아닌가. 돈수는 '아휴, 이제 좀 살겠다.' 하는 표정을 지었다.

두 번째 변론, 돼지는 멍청하지 않다. 오히려 매우 영리하다. 돼지가 코로 문고리를 열어 탈출했다거나, 여러 돼지가 협력해서 울타리를 넘은 걸 봤다는 목격담이 다수 전해 내려오는데, 돼지의 똑똑함을 과학적으로 증명한 사례들은 수두룩하다. 케임브리지 수의과대학 도널드 브룸 교수는 돼지에게 거울 실험을 한 결과, 돼지가 굉장히 복잡한 인지능력을 가졌으며 개보다 영리하고 심지어 서너 살짜리 아이보다 영리하다는 사실을 발견했다.

2015년 국제학술지인 <비교 심리학지 Journal of Comparative Psychology>에 실린 논문에 따르면, 돼지는 침팬지와 견줄 수 있을 정도로 뛰어난 인지능력을 가졌다. 미국 펜실베이니아 주립대학교의 연구팀은 돼지가 코로 조이 스틱을 이용해 컴퓨터 화면의 커서를 움직여 게임을 할 수 있도록 가르쳤는데, 돼지의 학습능력은 유인원과 비등할 정도로 뛰어났다. 돼지가 조이 스틱을 다루는 영상은 유튜브에서 쉽게 찾을 수 있다. 1998년, 같은 대학의 스탠리 커

티스 교수가 돼지 버트와 어니를 훈련시켰다. 이들은 컴퓨터 스크린에 띄운 아이콘을 이용하여 자신들의 생각을 인간에게 전달하고 인간의 명령에 반응할 수 있었다. 뿐만 아니라 계기판을 조작해 방의 온도를 조절하기도 했다. 버트와 어니는 은퇴 후 보호소에서 살았는데, 보호소 관리자 데일 리플은 "(버트와 어니는) 돼지들이 어리석고 감정 없는 생물이 아님을 세계에 알리는 데 지대한 공헌을 했다. 그들은 특히 식용으로 키워지는 동물들에 대한 처우를 개선해야 한다는 것을 알리는 진정한 대사들이다"라고 말했다.

영화 <꼬마 돼지 베이브>에서 베이브는 전국 양몰이 대회에 출전하여 100점을 받아 전국 최고의 양치기가 된다. 물론 픽션이다. 하지만 지금까지 나온 연구 결과들을 보면, 돼지가 양몰이쯤 못할 것도 없지 않겠나 하는 생각이 든다. 아기 돼지 베이브의 농장주 역할을 맡은 배우 제임스 크롬웰은 영화를 찍은 후 완전 채식을 하는 비건vegan이 되었고, 동물권 운동가가 되었다. 각본과 제작을 맡은 조지 밀러는 "돼지에게는 비극적인 색채가 있다. 그렇게 오랜 세월 오직 고기를 위해 키워졌는데도 불구하고 돼지들이 아직까지 영리함을 잃지 않았다는 것만으로 나는 두 손을 들었다"라고 말했다.

세 번째 변론, 돼지는 욕심꾸러기가 아니다. 식탐 많은 사람에게 "이 돼지 같은"이라고 욕하는데, 돼지 입장에서는 심한 명예훼손이다. 적어도 원가자농에서 본 바에 따르면, 돼지들은 절대로 과

식하지 않았다. 먹을 만큼 적당히 먹었다. 대중문화에서 탐욕의 상
징으로 돼지를 이용하는 것도 온당치 않다. 미야자키 하야오의 애
니메이션을 매우 좋아하는데 <센과 치히로의 행방불명>에서 부모
를 돼지로 변하게 한 상투적 상징에는 실망했다. 그 영화에서 돼지
가 된 부모는 배가 터지도록 고기를 먹는데, 실제 돼지들의 입장에
서는 상당한 명예 훼손이다. 지구상의 동물계에서 토할 정도로 먹
고 소화제를 먹는 동물은 호모사피엔스라는 종뿐이다.

지옥의 문을 여는 입장권

0.1%의 돼지가 아닌, 99.9%의 돼지들, 그러니까 공장식 축산의 돼지들을 만나야 하는 과제가 아직 남아 있었다.

2012년 1월 어느 날, 동물보호 잡지 <숨> 편집실에서 전화가 왔다. 구제역 살처분 이후 문을 닫은 농장의 폐축사를 조사하러 가는데 동행하겠느냐는 제안이었다. 나는 묻지도 따지지도 않고 무조건 같이 가겠다고 했다. 살아 있는 돼지는 볼 수 없지만 적어도 축사 시설은 볼 수 있을 거라는 기대에서였다. 차량에 탈 수 있는 인원이 제한돼 있어서 촬영팀은 단 한 사람만 가능하다고 했다. 촬영감독 없이 나 혼자 카메라를 들고 동행하기로 했다.

다음 날 아침 일찍 모여 어디로 갈 것인지 의견을 나누었다. 주소가 공개된 양돈농장은 많지 않았다. 간신히 주소를 구했어도 그 농장들이 폐업을 했는지 아니면 아직도 운영 중인지도 알 수 없었다. 무작정 나설 수밖에 없었다. 그래도 범위를 좁혀야 했다. 우리는 경기도 이천과 파주를 선택했다. 면적 대비 농장이 밀집돼 있는 곳이고, 전년도에 돼지 살처분이 광범위하게 이루어졌던 지역이기 때문이다. 파이팅을 외치고 출발했다.

영하 15도, 체감온도 20도에 가까운 혹한의 날씨였다. 주소도 없이 농장을 찾다니, 서울에서 김 서방 찾기가 따로 없었다. 그래도 경험 있는 활동가들과 다니다 보니 공장식 양돈농장의 위치와 '비주얼'에 대한 감이 왔다. 일단, 농장은 도시 외곽이나 농촌 한적한 곳에 주로 분포해 있다. 앞서 양돈기업 직원이 스스로 말한 것처럼 혐오 시설이기 때문이다. 두 번째 특징은 커다란 고깔 모양의 흰색 사료통이다. 흰색 사료통은 멀리서도 눈에 띄는 랜드마크였다. 몇 시간 조사를 하다 보니 멀리서도, 달리는 차 안에서도, 특수 안경을 낀 것처럼 우리 눈에는 흰색 사료통만 들어왔다.

이틀에 걸쳐 돌아다닌 끝에 여러 폐축사를 발견할 수 있었다. 사람도 돼지도 없는 텅 빈 농장은 폐허와 다름없었다. 버려진 물건들, 녹슨 시설물, 창문이 깨진 축사는 마치 전쟁 통에 부서진 공장 같았다.

농장 한편에 돼지들을 파묻은 자리가 있었다. 매립지 위에는 파란색 비닐 덮개가 씌워져 있었고, 군데군데 회색 플라스틱 굴뚝이 박혀 있었다. 돼지들의 몸이 부패하면서 나오는 가스를 땅 밖으로 빼내기 위한 굴뚝이었다. 돼지들을 생매장한 지 1년이 지났다. 그동안 굴뚝을 통해 알 수 없는 바이러스와 죽음의 기운이 스멀스멀 세상으로 퍼져나갔을 것이다. 그 파란색 매몰지 혹은 무덤 위에 '발굴의 금지'라는 표지판이 우뚝 세워져 있었다.

발굴 금지 기간 3년. 가축전염병예방법 제24조(발굴의 금지)

규정 위반 시 동법 제58조 규정에 의거 300만 원 이하의 벌금에 처한다.

2010년 말부터 2011년 초까지 이어진 구제역 파동 때, 정부는 4천여 개에 달하는 매몰지에 '발굴의 금지'라는 푯말을 세웠다. 그곳에 350만 마리의 소, 돼지가 파묻혔다.

'발굴의 금지'라니. 기묘한 표현이었다. 한국어도, 일본어도 아닌 말. 이상한 나라의 명령어. '살처분'만큼이나 낯설고 오싹한 말.

몇 동의 축사 건물 사이를 숨죽이고 걷다가 문득 고라니 똥을 보았다. 살처분 이후 1년 동안 방치된 폐축사 부지, 사람이 출입하지 않는 땅에 야생동물이 돌아온 것이다. 살생의 공간에서 공포와 환멸의 감정이 뒤섞인 가운데 걷던 나는, 고라니 똥을 보는 순간 묘한 평화와 안도감을 느꼈다. 아주 역설적인 감정이었다. 인간과 가축이 떠난 축사는 빠르게 야생의 공간이 되어가고 있었다. 신선한 고라니 똥을 보다가 앨런 와이즈먼이 '지구상에서 인간이 사라진다면?'이라는 가정하에 세계 곳곳을 누비며 기술한 저서 《인간 없는 세상The World Without Us》이 떠올랐다. 인간이 사라지면 불과 1년 만에 야생동물들이 큰 혜택을 보게 된다. 고압전선에 부딪혀 매년 10억 마리씩 희생되던 새들이 더 살기 좋은 세상을 만나게 된다. 상아 때문에 죽임을 당하던 코끼리는 인간이 사라지고 100년이 지나면 개체 수가 20배로 늘어난다. 인간이 사라진 것을 아쉬워하는 것은 우리의 몸 구석구석을 집으로 생각하며 살아온 충치균, 포도상구균, 대장균 같은 균들과 인간의 주거 공간에 세 들어 살아온 바퀴벌레들뿐일 것이다. 인간 없는 세상의 축소판을 보여주는 폐축사, 이곳의 한시적 평화는 언제까지 계속될까?

뭔가 희끄무레한 것이 보인다. 다가가서 보니 죽은 돼지의 뼈였다. 돼지가 죽으면 전염병 확산 방지를 위해 매몰하게 돼 있는데, 농장주가 원칙을 지키지 않은 것이다. 농장은 죽음과 질병의 냄새로 가득 차 있었다. 삐걱거리는 녹슨 철문을 열고 축사 내부로 들어갔다. 온갖 약병들이 뒹굴고 있었다. 장 치료제, 강심제, 옴 치료제 같은 피부병 약, 호흡기 질환제, 항생제, 호르몬제… 돼지들이 이런 것들을 상시적으로 투약 받았다는 것 아닌가. 이런 약물을 복용한 돼지를 먹음으로써 결국 사람들이 그 약물을 섭취하고 있다는 사실도 경악할 일이지만, 약을 먹이지 않고는 사육이 불가능할 정도로 반생명적인 사육 시스템이라는 것을 알 수 있었다.

우리 일행은 차가운 철제 우리만 남은 텅 빈 축사를 둘러보고 있었다. 그때 어디선가 꿀꿀대는 소리가 들렸다. 설마 돼지? 환청인가?

소리의 발원지를 찾아 헤맸다. 여러 동의 축사가 있었는데 그중 작은 축사 쪽에서 소리가 나는 것 같았다. 축사가 완전히 밀폐돼 있어서 입구를 찾기 힘들었다. 공장식 양돈농장의 일반적인 형태인 창문 없는 돼지축사, '무창돈사'였다. 겨우 찾은 입구는 허름한 문이었지만 굳게 닫혀 있었다. 같이 간 활동가가 가까스로 문을 열었다. 혹한에 꽁꽁 얼어붙은 카메라에 갑자기 후끈한 실내 온도가 닿으니 온도 차이로 인해 뿌연 습기가 찼다. 아무것도 볼 수가 없었다. 잠깐, 이곳은 모든 돼지들을 살처분한 폐축사 아닌가? 지금 내 앞에 있는 것은 진짜 돼지인가, 아니면 구덩이에서 기어 나온 유령 돼지들인가? 시각보다 더 현실적이었던 건 후각이었다. 살면서 경험해본 적 없는 극심한 악취였다. 숨을 쉴 수가 없었다. 바닥은 분뇨로 질퍽거렸다. 그 속에 어린 돼지들이 오물 범벅이 된 채로 눈을 끔벅이며 서 있었다. 맙소사, 가엾어라.

　지옥의 문을 연 느낌이었다. 악취로 정신을 차릴 수가 없었다. 활동가 한 명은 결국 구토를 하고 말았다. 동행했던 방송 프로듀서도 손수건으로 코를 막고 간신히 촬영했다. 우리는 최소한의 촬영을 하고 문을 닫고 황급히 그곳을 빠져나왔다. 현장을 빠져나온 후 동행한 프로듀서가 말했다.

　"뉴스에서 본 적은 있는데 직접 본 건 처음이에요. 상당히 충격적이네요. 시각적인 것도, 냄새도 모두 충격적이에요. 이런 환경인 줄 몰랐어요. 사진으로 보는 것과 직접 그 안에 들어가서 보는 건 완전히 다른 것 같아요. 지금까지 방송 일하면서 촬영 많이 다녔는데, 여기가 가장 힘든 현장이었어요. 이런 곳에 돼지가 산다고 하니 돼지한테 미안한 생각이 드네요."

"이참에 고기를 끊어볼 생각도 드시나요?" 나의 질문에 그가 민망한 웃음으로 대신했다.

"어제도 삼겹살 먹었는데… 하하."

그곳의 가공할만한 악취는 돼지가 더러운 동물이어서가 아니라, 쌓이는 분뇨를 치우지 않았기 때문이다. 엘리베이터 안에 가득 찬 사람들이 몇 개월 동안 밖으로 못 나간 채 그 안에서 먹고 싸면 어떤 악취가 날지 상상해보면 된다.

폐축사로 알고 갔던 그곳에 돼지가 있었던 것은 살처분 후 '재입식'을 하여 다시 돼지 사육을 시작했기 때문이었다. 살처분 농장에는 정부가 보상금을 준다. 불결한 축사 환경을 개선하지 않고 국민 세금으로 돼지를 사서 이전과 똑같은 시스템으로 다시 키우는 것이다. 햇빛과 바람이 통하지 않는 상태에서 가축을 밀집 사육하는 무창돈사는 전염병이 돌기 딱 좋은 환경처럼 보였다. 불결한 환경에서 면역력이 떨어진 돼지들은 바이러스에 취약할 수밖에 없다. 그 환경을 개선하지 않는 한 또다시 전염병이 돌 것이고, 그때마다 살처분을 할 것이다. 그리고 또 돼지를 데려다 키울 것이다. 악순환이 반복된다.

집으로 돌아오는 기차 안에서 계속 주위의 눈치를 봐야 했다. 옷과 머리카락에서 악취가 났기 때문이다. 저녁식사를 못 했지만 밥맛이 없었다. 식당 칸에서 캔 맥주 두 개를 사 왔다. 뛰어난 후각을 가진 돼지가 자신들의 분뇨 위에서 먹고 자고, 신선한 공기 한 번 마셔보지 못하고 살아간다. 돼지들이 살아가는 환경이 너무 가혹했다. 그런 환경에서 온갖 약물을 투여 받으며 억지로 사육된 돼지를 먹는 우리의 삶도 그다지 나을 것은 없어 보였다. 어떻게 해야 이 악순환을 끊을 수 있을까. 집으로 돌아오는 기차의 창밖으로 숱한 고깃집 간판이 번쩍였다. 간판 속에서 요리사 복장을 한 돼지가 해맑게 웃고 있었다.

99.9%의 돼지들

"지성이면 감천"이라는 말을 믿는다. 1년이 넘는 조사와 헤아릴 수 없이 많은 시도 끝에, 드디어 한 양돈농장에서 촬영을 해도 좋다는 허락을 받았다. 결코 열리지 않을 것 같았던 공장식 축산의 문이 열린 것이다. 꿈일까 생시일까. 우리는 한국에서 처음으로 공장식 양돈농장에 공식 허가를 받고 촬영을 하게 되는 다큐멘터리 영화 제작팀이 되었다.

뜻밖에도 농장은 시내에 있는 우리 집에서 차로 불과 20여 분 정도밖에 떨어지지 않은 곳에 있었다. 1만 8,000마리의 돼지가 사육되는 양돈농장이었다. 도시 가까이에서 대규모로 돼지들이 사육되고 있지만, 시민들은 돼지들이 어디서 어떻게 사육되는지 전혀 알지 못하고 살아 있는 돼지를 한 번도 보지 못하는 아이러니.

한나절 동안 축사 전체를 둘러보고 촬영을 모두 마쳐야 한다. 실수도, 실패도 안 된다. 이런 천운을 또다시 얻을 수는 없기 때문이다. 내 생애 가장 긴장되는 촬영이었다.

촬영팀은 방역복을 입고, 전신 소독을 한 후 관리인의 안내에 따라 축사를 둘러보기 시작했다. 여러 동의 회색빛 축사 건물이 있었다. 모르는 사람이 곁에서 보면 자동차 부품이나 기계 같은 것을 생산하는 제조업 공장이라고 할만한 건물들이었다.

임신 초기와 중기의 어미 돼지들, 임신 말기 어미 돼지들, 출산한 어미 돼지들, 새끼들, 그리고 정자를 제공하는 수돼지들이 각기 다른 건물에서 사육, 관리되고 있었다. 효율성을 위해 모든 것이 분업화되어 있는, 말 그대로 공장이었다.

가장 먼저 임신 말기의 암돼지들이 있는 축사, '임신 말기사'로 갔다. 입구 근처에서부터 암모니아 냄새로 숨을 쉬기가 힘들었다. 파주의 폐축사에서 경험했던 악취보다는 나았지만, 그래도 도저히 익숙해질 수 없는 냄새였다. 관리인은 천장과 벽에 여러 개의 환풍기가 있어서 내부의 가스를 쉬지 않고 밖으로 배출하고 있으며 깨끗하게 관리되는 곳이라고 설명해주었다.

문을 열고 들어갔을 때, 나는 SF 영화의 한 장면 같은 광경을 보았다. 어미 돼지 하나하나가 자신의 몸 크기와 거의 비슷한 크기의 철제틀에 갇혀 있었다. 일명 '스톨'이라 불리는 '감금틀'이었다. (영어로는 sow stall, 또는 sow crate라고 표기한다.) 460여 마리의 어미 돼지들이 각각 스톨에 갇혀 있었다. 스톨 하나의 크기는 폭 60cm, 길이 2m. 이 안에서 어미 돼지는 앉았다 일어나거나 눕는 동작만 가능하고, 몸을 한 바퀴 돌리는 것조차 불가능하다. 이미 책과 인터넷에서 자료를 보고 갔지만 현장에서 직접 스톨을 목격했을 때, 눈앞에 펼쳐져 있는 것이 현실이라는 것을 믿을 수 없었다. 내 평생 가장 충격적인 장면이었다. 이 농장에는 모두 2,000마리의 암퇘지가 있다고 했다. 스톨에 갇힌 2,000마리의 어미 돼지들.

이 농장이 특별히 동물을 학대하는 농장이 아니라 아주 보편적이고 일반적인 양돈농장의 시스템이라는 것이 더 충격이었다. 그동안 내가 먹은 돈가스와 삼겹살을 위해 어미 돼지들이 이렇게 살아야 했다니. 스톨에 한 마리씩 가둬놓은 이유가 무엇일까.

"관리상의 목적이에요. 관리상의 편의. 그리고 임신돈이니까 안정을 위해 가둬두는 거죠. 이 축사 안에 지금 460두의 암퇘지가 있는데, 이 460두를 다 풀어놓고 키우면 관리가 안 되죠. 사람, 그러니까 우리가 좀 더 편하려고 이렇게 하는 거죠. 이 정도 규모의 농장은 새끼 돼지를 찍어낸다고 생각하시면 돼요. '공장'인 거죠. 요즘 동물복지 이야기가 나오는데, 그럼 고기를 먹지 말아야 해요. 어떻게 보면 돼지는 국민의 식생활에서 가장 중요한 요소예요. 그런데 그런 부분을 가지고 왈가왈부하면…. 보시면 돼지들이 편안하게 잘 있어요."

"편안하게요?"

"네. 사람도 스트레스를 받으면 확 돌잖아요. 보시다시피 우리가 봐도 돼지가 잘 있잖아요. 물론 자유가 제한되는 부분은 틀림없이 있어요. 하지만 그런 것까지 이야기한다면 돼지를 키울 수 없겠죠. 사람들이 돼지고기를 먹는 한은 어쩔 수가 없어요. 더구나 우리나라처럼 땅이 좁은 나라는 어쩔 수 없어요. 미국이나 호주, 캐나다 같은 곳은 풀어 키우는 게 가능할지도 모르죠.”

맞는 말이다. 한국은 좁은 땅덩어리에 비해 가축을, 좀 더 솔직한 표현으로는 ‘식용동물’을 너무 많이 키운다. “동물복지를 구현하려면 고기를 먹지 말아야 한다”는 그의 말은 사육업자의 변명이라기보다, 현실을 정확히 진단한 말로 느껴졌다. 아침에 햄, 점심에 돈가스, 저녁에 삼겹살로 이어지는 고기 소비를 감당하기 위해서는 돼지들이 이렇게 밀집 사육될 수밖에 없는 것이다.

그런데 돼지들이 ‘편안하게’ 잘 있다는 그의 말에는 동의하기 힘들었다. 딱딱한 콘크리트, 햇빛 한 점, 바람 한 점 안 들어오는 축사, 몸 크기와 똑같은 철제 스톨 속에 갇힌 어미 돼지들이 어떻게 편안할 수 있을까. 대부분의 어미 돼지들이 자는 것도 아니고 안 자는 것도 아닌 상태로 멍하니 콘크리트 바닥에 누워 있었다. 편안해서가 아니라 아무런 할 일이 없기 때문으로 보였다. 반쯤 뜬 그들의 눈에서 어떤 생기도 찾아볼 수 없었다. 익숙한 눈동자였다. 그렇다. 바로 동물원에서 이런 눈동자를 보았다. 철창에 갇힌 호랑이, 침팬지들은 세상에서 가장 슬프고 절망적인 눈동자를 갖고 있었는데, 돼지들이 똑같은 눈동자를 하고 있었다. 어떤 어미 돼지는 끊임없이 철제 우리를 입으로 물어뜯었고 어떤 돼지는 머리를 마구 흔들었다. 이 모습도, 동물원에서 많이 보았다. 북극곰과 코끼리가 머리를 흔들고, 침팬지가 자기 털을 뽑는 모습들… 동물을 좁고 단조로운 공간 안에 가두었을 때 나타나는 정신병적 ‘정형행동’이었다. 돼지들은 미쳐 있었다.

축사 내부에서는 사료 공급 제어장치의 톱니바퀴가 철커덕철커덕 돌아가고 있었다. 수백 마리 어미 돼지들이 갑자기 광분하며 머리를 흔들고 스톨을 입으로 물어뜯고 꿱꿱대고 소리를 지르기 시작했다. 점점 소리가 커졌다. 귀가 찢어질 정도의 데시벨이었다. (나중에 영화 편집 시 사운드 볼륨을 한참 줄여야 했을 정도였다.) 농장 직원이 들어와 기다란 막대 레버를 내렸다. 그러자 스톨 하나에 하나씩 달려 있던 수백 개의 플라스틱 통 뚜껑이 일제히 열리며 사료가 쏟아져 돼지의 먹이통으로 공급됐다. 조용해졌다. 어미 돼지들은 밥을 달라고 소리를 지른 것이다.

어미 돼지들을 스톨에 한 마리씩 가둬 기르는 가장 큰 이유는 임신과 분만의 철저한 통제, 관리에 있다. 어미 돼지는 스톨에 갇힌 채 인공수정으로 임신되고, 스톨에 갇힌 채 새끼를 낳고, 스톨에 갇힌 채 젖을 먹인다.

어미 돼지의 일생은 이렇다. 암퇘지는 생후 9개월에서 10개월 사이에 인공수정을 통해 임신된다. 4개월 정도의 임신 기간 동안 스톨에서 지낸다. 분만 일주일 전쯤 분만사의 분만용 감금틀로 이동된다. 그 틀 안에서 새끼를 낳는다. 포유 기간, 즉 새끼들에게 젖 주는 기간은 자연 상태보다 훨씬 짧은 24~25일 정도. 젖을 떼고 새끼들과 분리된 어미 돼지는 다시 임신 초기사로 돌아온다. 돌아온 뒤 인공수정을 통해 또다시 임신된다. 이 사이클이 반복된다. 어미 돼지는 한 해에 2.5회 분만을 한다. 임신과 출산을 1년 내내 쉬지 않고 반복한다. 어미 돼지들은 각자의 스톨에 '성적표'를 달고 있다. 성적표에는 그 돼지의 출산일, 출산 새끼 수가 적혀 있다. 몇 마리 새끼를 낳았는지, 즉 생산 '성적'에 따라 도태 여부가 결정된다. 총 6~7회 새끼를 낳아 성적이 떨어진 어미 돼지는 도축장으로 보내진다. 3~4년 정도 살다 가는 셈이다.

주간 단위로 보면 매주 월요일, 화요일, 수요일은 임신하는 날. 목요일, 금요일, 토요일은 분만하는 날. 목요일은 이유, 다시 말해 젖 먹는 새끼들을 어미로부터 떼는 날. 이렇게 짜인 스케줄대로 공장이 돌아간다. 기계가 아닌 생명체의 임신과 출산일을 요일에 딱딱 맞춰 돌아가게 하는 건 약물이다. 임신을 시켜야 하는 암퇘지들에게는 배란유도제 주사를 놓는다. 발정이 오면 임신을 시킨다. 분만을 앞둔 어미 돼지들에게는 분만일을 정해놓고 24시간 전에 분만유도제 주사를 놓는다. 그 주사를 맞은 어미 돼지들은 대개 몇 시간에서 하루 안에 새끼를 낳는다. 이 농장에서만 매일 125마리의 어미 돼지가 분만을 하고, 거기서 생산되는 자돈이 1,400마리가 넘는다. 약물과 스톨이라는 강력한 관리 도구를 통해, 이 많은 분만을 직원 몇 사람이 관리할 수 있는 것이다. 공장식 축산을 한마디로 정의하면 생명의 몸에 맞게 농장이 운영되는 시스템이 아니라, 목표 생산량에 맞춰 생명의 몸을 통제하는 곳이라고 할 수 있다.

"이렇게 해야 2,700개 모돈을 포함해 2만 개가 되는 돼지를 직원 27명이 관리할 수 있죠."

관리인은 몇 '마리'라는 표현 대신 몇 '개'라는 표현을 썼다. 어미 돼지들은 고기를 낳는 생산 단위, 그 이상도 이하도 아니었다.

"2만 두의 돼지 중에서 혹시 특이한 사연을 가진 돼지가 있나요?"

"그런 돼지는 없어요. 작년에 구제역으로 많은 돼지를 묻었어요. 또 워낙 사육두수가 많다 보니 한두 마리를 기억할 수가 없어요. 제가 처음 농장을 했을 때는 300마리 정도 됐는데, 그때는 모돈들도 다 얼굴이 있었어요. 얼굴을 기억하는 모돈들도 있었다는 거죠. 아, 얘는 새끼를 몇 마리 낳았고, 대충 기억을 했는데, 지금 모돈 2,700개는 아무리 똑똑한 사람도 기억할 수 없어요."

"정이 들기도 힘드시겠어요."

"네. 작은 곳은 하루에 20개 정도의 모돈이 분만하지만, 저희는 하루에 120개 이상의 모돈이 새끼를 낳기 때문에 어떻게 할 수가 없어요. 어떤 스토리를 만들 수가 없어요."

키우는 사람과 가축 간의 관계, 혹은 정情을 허락하지 않는 무정無情한 시스템. 이야기를 허락하지 않고 숫자만 허락되는 시스템. 번호만 주어지고 이름을 부를 수 없는 시스템. 효율과 이윤만을 목표로 돌아가는 시스템. 그것이 바로 공장식 축산이다.

제작팀은 임신 말기의 암퇘지들이 있는 축사에 이어 '분만사'

로 갔다. 분만사에도 개별 감금틀이 있었다. 배가 남산만 한 어미 돼지들이 철제 감금틀에 갇힌 채 옆으로 누워 있었다. 어미 돼지들이 너무 고통스러울 것 같았다. 나의 출산 경험을 돌이켜보면, 일어서서 걷거나 몸을 움직이는 것이 진통을 줄이는 데 도움이 됐다. 공장의 어미 돼지들에게는 어떤 움직임도 허락되지 않았다. 감금틀은 어미 돼지와 갓 태어난 새끼들을 사람이 쉽게 관리할 수 있도록 설계되어 있었다. 분만사 담당 직원이 한 어미 돼지에게 분만촉진제가 든 주사 바늘을 푹 찔러 넣었다. 그리고 손에 들고 있던 스프레이 통으로 어미 돼지의 배를 툭툭 치며 새끼를 빨리 낳지 않는다고 채근했다. 곧이어 새끼가 나왔다. 직원은 양수가 묻어 있는 새끼를 집어 들어 수건으로 쓱쓱 닦고 탯줄을 가위로 싹둑 자른 후 어미 돼지가 있는 우리 안에 내려놓았다.

바닥은 분변이 쉽게 떨어지도록 틈 있는 철제로 돼 있었다. 새끼의 작은 발이 틈 사이로 자꾸 빠졌다. 새끼는 미끄럽고 발이 빠지는 철제 바닥을 걸어 겨우 어미젖을 찾아갔다. 어미 돼지는 젖을 먹이고 일어서서 사료를 먹는 것 외의 동작이 불가능했다. 새끼들과의 교감은 허락되지 않았다. (일부 양돈농장에서는 어미 돼지 얼굴 앞에 칸막이를 세워두는 곳도 있다. 그런 곳에서는 새끼를 볼 수조차 없다.)

분만사 다음으로 간 곳은 수퇘지들이 있는 건물이었다. 그곳에는 열 마리 정도의 수퇘지들이 있었다. 그들은 고기가 되기 위한 비육돈이 아니라 정자 채취용 '씨돼지'였다. 수퇘지들은 한 평 정도 되는 작은 공간에 한 마리씩 분리되어 있었다. 한 남자 직원이 거대한 수퇘지 한 마리가 있는 우리로 다가가 문을 열었다. 끼익하며 철제문이 열렸고 수퇘지가 밖으로 나왔다. 직원이 수퇘지 엉덩이를 플라스틱 삽으로 가볍게 툭툭 치자 수퇘지는 자신이 가야 할 곳을 아는 듯 익숙한 걸음으로 복도를 걸어 다른 방으로 들어갔다. 그 방에는 받침대가 있었고, 수퇘지가 그 위에 올라탔다. 직원은 쭈그리고 앉아 수퇘지의 생식기를 잡았다. 잠시 뒤 수퇘지의 생식기에서 하얀 정액이 나왔다. 직원은 준비해둔 병에 정액을 담았다. 사정이 끝난 후 수퇘지는 다시 자신이 있던 방으로 갔다. 문이 닫혔다. 수퇘지는 콘크리트 바닥에 철퍼덕 누웠다.

정액을 채집한 직원은 정액 관리실로 갔다. 벽에 붙은 맥주 광고 속에서 비키니 수영복을 입은 여성들이 웃고 있었다. 직원은 현미경으로 정자의 움직임을 확인한 후 몇 개의 가느다란 용기에 정액을 조금씩 나눠 담았다. 남은 정액은 냉장실에 보관됐다.

다음에 우리는 '임신 초기사'로 갔다. 이곳의 조명은 '임신 말기사'에 비해 훨씬 밝았다. 하얗고 차가운 형광등 아래, 임신 대기 상태인 암퇘지 수백 마리가 각자의 스톨에 갇혀 있었다. 이윽고 두 직원이 거대한 수퇘지 두 마리를 데리고 나타났다. '발정 감별용' 수퇘지였다. 수퇘지가 임신 대기 상태인 암퇘지들의 스톨 앞을 걸어가자, 암퇘지들과 수퇘지는 엄청난 흥분 상태가 됐다. 하지만 스톨에 갇힌 암퇘지와 스톨 밖 수퇘지는 서로 교감할 수 없다. 수퇘지가 암퇘지들의 앞을 지나감과 동시에, 한 이주 노동자가 암퇘지의 등에 올라앉는다. 양돈농장에서 암퇘지의 발정을 확인하는 데는 두 가지 방식이 쓰인다. 수퇘지가 가까이 왔을 때 암퇘지 몸이 굳거나, 사람이 등에 올라탔을 때 몸이 굳으면 발정이 난 암퇘지로 간주한다. 노동자는 암퇘지의 등에 올라앉아 발정 여부를 확인하고, 그다음 돼지로 옮겨갔다.

발정이 온 암퇘지의 등에는 파란색 페인트가 든 스프레이를 뿌렸다. 이후 파란 페인트가 칠해진 암퇘지, 즉 발정이 온 암퇘지에게 인공수정 시술이 이루어졌다. 정액이 담긴 기다란 플라스틱 관을 암퇘지 생식기에 찔러 넣었다. 남자 직원들이 익숙한 동작으로 수백 마리 암퇘지들에게 플라스틱 관을 꽂았다. 몇 마리 수퇘지들의 정액을 수천 마리 암퇘지들에게 주입해서 똑같은 '품질'의 새끼 돼지들을 '제조'하는 것이다.

모든 곳을 보여준 후 관리인이 말했다.

"촬영을 허락한 이유가 있어요. 양돈농장이 어떻게 돌아가는지 보고 사람들의 인식이 바뀌었으면 해서 오시라고 했어요. 일반적으로 돼지는 더럽다고 생각하는데, 실제로 돼지는 정말 깨끗한 동물이거든요. 하지만 일정한 공간 안에 돼지를 사육하다 보니…. 사육 면적이 넓으면 잠자리, 배설하는 자리가 다 구분되는데 면적이 좁다 보니까 구분이 안 되는 거죠. 인식의 전환이 필요해요. 직업에 귀천이 없는데, 돼지 사육업자라고 하면 가장 낮은 직업이라든지 냄새가 난다든지 그런 시선으로 보거든요. 하지만 보셔서 아시겠지만, 이건 전문적이지 않으면 키울 수 없어요. 돼지도 더러운 동물이 아니고 돼지 키우는 사람들도 더럽지 않아요. 그리고 실질적으로 우리가 키우지 않으면 외국에서 고기를 수입해 들여와야 하는데 그러면 문제가 더 커지겠죠."

100% 공감한다. 돼지고기를 즐겨 먹으면서도 돼지가 이렇게 사육되는지 전혀 몰랐던 나에게 이번 공장식 농장 견학은 일생일대의 경험이었다. 돼지고기를 먹는 사람이라면 누구나 돼지가 어떻게 사육되는지 직접 와서 보고, 듣고, 냄새 맡고 느껴봤으면 좋겠다는 생각이 들었다. 가능할 리는 없겠지만 말이다. '불편한 진실'을 속속들이 보여주고 영상으로 기록할 수 있는 기회를 주신 관리인에게 마음 깊이 감사했다.

어느 날, 공장식 축산이라는 열차가 달리기 시작했다. 열차는 축산기업과 소비자의 두 바퀴로 굴러갔다. 달리는 열차에 연료를 부어준 것은 정부의 공장식 축산 지원이다. 동물복지, 국민건강, 환경에 대한 고려 없이 축산의 양적 팽창에만 전념해온 정부, 정부 지원을 등에 업고 이윤을 축적해온 축산기업, 고기를 싼값에 많이 먹고 싶어 하는 소비자의 욕망이 모여, 열차는 점점 더 빨리 점점 더 많은 동물을 실어 나른다. 브레이크 없는 열차는 어디로 치닫고 있

을까? 그 열차에 동승한 우리는 어떻게 될까? 내가 보고 느낀 공장
식 축산을 한마디로 정의 내리면, 그것은 정이 개입될 여지가 없는
무정한, 혹은 비정한 산업이다. 유정有情한 생명체를 자본의 논리와
인간의 탐욕으로 무정無情하고 비정非情하게 사육하는 시스템인 것
이다.

공장의 아기들

    아이가 잘 자라기 위해서는 먹는 것만으로 충분할까? 동물 실험을 반대하지만, 애착과 정서적 교감이 얼마나 중요한지를 보여주는 한 실험이 있었다. 1957~1963년에 위스콘신 대학의 해리 할로는 아기 원숭이를 어미로부터 떼어내서 철사로 된 가짜 엄마가 있는 우리로 옮겼다. 두 개의 가짜 엄마가 있었는데, 하나는 딱딱하고 차가운 '철사 엄마'였고, 다른 하나는 철사 안에 전구를 켜고 털로 감싸 따뜻하고 부드러운 '털 엄마'였다. 털 엄마와 있는 아기 원숭이는 우유병이 있든 없든 달려가서 안기려고 했으나, 철사 엄마와 있는 아기 원숭이는 우유병이 있을 때에만 가까이 갔다. 다음에는, 아기 원숭이를 놀라게 했다. 그러자 털 엄마와 있는 아기 원숭이는 털 엄마에게 달려가서 떨어지지 않으려 했다. 두 가짜 엄마에게서 자란 원숭이의 성장 속도는 비슷했다. 그러나 철사 엄마와 있었던 원숭이는 우유를 잘 소화시키지 못했고 설사를 자주 했다. 따뜻한 엄마 품을 경험하지 못한 원숭이는 작은 스트레스에도 민감했다. 과학자들은 이 실험을 통해, 성장에는 영양 공급뿐 아니라 양육자의 따뜻한 품과 정서적 안정이 필수라는 결론에 도달했다.

    이 실험을 통해 인간에게 필요한 것이 무엇인지 유추할 수도 있지만, 무엇보다 원숭이에게 필요한 것이 무엇인지, 나아가 사회적 관계를 중요시하는 돼지와 침팬지 등 다른 동물들이 유아기 때 무엇이 필요한지 유추해볼 수 있다. 동물원에서 새끼 호랑이나 사자가 태어나면 어미로부터 새끼를 떼어내서 사육사가 인공 포육하는 경우가 많은데 그렇게 자라는 아기 호랑이와 사자는 어미로부터 습성을 배울 기회가 없을 뿐만 아니라 건강 또한 좋지 못한 경우가 많다. 또 마트에 전시되어 팔리는 강아지들도 한창 엄마 젖을 먹어야 할 생후 몇 주에 어미로부터 분리된다. 팔리기 전에 시름시름 앓다 죽거나, 팔린 후에도 병들어 죽는 강아지가 많다.

공장식 양돈농장에서 태어난 아기 돼지들은 세상의 모든 생명체 중 가장 가혹한 어린 시절을 보낸다. 젖 먹는 것 외에 엄마 돼지와의 어떤 교감도, 신체적 놀이도 불가능하다. 엄마 돼지가 분만틀에 갇혀 있기 때문이다. 새끼 돼지들은 꼬리와 송곳니를 잘린다. '단치'와 '단미'는 공장식 양돈농장에서 일반적으로 이루어지는 관행이다. 인공적인 실내 공간에서 새끼 돼지들은 심한 스트레스를 받는다. 스트레스를 줄이기 위해 자연스런 환경을 만들어주는 대신, 서로 물고 싸우지 못하게 꼬리와 이를 잘라버리는 것이다. 또 빠른 성장을 위해 새끼 수돼지들을 거세한다. 주로 음낭을 절개하여 고환을 적출하는 방식으로 이루어진다. 단치, 단미, 거세. 이 모든 과정에 마취는 없다.

분만사에서 3~4주 젖을 먹은 새끼들은 '자돈사'로 옮겨진다. (이때 암컷과 수컷이 분리된다.) 자연 상태에서 돼지는 2개월 넘게 어미젖을 먹으면서 면역력을 얻고 여러 가지 습성들을 배우지만, 양돈농장에서는 단 25일 만에 어미로부터 분리되어 새끼들끼리만 집단 사육된다. 어미의 체온이 아닌 자동온도 조절계로 온도가 일정하게 유지되는 방. 햇빛도 들지 않고 아무런 놀 거리도 없는 답답한 방 안에서 새끼들은 유전자조작 곡물사료를 먹고 자란다.

'자돈사'에서 75일 동안 30kg까지 자란 수퇘지들은 '육성사'로 넘어가 70kg까지 자라고, 마지막 단계인 '비육돈사'로 옮겨져 110kg까지 '비육'된다. 그리고 도축장으로 보내진다. 생물학적으로 돼지의 수명은 10년에서 15년 이상이지만, 우리가 먹는 돼지고기는 대부분 생후 6개월의 어린 돼지들이다.

자돈사를 떠난 어린 암퇘지들은 번식용 암퇘지가 된다. 스톨에 갇혀 생후 8~9개월부터 인공수정으로 임신이 되고, 자신들의 엄마와 똑같은 삶을 살게 된다. 임신과 출산을 반복하는 고기 생산 기계가 되는 것이다.

공장식 양돈농장을 촬영하면서 나는 병든 돼지를 여러 번 보았다. 우리나라 새끼 돼지 폐사율은 거의 25%에 이른다. 네 마리 중 한 마리가 도축장에 보내지기 전에 죽는다. 햇빛과 바람이 통하지 않는 암모니아 가스가 가득한 축사, 밀집 사육, 유전자조작 사료, 이런 조건에서 아프지 않기란 힘들다. 항생제를 포함한 각종 약물을 써도 회복되지 못하는 돼지는 도태된다. 그 돼지를 팔아서 얻게 될 수익보다 치료비가 더 비싸기 때문이다. 전직 양돈농장 수의사의 말에 따르면, 도태는 주로 전기 충격이나 약물로 이루어진다. 그런데 취재 과정에서 병든 돼지들이 그냥 버려지기도 한다는 것을 확인했다. 어느 양돈농장을 촬영하던 중 분뇨 더미에서 뭔가가 움직이는 것이 보였다. 다가가 보니 새끼 돼지였고 천천히 눈꺼풀이 움직이고 있었다. 아직 숨이 붙어 있는 돼지가 똥 더미에 파묻힌 채 죽어가고 있었다. 마치 과수원에서 썩은 사과를 나무에서 따서 버리듯, 병든 돼지를 솎아내 똥 더미에 던져버린 것이다. 그곳은 나름대로 생명 윤리를 고민하는 농장이었기에 나는 더 충격을 받았다.

이처럼 가혹한 환경에서 살다가 어린 나이에 생을 마감한 동물들이 내 가족의 입에 들어가고 있다. 아이가 입는 옷에 형광물질이 들어 있지 않은지 꼼꼼하게 성분표를 살펴서 구매하고, 과자에는 인공향이나 색소 등 첨가물이 들어가지 않는지 살펴보던 나. 그런데 내 아이가 먹는 고기에 대해서는 왜 이토록 무관심하고 관대했을까? 돼지들이 먹은 유전자조작 사료와 투여 받은 약물, 무엇보다 그들이 받은 신체적 고통과 정신적 고통이 고스란히 내가 사랑하는 사람들의 몸으로 들어오고 있는 것이다.

엄마 돼지 십순이가 하루 넘는 진통 끝에 출산하는 모습을 지켜보았다.
힘겨웠던 나의 출산이 떠올랐다. 여덟 마리 새끼 중 막내에게 나는 '돈수'
라고 이름을 붙여주었다.

돼지들에게는 돼지들만의 언어가 따로 있었지만, 나는 그들과 대화하는 법을 알게 되었다. 우주 공통의 언어, '사랑'으로 말이다. 돼지는 사람들이 말하는 것처럼 더럽고 미련하지 않았을 뿐 아니라, 신비로운 동물이었다. 나는 그들이 궁금해서 갔는데, 그들은 자꾸 나에게 뭔가를 물어보았다.

'돈격'을 존중하는 원 선생님은 돼지들에게 좋은 것만 주었다. 돼지들 밥
은 선생님이 직접 만든 발효 곡물사료, 간식은 유기농 채소 부산물과 야생
초였다. 돼지들은 병치레 한 번 없이 건강했다.

돼지에게 볏짚은 없어서는 안 되는 생필품이었다. 돼지들은 볏짚을 갖고 놀고, 속에 숨기도 하고, 잘 때는 이불처럼 덮기도 했다.

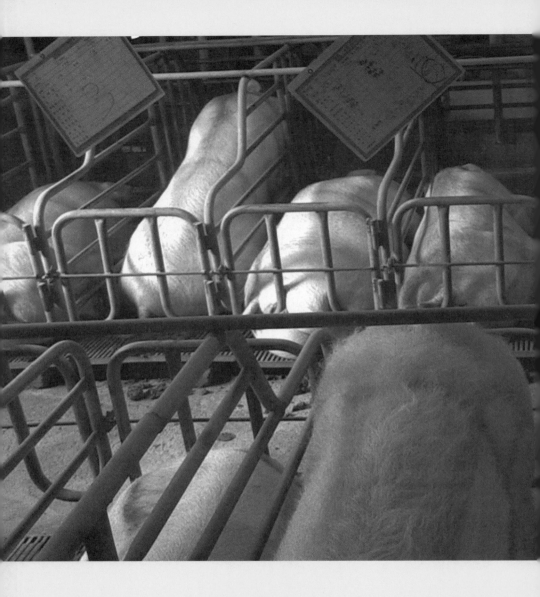

한국에 1,000만 마리 돼지가 살고 있으나, 역설적이게도 돼지는 가장 보기 힘든 동물이다. 불가능해 보였던 양돈농장 촬영 허가를 끝내 받아냈다. 그리고 대한민국 99.9% 돼지들의 삶을 카메라에 담았다. 돼지들은 농장이 아닌 공장에 살고 있었다.

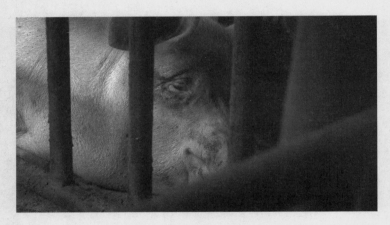

어미 돼지들은 자신의 몸과 거의 같은 크기의 스톨(감금틀)에 갇혀 살아
간다. 스톨에 가두는 이유는 임신과 분만의 철저한 통제, 관리에 있다. 어
미 돼지는 스톨에 갇힌 채 임신되고, 스톨에 갇힌 채 새끼를 낳고, 스톨에
갇힌 채 젖을 먹인다.

공장식 축산을 한마디로 정의하면, 그것은 정이 개입될 여지가 없는 무정한, 혹은
비정한 시스템이다. 공장을 다녀와서 악몽을 꾸었다. 내가 스톨에 갇히는 꿈이었다.

딜레마

흑인이 백인을 위해 창조된 것이 아닌 것처럼, 여자가 남자를 위해
창조된 것이 아닌 것처럼, 동물도 인간을 위해 창조된 것이 아니다.

— **앨리스 워커**(작가)

딜레마

제작일기.

도영이가 네 살 때, 우주와 죽음에 대해 자주 물어보았다.

도영: 엄마, 뼈가 뭐야? 해골은 뭐야?

나: 동물이 죽으면 뼈가 되고 해골이 돼.

도영: 그다음엔 어떻게 돼?

나: 응, 흙이 돼.

도영: 그다음엔 어떻게 돼?

나: 풀이 되고 꽃이 돼.

도영: 엄마도 죽어?

나: 응. 엄마도 언젠간 죽어. 엄마는 나무가 되고 싶어.

도영은 심지어 "별은 죽으면 뭐가 돼?" 하고 묻기도 했다.

그리고 또 물었다.

도영: 엄마, 돼지는 죽으면 뭐가 돼?

나는 어린 아들에게 뭐라 설명할 길이 없다. 말로 다 할 수 없어서 영화를
만든다. 만물이 죽어 흙으로 돌아가지만 소, 돼지, 닭, 오리는 공장에서
고통받다가 도살장에서 생을 마감한다. 이것은 사람의 욕심일 수는 있어도
우주의 법칙일 리는 없다.

잡식가족의 딜레마

영화를 만들 때 1인칭 시점으로 내 이야기를 하게 된 데는 몇 가지 이유가 있었다. 우선 축산에 대한 고발적, 혹은 관찰적 다큐멘터리들은 외국영화 중에 꽤 있었기 때문에 또다시 비슷한 방식으로 비슷한 이야기를 할 필요는 없다고 생각했다. 또 내가 하고 싶었던 이야기는, 공장식 축산이라는 '지옥'을 고발하는 것이 아니라, 그 '지옥의 문'을 열고 안을 들여다본 자가 일상으로 돌아와 겪게 되는 딜레마에 관한 이야기였다. 거대한 폭력을 목격했으나, 일상은 그에 침묵하거나 순응하라고 강요한다면 목격자는 어떻게 해야 할까.

너무 어려운 선택을 했다는 것을 제작하는 내내 절감했다. 나 자신을 주인공으로 삼지 않았다면 회피했을지도 모를 고민들을, 영화를 만드는 동안 치열하게 마주할 수밖에 없었다. 관객들에겐 재미있는 설정이지만, 제작자에게 사적 다큐멘터리는 가장 어려운 장르다. 나와 가족의 시시콜콜한 일상을 카메라에 담아야 한다는 불편함도 있었지만, 그보다 더 어려운 건 자신의 고민을 드러내고 성찰하는 것이었다. 공장식 축산이 잘못됐다고 비판하긴 쉽지만 나는 그 시스템에서 완전히 자유로운가, 그럼 나는 어떻게 해야 하나를 스스로 묻고 답을 찾아가는 과정은 돼지를 찾아가는 과정보다 더 어려운 여정이었다.

한창 말을 배우는 아이들 책 중에는 농장동물 책이 많다. 동물들의 소리와 몸짓을 흉내 내는 의성어, 의태어가 많이 나오기 때문일 것이다. 나도 아들 도영에게 농장동물 책을 여러 권 읽어주었다. 버튼을 누르면 "꿀꿀", "음메" 소리가 나는 사운드북도 있었는데 이책은 촉감 책이기도 했다. 매 쪽마다 돼지, 소, 닭 같은 동물의 사진이 하나씩 있고, 동물의 몸 일부가 인조털로 돼 있어서 촉감을 느껴볼 수 있다. 인공적이지만 도영은 이 책을 좋아했다. 책을 보여줄때마다 나는 마음이 편치 않았다. 그림책과 현실 사이의 괴리가 너무 크다는 걸 알아버렸기 때문이다. 현실의 돼지들은 고통받고 있는데, 그림책 속 돼지들은 하나같이 푸른 초원을 뛰노는 행복한 모습으로 그려져 있다. 아이에게 거짓말을 하는 것 같았다. 하루는 그림책을 덮고 스케치북을 펼쳤다. 그리고 크레파스로 내가 본 돼지들을 그렸다.

"엊그저께 엄마가 돼지를 보고 왔는데 그 돼지들이 어디 있었냐면 깜깜한 집 속에, 문도 다 닫혀 있고, 창문도 없는 집에, 돼지들이 우글우글 있었어."

"그래서 엄마가 무서웠어?"

"조금 무서웠어. 그리고 돼지들이 너무 불쌍했어."

"돼지가 막 울었어?"

"응. 울었어."

"꿀꿀대면서? 나 나갈 거야, 꿀꿀, 그러면서?"

"응. 나갈 거야, 그러면서."

스케치북에 그린 돼지들을 바라보며 도영에게 물었다.

"도영아, 이 돼지들 어떻게 할까?"

"'돼지 예쁘다' 하고 문 열어줄 거야."

"그래? 돼지들 풀어줄 거야?"

"응. 으차."

도영은 문 여는 시늉을 했다.

"문 열었어? 와, 돼지들이 고마워하겠다. 그치."

"고마워."

만으로 세 살밖에 되지 않은 도영은 주저 없이 돼지들을 풀어
주겠다고 말했다. 만약 돼지들이 그런 곳에서 살고 있다는 걸 세상
모든 어린이들이 안다면, 아이들은 모두 도영과 똑같이 말할 것이
다. 아마 지금의 어른들이 어린아이였더라도 마찬가지였을 것이다.
하지만 어른들은 이렇게 말한다. "너희들이 세상을 몰라서 그래. 어
쩔 수 없는 일이야." TV만 틀면 나오는 먹방은 돼지를 안심, 등심,
찌개용 재료 이외의 것으로는 생각하지 못하게 만든다. 도영이는
살아 있는 돼지를 보기 전에 돼지를 감자와 당근, 양파 같은 식재료
로 먼저 배웠다. 그렇게 아이들은, 아니 우리 모두는 인간처럼 감정
이 있고 따뜻한 숨을 쉬는 생명체 돼지로부터 멀어진다.

한번은 도영이가 TV에서 어린이 교육방송을 보고 있었는데, 꼬마 요리사가 나와 요리를 하는 프로그램이었다. 꼬마 요리사는 소고기와 채소를 섞어 수제 소시지를 만들었다. 그러자 꼬마 요리사를 돕고 있던 (요리사 모자를 쓴) 소 인형이 흐뭇한 목소리로 웃으며 이렇게 말했다. "앞으로 더 맛있는 소고기 요리로 찾아갈게."

너무 엽기적이라는 생각이 들었다. 소가 자신의 동료를 요리하는 것도 모자라 자신도 어서 빨리 고기가 되어 인간의 요리가 되고 싶다는 방송. 그런데 우리는 이런 왜곡과 허구를 일상적으로 접하며 산다. 고깃집 간판에서 활짝 웃고 있는 돼지, 치킨집 간판에서 요리사 모자를 쓰고 있는 닭, 정육점 간판에서 프라이팬을 들고 있는 소. 현실에선 울고 있을 그들이 웃는 얼굴로 사람을 유혹한다. 어서 자신들의 몸을 잘라 구워 먹으라고 한다. 그것이 자신들의 행복이라 한다.

어린 아들이 참 헷갈릴 것 같았다. 그림책과 동요에서 돼지는 푸른 초원에 살고 있는데 엄마는 돼지들이 좁고 더러운 곳에 갇혀 있다고 말하고, 돼지를 풀어주고 싶은데 TV에서는 돼지가 요리 재료로 나오고, 심지어 소는 '맛있는 소고기 요리'가 되어 어린이들을 찾아오겠다고 하니 말이다.

혼돈스러운 건 나도 마찬가지였다. 이 영화를 만들면서 일생일대의 딜레마에 빠졌다. 단 한 번도 돼지를 희로애락을 느끼는 생명체로 인식한 적이 없었던 나는 이제 샌드위치 속의 햄, 바삭바삭

한 돈가스, 술자리의 족발과 보쌈을 더 이상 반찬이나 안주거리로만 볼 수 없었다. 식당을 찾는 일도, 매끼 메뉴를 선택하는 일도 쉽지 않았다. 특히 가족과 외식을 할 때 식당 선택이 어려워졌다. 일상이 불편해지기 시작했다. 돼지를 괜히 보고 왔나? 안 봤다면 이런 고민도 불편도 없었을 텐데. 지금까지 본 것을 못 본 걸로 하고 편했던 과거로 돌아가야 할까? 아니야, 무슨 소리야. 고기의 진실을 알게 된 건 내 인생에서 가장 중요한 발견이야. 다시 돌아가기엔 너무 많이 알아버렸어. 이런 생각을 비웃기라도 하듯, 현실은 내가 육식에서 단 1cm라도 멀어지지 않도록 치밀하게 나를 둘러싸고 압박했다. 거리엔 온통 돈가스, 치킨, 삼겹살, 갈비탕, TV를 틀면 먹방, 신문은 맛집 소개, 회식은 무조건 고기, 다른 걸 먹겠다고 하면 따라오는 싸늘한 눈총과 냉랭한 분위기. 집에 돌아오면 아파트 현관에는 돈가스, 치킨, 족발 전단지가 할인 쿠폰과 함께 덕지덕지 붙어 있었다. 전화 한 번이면 맛있는 양념을 듬뿍 바른 그것들이 집까지 배달될 것이다. 내가 돈가스를 주문한다고 해서 뭐라 할 사람은 이 세상에 아무도 없었다. 오히려 내가 이대로 영원히 고기를 끊고 채식주의자가 될까 봐 내심 걱정하는 가족과 주변 사람들은 브라보를 외치며 잘했다고 좋아할 것이다. 하지만 나 자신이 그것을 허락할 수 없었다. 밤에는 스톨에 갇힌 어미 돼지들이 꿈에 나오고 낮에는 십순이가 눈앞에 아른거리는데, 어떻게 돈가스를 주문해? 전단지를 확 뜯어버렸다. 알 수 없는 피부병에 걸렸다. 짐작컨대 양돈농장들을 다니면서 걸린 것 같았다. 목 주변에 붉은 발진이 올라왔다. 처음 겪어보는 증상이었다. 대학병원까지 갔지만 딱히 치료제도 없었다. 두려웠다. 몸 전체로 번지면 어떻게 하지? 아이에게 옮으면? '고생을 사서 한다'는 게 바로 내 경우였다.

그런데 실은 내가 무엇을 먹을까보다 가족을 위한 세끼 밥상이 더 문제였다. 우리 집에서 요리는 내가 맡고 있었다. 그렇기에 장을 볼 때마다, 매끼 밥상을 차릴 때마다 고민에 빠졌다. 남편과 고민을 나누고 싶었으나 그에게 소, 돼지, 닭은 중요한 이슈가 아니었다. 남편 영준은 사회적 약자의 인권에 관심이 많다. 치료비를 낼 수 없는 야생동물을 위한 수의사로 살겠노라 결심한 이유도, 그들이 이 세상 모든 약자 중의 약자라고 생각했기 때문이었다. 나는 남편의 정의로움을 사랑했다. 그러나 그 정의로움도 소, 돼지, 닭 앞에서는 선을 긋는 듯했다. 이 영화를 찍기 전의 내가 그랬듯이. 온갖 야생동물 돌보기 바쁜 남편에게 돼지랑 닭도 생각해달라고 하는 건 너무한가 싶은 생각도 들었다. 하지만 어떤 약자는 고려하고 어떤 약자는 배제한다면, 그건 진정한 정의가 아닌 것 같았다. 바쁜 남편에게 겨우 인터뷰를 요청해서 대화를 나누었다.

"요즘 내가 무슨 영화 만드는 줄 알아?"

"간단하게 이야기하면, 잡식가족의 딜레마?"

"돼지나 닭이 실제로 어떻게 키워지는지 본 적 있어?"

"몰라, 몰라."

"내가 찍은 것 보여줄까?"

"몰라. 안 가봤어. 나는 한 번도 안 가봤어."

"영상이나 책이나 여러 가지 자료나 신문이나 이런 데서…."

"관심도 없고, 알고 싶지도 않고. 내가 만약 그쪽에서 일을 할 거였다면 공부를 하고 들어갔겠지."

"아니, 일의 문제가 아니라 자기가 먹잖아. 돼지나 닭을 먹잖아. 자기가 먹는 동물들이 어떻게 키워지는지는 알아야지."

"대략은 알고 있지. 어떻게 키워지는지는."

"대강?"

"응."

"나는 우리가 무엇을 먹어야 하는가에 대해서 같이 생각해보았으면 하는 거지. 내 생각에는 굉장히 중요한 부분이고…."

"그러니까 그건 당신한테 중요한 이슈라니까. 내게는 중요하지 않아. 나는 내가 먹는 음식을 선택할 수 있는 권리를 갖는 게 더 중요해."

하루는 야생동물 구조센터에서 일하는 남편을 촬영하러 갔다. 그날도 숱한 사고로 다쳐 들어온 동물들을 치료하느라 남편은 1초도 쉴 틈이 없었다. 교통사고로 다리를 다친 너구리, 유리창에 부딪쳐 정신을 잃은 황조롱이, 전깃줄에 날개를 다친 해오라기… 정말 남편 영준에겐 돼지 따위에 신경 쓸 여력이 없어 보였다. 자기가 먹는 것보다 너구리, 삵, 고라니가 오늘 뭘 먹었는지가 더 중요한 사람. 너무 바빠 제때 밥도 못 챙겨 먹는 그는 뭘 가려 먹을 처지도 못 된다. 대개의 직장인들이 그렇듯, 점심식사는 가장 빠르고 싸게 해결할 수 있는 구내식당 급식. 그날의 반찬은 제육볶음, 동그랑땡, 달걀말이였다. 나는 고기를 입에 넣을 수 없어 밥과 김치만을 담아 왔다.

"자긴 무슨 반찬 나올 때가 좋아?"

"(익살스런 표정으로) 고기."

"반찬이 여러 가지면 모르겠는데 반찬 딱 세 개 나오는데 취향이 안 맞으면 먹을 게 없잖아."

"취향 맞춰서 못 살지. 4,000원짜리 밥상 가지고 취향 따지면."

"주는 대로 먹어야 돼?"

(남편이 건성으로 고개를 끄덕이며 밥을 입으로 쑤셔 넣는다.)

남편이 얄궂기도 하고, 딱하기도 했다. 너무 바빠서 자기가 먹는 게 무엇인지 신경도 못 쓰고 주는 대로 먹어야 하는 우리 모두의 현실이 너무 비참했다. 주는 대로 먹지 않으려면 밥에 김치만 먹어야 하는 현실에는 더더욱 화가 났다. 남편이 했던 말이 귀에 맴돌았다. "내가 먹을 음식을 선택할 권리가 더 중요해."

그렇다. 누구나 자신이 먹을 음식을 선택할 권리가 중요하다. 그렇지만 이런 질문들이 따라왔다. 우리는 정말 우리가 먹을 음식을 선택할 권리를 보장받고 있나? 식당, 급식, 방송, 광고… 온통 육류로 둘러싸인 세상에서 우리가 선택하는 음식들은 정말 우리의 선택인가, 아니면 시스템이 강요하는 선택인가? 공장식 축산이 아닌 농장에서 인도적으로 기른 동물을 먹을 권리는 주어지는가? 또 동물을 먹지 않을 권리는 존중되는가? 다른 것을 먹을 선택권은 주어지는가? 그리고 무엇보다 돼지들이 돼지답게 살 권리는 존중되는가? 인간의 욕망을 위해 고기 생산 기계로 취급받는 것에 돼지들은 동의했는가?

엄마, 돼지가 나 사랑한대

도영은 고기보다 두부와 콩을 더 좋아했다. 세 살 때 콩밥을 줬더니 밥 두 공기를 먹고도 "콩밥 더 주세요" 하고 애원하는 노래를 부를 정도였다. 밤, 호두 같은 견과류와 채소도 좋아했다. 하지만 도영이가 다니는 어린이집에서는 매일 육류 위주로 급식이 나왔다. 아이들은 개, 소, 닭, 오리, 돼지를 흉내 내는 노래를 부르고 그들의 몸짓을 닮은 율동을 배우며 '친구'인 그들을 사랑하라고 배우는데, 점심시간이 되면 그 '친구들' 중 개를 제외한 나머지는 반찬이 되어 급식 그릇에 올라온다. 아들이 다니는 어린이집에서 네 살, 다섯 살 어린이들에게 물어보았다.

"여러분, 오늘 동물 먹었나요?"

아이들이 어떻게 동물을 먹나 하는 표정으로 대답했다. "아니요."

내가 다시 물었다. "그럼, 오늘 고기 먹었나요?"

아이들이 대답했다. "네!"

아이들은 고기가 동물이라는 것을 모르는 채, 육식에 길들여지고 있는 것이다. 마트 정육 코너에서 도영에게 물어보았다.

"도영아, 이게 뭐야?"

도영이 답했다. "고기."

내가 다시 물었다. "고기야? 고기가 뭐야, 그러면?"

도영이 답했다. "엄마 닭이 낳은 빵이야."

"엄마 닭이 낳은…?"

"고기. 이거 사."

"이거 사? 닭이 아니고, 돼지야. 돼지."

"돼지 죽었어?"

"응. 돼지 깨꼬닥 죽어가지고 이렇게 된 거야. 도영이 이거 먹을 거야?"

"응."

마트에 가면 온갖 상품들이 아이의 눈을 유혹한다. 도영이는 뭔지도 모르는 것들을 카트에 담고 싶어 했다. 딱히 먹고 싶어서가 아니라, 카트에 물건을 담는 재미 때문이었다. 나는 그것들이 무엇인지 설명해주고 다시 제자리에 놓기 바빴다.

나는 도영이가 돼지고기를 먹더라도, 최소한 그것이 "엄마 닭이 낳은 빵"이 아니라 돼지라는 동물이라는 사실쯤은 알고 먹어야 한다고 생각했다. 자신의 입에 들어가는 것이 무엇인지는 알고 먹어야 하지 않을까? 엄마인 나는 그것을 알려줄 의무가 있다고 생각했다. 돼지를 보여주기로 했다.

돈수가 태어난 지 한 달쯤 된 2012년 2월 중순, 나는 도영이를 데리고 원가자농에 가기로 했다. 우리는 강원도 산골 농장으로 향했다. 차 안에서 도영은 돼지를 만날 생각에 들떠 낮잠도 자지 않았다.

"토실토실 아기 돼지 젖 달라고 꿀꿀꿀, 엄마 돼지 오냐오냐 알 았다고 꿀꿀꿀. 꿀꿀꿀꿀, 꿀꿀꿀꿀, 꿀꿀꿀꿀꿀꿀꿀꿀…"

노래를 부르며 농장에 도착한 도영과 나는 조심스레 모돈사 문을 열고 들어갔다. 물론 "꿀" 인사도 잊지 않았다. 나는 도영에게 십순이네, 정양이네, 지순이네, 용순이네 등 돼지가족들을 하나하나 소개해주었다.

"돈수 어딨어? 돈수?"

도영은 말로만 듣던 돈수가 제일 궁금했던 모양이다.

"도영아, 돈수 여기 있어. 돈수는 태어난 지 한 달밖에 안 된 아기 돼지야. 도영이도 밥 먹을 때 얼굴에 밥풀 묻히고 먹지? 돼지들도 똑같네. 여기는 돼지들 자는 방이고, 여기는 밥 먹는 곳이고, 저기가 화장실이야. 돼지들은 똥을 아무 데나 안 싸. 잠자는 데는 똥안 싸. 똑똑하지? 우리 도영이도 이제 변기에다 응가하자."

도영은 그림이나 인형으로만 보던 돼지 대신 '진짜 돼지'를 본 것이 정말 신기했던 모양이다. 볏짚을 부지런히 날라 넣어준다. 새끼 돼지들이 서로 빨리 받으려고 달려들자 도영이 돼지들을 타이른다.

"싸우지 마. 또 있어, 또."

도영이는 십순이네 가족에게 눈을 던져줬다.

"아이스크림 먹어."

돈수는 아삭아삭한 눈과 얼음을 좋아했다. 도영은 볏짚을 동그랗게 말아 팔찌를 만들어 돈수에게 주었다.

"돼지야, 내가 팔찌 만들어줄게. 돼지 팔찌 만들어줄게."

도영과 돈수는 신나게 놀다가 낮잠을 잤다. 돈수는 자면서 꿈을 꾸는지 귀를 쫑긋거리고 발을 움직였다. 도영은 집으로 돌아오는 차 안에서 새근새근 잠이 들었다. 돈수는 꿈에서도 도영이랑 놀았을까? 도영이도 돈수 꿈을 꿨을까? 도영이가 돈수 꿈을 꿨다면 그건 진짜 '돼지 꿈'일 텐데. 진짜 돼지가 출연하는 돼지 꿈.

나는 사십 평생 돼지를 한 번도 못 봤는데, 내 아들은 겨우 네 살에 돼지를 만나고 함께 놀았다는 사실이 흐뭇했다. 도영도 1월생, 돈수도 1월생이다. 함께 건강하게 자라는 모습을 보고 싶었다. 시간이 흐르고, 돼지도 도영도 당근도 무럭무럭 자랐다.

원 선생님은 늘 '돼지 운동장'을 만들고 싶어 하셨다. 아무리 생태적인 환경의 농장이라도 돼지들이 우리 안에만 있으면 답답할 거라고 생각한 선생님이 떠올린 복지 방안이었는데, 운동장은 작물을 돌보는 농장주 입장에서도 일을 줄일 수 있는 방편이었다. 돼지들이 살던 들판에 작물을 키우면, 돼지 두엄을 쌓아뒀다가 밭에 뿌리는 수고를 덜 수 있기 때문이다.

운동장은 현실이 되었다. 넓은 초지에 뿌려진 밀알이 어느새 내 키만큼 자라 있었다. 피아노의 '라솔솔미'와 비슷한 음조로 노래

하는 검은등뻐꾸기의 소리가 평창의 산자락에 울려 퍼지던 6월 어느 날, 나는 도영이와 함께 밀밭에 갔다. 어린 돼지들이 마음껏 뛰놀고 있었다. 햇빛을 받은 돼지들의 털이 황금빛으로 반짝였다. 돼지들이 이루 말할 수 없이 행복해 보였다.

"돼지는 기본권이 뭘까요?"

밀밭에서 노는 돼지들을 보며 내가 불쑥 물었다. 《동물 해방》의 한 구절을 기대하고 던진 질문은 아니었다. 돼지가 생명으로서 누려야 할 기본적인 권리라는 게 있다면 바로 이런 모습이 아닐까 하는 마음에 즉흥적으로 튀어나온 질문이었다. 내 마음과 공명한 선생님께서 단 1초의 망설임도 없이 직관적으로 답하셨다.

"마음대로 먹고 자야지. 기분 좋게."

"기분 좋게." 나는 선생님의 말을 되새겼다.

책에서 본 어떤 멋진 이론보다 가슴에 닿는 말이었다.

도영이와 나는 돼지들과 숨바꼭질을 했다. 그리고 '풀잎으로 돼지 콧구멍 간질이기' 놀이를 했다. 아기 돼지들은 콧구멍이 간지러우면서도 우리가 궁금한지 점점 가까이 다가왔다. 그러고는 우리 무릎이랑 팔꿈치를 코로 툭툭 건드렸다. 함께 놀자는 말이었다. 도영이가 돼지들을 보며 말했다.

"돼지가 나 사랑한대. 돼지가."

"그래? 돼지가 도영이 사랑하는 거 같아? 어떻게 알아?"

"이거 먹는 거 보고."

"도영이가 주는 거 잘 먹으니까?"

"응. 돼지가 오네, 나한테."

"도영이한테 고맙다고 하는 거 같아."

"고마워, 돼지야?"

아기 돼지들이 도영을 보며 "꿀꿀" 했다.

"엄마, 알았대. 돼지가 고맙다고 했어. 돼지가 꿀, 고맙다고 해."

나는 그저 아이가 진짜 돼지를 만나고, 그 경험을 통해 돼지가 장난감이나 저금통, 고기이기 이전에 살아 숨 쉬는 생명임을 알게 되기만을 바랐다. 그런데 아이는 내 기대보다 훨씬 많은 것을 느끼고 있었다. 사람 아이와 돼지 아이는 종의 장벽을 넘어 교감하고, 언어의 장벽을 넘어 대화하고 있었다.

농장의 딜레마

나는 '돈오'를 만날 수 없었다. 영화 제작 초기에는 공장의 새끼 돼지 '돈오'와 농장의 새끼 돼지 '돈수'의 삶을 비교해서 따라갈 생각이었다. 그러나 불가능한 설정이었음을 깨달았다. 공장을 여러 번 촬영할 수 있다고 생각했다니, 얼마나 야무진 꿈이었던가. 막상 공장을 가보니 공장식 축산의 돼지는 한 마리에게 집중하는 것보다 '집단의 초상'을 그리는 것이 더 맞겠다는 생각이 들었다. 이름을 가질 수도, 개별적인 삶을 가질 수도 없는, 몰개성화된 공장 돼지들을 집단 초상화로 그리는 것이 그들의 현실을 묘사하는 더 정확한 방법이라고 생각했다.

반면, 농장에서는 내가 기대했던 것보다 돼지들의 일상과 감정을 훨씬 세세하게 들여다볼 수 있었다. 농장에 가면 갈수록 십순이에게 마음이 갔다. '돼지 엄마' 십순이는 '사람 엄마' 나와 다를 바가 없었다. 같은 여성의 입장에서, 나와 닮았지만 다른 처지에 놓인 십순이의 희로애락을 자세히 관찰하고 카메라에 담아야겠다고 생각했다. 돈오와 돈수를 병치시키려 했던 제작 초기의 계획을 수정하여, 십순이와 나를 나란히 놓고, 돈수와 도영이의 성장 과정을 나란히 놓는 쪽으로 영화의 방향을 변경했다.

돈수는 하루가 다르게 무럭무럭 자랐다. 햇빛과 바람이 통하는 축사, 부드러운 흙과 볏짚, 좋은 사료, 가끔 울타리 밖으로 탈출 혹은 외출할 수 있는 자유, 이런 것들이 돈수를 건강하게 자라게 했다. 무엇보다 엄마 품에서 자란 새끼 돼지들은 별도의 난방 시설 없이도 혹한을 거뜬히 이겨냈고 병치레 없이 잘 자랐다.

원 선생님은 새끼들이 엄마 젖을 먹는 양보다 훨씬 많이 자라는 것 같다며 신기해하셨다. 젖의 양보다 질이 좋았을 수도 있지만, 엄마 돼지의 사랑을 듬뿍 받고 자라기 때문이 아니었을까. 그 얘기를 들으니 도영이 아기 때가 생각난다. 내 젖양이 그리 많지 않았는데 도영이는 먹는 양보다 훨씬 잘 자랐다.

1월 어느 날, 느긋한 성격의 십순이가 무척 긴장한 표정이었다. 축 처져 있던 귀도 그날은 쫑긋 서 있었다. 모돈사의 다른 엄마 돼지들도 모두 초긴장 상태. 거친 숨을 몰아쉬며 안절부절못했다. 엄마 돼지들은 좋지 않은 일이 벌어질 것을 알고 있는 듯했다. 그날은 수컷 새끼들을 거세하는 날이었다.

정양이 새끼들이 제일 먼저였다. 선생님께서 정양이 우리 안으로 들어가 새끼들을 잡으려고 하자, 정양이는 선생님을 들이받으려 했고 그 모습을 본 다른 엄마 돼지들은 더욱 흥분 상태가 되었다. 이리저리 도망 다니는 새끼들을 겨우 붙잡은 원 선생님은 새끼 돼지들을 상자 안에 담아 모돈사 옆 비닐하우스로 데리고 가셨다.

어미 돼지들에게 거세 장면을 보이지 않으려는, 나름대로의 배려였다.

상자에 담겨 있는 새끼 돼지들은 잔뜩 겁을 집어먹고 있었다. 시술은 원 선생님이 직접 했다. 새끼 돼지 한 마리를 거꾸로 들어 올렸다. 순진한 검은 눈동자가 두려움으로 가득 찼다. 면도날이 음낭에 닿자, 새끼 돼지가 격하게 발버둥 치며 비명을 질렀다. 뛰어난 청각을 가진 돼지들, 특히 새끼들의 소리에 민감한 어미 돼지들은 정양이 새끼의 비명 소리를 듣고 미친 듯이 격분하며 소리를 질렀다. 그러면서 새끼들을 볏짚 속에 숨겼다. 어미들은 소리만 듣고도 새끼들에게 위협적인 상황이 펼쳐지고 있음을 정확히 알고 있었다. 고환 적출이 끝난 정양이 새끼들은 다시 상자에 담겨 엄마 곁으로 돌아왔다. 정양이는 새끼들을 핥으며 무사한지를 확인했다.

다음은 십순이 새끼들 차례였다. 돈수네 여덟 남매는 엄마 뒤에 옹기종기 모여 숨었다. 돈수를 포함한 수퇘지 넷이 상자에 담겨 실려 갔다. 그리고 피를 흘리며 돌아왔다. 돈수와 형제들은 엄마 품으로 파고들었다. 새끼 돼지들은 시술이 끝나고 한참이 지나서도 두려움과 통증으로 벌벌 떨었다. 어미 돼지들도 심리적으로 고통받기는 마찬가지였다.

돼지들을 인간적으로 돌보면서도 마취를 하지 않는 원 선생님이 낯설게 느껴졌다. 왜 마취를 하지 않는지 물어보았다. 마취를 하는 농장을 본 적이 없다고 선생님이 대답했다. 사실 그랬다. 거세

때마다 수의사를 부르고 마취를 하면 소규모 농장으로서는 그 비용을 감당하기 어려울 것이다. 개와 고양이를 거세할 때는 법적으로 반드시 수의사가 해야 하고 마취도 해야 하지만, 돼지를 거세할 때는 이런 의무가 없다. 동물들은 법 앞에 평등하지 않다. 하지만 고통 앞에서도 서로 다를까?

"거세를 꼭 해야 하나요?"

"거세를 안 하면 고기에서 '웅취'라고 하는 수놈 고유의 냄새가 나요. 거세를 하면 남성 호르몬이 안 나와서 고기에서 냄새가 안 나죠. 냄새 정도는 사람들이 참으면 되는데… 예전에 사냥해서 멧돼지 먹을 때 수컷 냄새난다고 안 먹었나요? 그런 거 안 따졌잖아요. 그런데 요즘에는 소비자들이 냄새난다 하니까 키우는 사람들이 거세를 하는 건데. 소비자들만의 문제라고도 할 수 없어요. 양돈업계에서 경쟁적으로 '웅취 없는 고기'라고 홍보하고 판매하니까 너도 나도 그렇게 하게 된 거죠. 사회 구조가 그렇게 되어버리면 누구도 자유롭지 않잖아. 게다가 거세를 하면 비육 속도도 빨라지고."

"선생님은 양돈업계의 관행대로 안 하려고 이렇게 키우시는 거잖아요."

"착잡하지. 갈등이지. 이렇게 안 하고 할 수 있는 방법이 있어야 되는데. 내가 사회 구조를 넘어설 능력이 없으니까. 어느 정도 관행대로 따라가고 소비자들 욕구에 맞추는 거지. 이 갈등을 해결하는 방법은, 내가 돼지를 기르지 않으면 되지. 또 다른 해결책은 사람들이 자연의 섭리를 이해하고 존중해야지."

원 선생님은 아파서 떨고 있는 십순이 새끼들을 안쓰러운 눈길로 바라보았다. 그리고 우리 안에 들어가 새끼들을 살펴보았다.

"어디 보자. 이놈이 피가 많이 났구나. 괜찮아, 괜찮아."

선생님의 깊은 주름살만큼이나 고민도 깊어 보였다.

"하실 때마다 쉽지 않으시죠?"

"늘 갈등이고 숙제지. 나도 거세하고 나면 정신이 없어요. 멍해져. 그런 갈등을 멍한 걸로 잠재우는 것뿐이지. 시간이 가면 나도 잊어버리고, 맞닥뜨리면 갈등하고…."

원 선생님이 지순이를 쓰다듬으려 손을 내밀자 지순이가 큰소리를 내며 선생님을 물리쳤다. 순하고 착한 지순이가, 밥 주는 농장주 아저씨에게 그렇게 적대적인 태도를 보이는 것은 이례적인 일이었다.

"물리치네. 한번 화나게 했다고. '믿을 놈 없구나' 그러고."

지순이의 공격을 받고 물러선 선생님의 얼굴엔 미안함과 수심이 깊게 드리워졌다.

거세 후 몇 시간 뒤, 정양이 새끼 하나가 죽었다. 출혈이 심했거나, 어미가 상처를 핥아주는 과정에서 탈장이 된 것일 수도 있었다. 정양이는 남은 새끼들만이라도 지키기 위해 지푸라기 속에 숨기며 안절부절못했다. 남은 새끼 두 마리는 볏짚 속에 몸을 숨긴 채

눈만 내놓고 있었다. 태어난 지 고작 일주일 된 아기 돼지들의 검고 착한 눈동자에는 아직도 두려움과 아픔이 가득했다. 거세를 당한 지 몇 시간이나 지났는데도 돼지들은 몸을 떨고 있었다. 공장식 양돈농장에서 거세가 일반적인 관행이라는 것은 알고 있었지만, 대안이라고 생각했던 농장에도 돼지들의 고통이 존재하는 걸 보니 혼돈스러웠다.

국내에서 원가자농보다 더 돼지들의 '돈격'을 신경 쓰는 농장도 드물 것이다. 그렇지만 결국 농장은 농장이고 돼지들은 '밥값'을 해야 했다. 돈수는 태어난 지 두 달쯤 됐을 때 엄마 젖을 떼고 분리됐다. 아직 어린 새끼들을 어미로부터 떼어내는 건 어미가 다시 새끼를 가져야 하기 때문이다. 그것이 농장의 법칙이다. 공장식 양돈농장에서 출산 후 25일 만에 어미와 새끼를 분리하는 것에 비하면, 두 달 이상 어미젖을 먹이는 원가자농은 굉장히 '인간적'이다. 하지만 갑작스런 이별에 십순이와 새끼들은 무척 당황스럽고 슬퍼 보였다. 돈수와 형제들은 엄마에게 가고 싶어 낑낑거렸지만 울타리로 가로막혀 있어 바로 앞에 엄마가 있어도 가지 못했다.

갑작스레 새끼들과 이별한 십순이는 곧 재임신을 위해 암컷들이 모여 있는 '임신사'로 옮겨졌다. 십순이는 돈수를 낳은 그해 여름, 또 한 번의 출산을 했다. 그리고 가을에 다시 새끼들과 분리되어 임신사로 보내졌다.

임신과 출산, 수유와 젖떼기의 사이클을 무한 반복해야 하는

'여성 돼지'들의 육체적, 정신적 고통이 같은 여성으로서 너무 안타까웠다. 공장이든 농장이든, 여성 돼지들의 삶은 새끼를 낳고 빼앗기는 고통의 수레바퀴를 맴도는 것임을 알게 되었다.

두 대의 트럭

돈수가 태어난 지 1년이 됐다. 평창은 다시 눈의 나라가 되었다. 농장의 개 '설이'가 새끼를 낳았다. 하얀 눈을 닮은 강아지들이 엄마 배를 꾹꾹 누르며 젖을 먹느라 여념이 없다. 딱 1년 전, 돈수가 그랬던 것처럼. 농장에 새 생명이 태어난 날이 돈수에게는 생의 마지막 날이다. 강아지들은 이곳에서 행복하게 살아가겠지만, 돈수는 오늘 처음이자 마지막 여행을 떠난다. 공장식 양돈농장의 돼지들에게 주어지는 삶은 겨우 6개월. 그에 비해 돈수는 1년을 살았다. 그래도 돈수는 여전히 어린 돼지일 뿐이다. 돼지의 자연 수명은 10년에서 15년이니 말이다.

이른 아침, 원 선생님이 1톤짜리 트럭을 축사 가까이 댄다. 돼지들이 축사에서 트럭으로 올라탈 수 있도록 나무판 경사로가 준비돼 있다. 선생님은 운행 중 돼지들이 미끄러져 넘어지지 않도록 트럭에 볏짚을 깔았다.

우리 문이 열리자, 돈수와 형제들이 천천히 걸어 나온다. 그리고 경사로를 따라 올라간다. 돈수와 형제들을 포함한 여덟 마리의 돼지들이 트럭에 올라탔고, 뒷문이 닫혔다. 트럭의 짐칸에는 철제 울타리가 둘러쳐 있어서 돈수가 보이지 않았지만 좁은 틈으로 눈동자가 보였다. 검은 눈동자는 지금 무슨 일이 일어나고 있는 거냐고 묻는 듯했다.

"처음에는 답답했지. 안 하던 짓을 해야 하니. 저놈들을 제물로 삼아서 내 삶을 영위해야 하나 하는 생각에 답답했지. 그런데 하다 보니까, 나도 타협하게 되고… 도축장은 잔인하지. 거기는 가축을 생명으로 여기지 않지. 자동차 공장에서 제품이 조립되는 것처럼, 그 안에서는 상품으로 취급되죠. 생명체로 안 여겨요."

돈수의 처음이자 마지막 여행길은 200km, 자동차로 두 시간 반을 달려야 한다. 돈수가 탄 트럭이 농장을 빠져나와 좁은 산비탈을 미끄러져 내려갔다. 농장 근처의 시골길에 트럭이 멈춰 섰다. 원 선생님은 미리 그곳에서 기다리고 있던 운송기사에게 운전대를 넘겨줬다. 트럭이 출발했다. 나와 촬영팀은 다른 차를 타고 뒤이어 따라갔다. 시골길을 벗어난 트럭이 2차선 국도를 지나 이윽고 고속도로로 접어들어 속도를 내어 달리기 시작했다. 돈수는 어떤 생각을 하고 있을까. 처음 타보는 자동차. 처음 보는 농장 밖 풍경들.

출발한 지 한 시간쯤 됐을 때였다. 수많은 돼지들이 빈틈없이 빽빽이 실린 거대한 화물 트럭이 옆으로 지나갔다. 트럭의 틈으로 분홍빛 돼지들이 보였다. 공장식 양돈농장에서 도축장으로 실려 가는 돼지들이었다. 짐칸의 좁은 틈으로 분홍 돼지들의 오물 묻은 몸과 붉은 눈동자가 보였다. 충혈된 눈들.

딜레마

작은 트럭에는 농장에서 키워진 돈수와 형제들이, 대형 트럭에는 공장에서 사육된 돼지들이 탄 채로, 두 개의 서로 다른 트럭은 같은 목적지를 향해 달리고 있었다. 우연치고는 너무나 절묘한 만남이었다. 공장에서 키워지든 농장에서 키워지든 결국 이들은 같은 최후에 도달하게 된다. 이 아이러니한 운명을 보여주는 결정적인 찰나의 순간. 같은 목적지를 향해 같은 길을 나란히 달리는 두 대의 트럭.

그런데 나는 이 놀라운 상황을 한 번도 아니고 두 번이나 목격했다. 돈수가 도축장으로 가기 몇 달 전에도, 원가자농의 돼지들을 태운 트럭을 따라 도축장까지 간 적이 있었다. 그때도 지금처럼 공장식 양돈농장의 돼지들을 가득 실은 대형 화물 트럭을 마주쳤었다. 어떻게 그런 절묘한 만남이 한 번도 아니고 두 번이나 가능했을까. 도축장으로 실려 가는 돼지들이 그만큼 많기 때문이다.

목적지에 도착했다. 저만치 도축장이 보였다. 나는 운송기사에게 부탁하여 잠시 트럭을 세웠다. 돈수와 마지막 인사를 하고 싶었다. 그는 고맙게도 내 부탁을 들어주었다. 차에서 내려 돈수가 탄 트럭으로 걸어갔다. 뒷문의 작은 틈으로 돈수가 보였다. 나는 돈수의 콧등을 쓰다듬어주었다. 태어나는 순간을 목격했고, 이름을 지어주었고, 내 아들과 함께 자라는 모습을 지켜봤고, 마지막 가는 길까지 함께했지만, 도축장 안에서 겪게 될 고통 앞에 내가 해줄 수 있는 일은 아무것도 없었다.

"돈수야. 미안해. 잘 가. 돈수야. 잘 가. 안녕."

돈수를 주려고 주머니에 넣어두었던 귤을 꺼냈다. 오늘 아무 것도 먹지 못한 돈수는 배도 고프고 갈증도 심할 것이다. 돈수는 작은 틈으로 귤을 받아먹었다. 운전기사가 갈 길을 재촉했다. 짧은 이별을 뒤로하고 트럭이 다시 출발했다. 트럭이 도축장 정문을 통과해 천천히 들어갔다. 그 순간 나는, 도축장 안으로 무작정 들어가봐야겠다는 생각을 했다. 촬영감독과 나는 걸어서 정문을 통과해 돈수의 트럭이 멈춰 있는 곳까지 갔다. 돈수보다 앞서 도착한 양돈농장의 분홍색 돼지들이 트럭에서 건물 안으로 옮겨지고 있었다. 직원이 막대기로 돼지들의 몸을 툭툭 쳤고, 돼지들은 도축 전 대기하는 장소인 계류장 안으로 들어갔다. 내부를 보고 싶었지만 방법이 없었다. 트럭에 실린 채 대기 중인 돼지들의 겁에 질린 표정을 촬영하고 있을 때, 어디선가 물 쏟아지는 소리가 들렸다. 배수관을 통해 붉은 핏물이 콸콸 쏟아져 하수구로 들어가고 있었다. 우리는 더 이상 오래 머물 수가 없었다. 쏟아지는 핏물을 몇 초간 찍은 후 도축장을 빠져나왔다. 돈수를 두고 나오는 발걸음은 한없이 무거웠다. 십순이의 여덟 새끼 중 막내. 이름이 있고 삶이 있었던 아기 돼지 돈수는 그렇게 도축장에서 생을 마감하고 고기가 되었다. 그리고 유기농 축산물을 취급하는 마트에 전시된 후 양질의 고기를 찾는 누군가의 식탁 위에 올랐을 것이다.

도축장 벽을 뛰어넘어

돈수와 이별하기 몇 개월 전부터 도축장 촬영 허가를 받기 위해 노력했었다. 예상은 했지만, 도축장의 벽은 생각보다 더 높았다. 촬영이 어렵다면 견학이라도 하겠다고 말해보았지만 '위생' 문제 때문에 안 된다는 답변만 돌아왔다. 만약 촬영이 가능했다면, 나는 돈수의 최후를 똑바로 볼 수 있었을까? 영화에 그 장면을 넣을 수 있었을까? 많은 고민 끝에 도축장 내부를 보여주는 대신, 철커덕철커덕 기계가 돌아가는 공장 소리와 돼지들 비명 소리 등의 사운드 효과, 그리고 도축장 계류장 안으로 들어가던 돼지들의 모습으로 도축장 신을 편집했다.

한국의 4인 가족을 위해 연간 65마리의 농장동물이 도살된다. 전국적으로 연간 8억 마리가 넘는다. 어림잡아 닭 8억 마리, 돼지 1,500만 마리, 소 75만 마리. 이들이 어떻게 도살되고, 어떤 과정을 거쳐 우리 식탁에 오르는지는 잘 알려져 있지 않다. 현대의 도축장은 더 이상 도축장이라는 단어를 사용하지 않는다. OO 식품, OO 푸드, OO 산업, OO 영농조합법인, OO 축산물종합처리장**LPC** 등으로 표기된다. 외관은 평범한 가공회사나 물류창고처럼 보이기도 한다. 이름도 외관도 도살장 같지 않은 도축장들, 그 안에서는 어떤 일이 일어나고 있을까.

도살장의 벽이 유리로 돼 있다면, 모든 사람이 채식주의자가 될 것이다.

비틀즈의 멤버이자 '고기 없는 월요일Meat Free Monday' 운동의 창시자 폴 매카트니가 한 말이다. 철저하게 은폐된 도축장의 현실을 말하는 것이기도 하고, 진실을 알면 변화할 우리의 내면에 대한 이야기이기도 하다. 해양생물보호단체 시 셰퍼드 코리아Sea Shepherd Korea의 김한민 활동가는 이런 말을 했다.

"도축장의 벽은 유리로 되어 있습니다. 바로 '유튜브'라는 유리입니다. 우리는 클릭 몇 번으로 도축장과 공장식 축산에서 일어나는 일들을 훤히 볼 수 있는 세상에 살고 있습니다. 마음만 먹으면 얼마든지 볼 수 있고 알 수 있습니다. 연예인에 대한 기사를 찾아보는 것 정도의 열정만 있다면 우리가 일상적으로 소비하는 육류의 진실을 얼마든지 알 수 있습니다."

정말 인터넷을 뒤져보면 클릭 몇 번으로 도축장에 관한 많은 자료들을 볼 수 있다. 아이를 키우는 엄마인 나에겐, 육류의 안전성은 물론 인도적인 도살도 중요한 문제다. '인도적 살인'이 있을 수 없는 것처럼 '인도적 도살' 또한 모순인 건 분명하지만, 도축을 해야 한다면 최대한 인도적인 방식이어야 하지 않을까? 비인도적인 방식으로 도살된 동물들의 사체를 아이에게 먹일 수 있을까?

자동차 회사 '포드' 창설자인 헨리 포드는 자서전 《나의 삶과 일My Life and Works》에서, 젊은 시절 시카고의 한 도살장에 갔을 때 자동차 조립 생산에 대한 영감을 받았다고 밝혔다. 포드는 거꾸로 공중에 매달린 동물들이 콘베이어의 움직임에 따라 한 노동자에게서 다음 노동자로 이동해 가는 모습을 유심히 지켜보며 자동차 조립 방식을 구상했다. 도살장과 자동차 조립 라인은 자동화, 기계화, 분업화라는 공통점을 갖는다. 차이가 있다면 자동차 공장은 컨베이어 벨트가 돌아가면서 부품에서 완성된 자동차로 '조립'되어 가지만, 도살장은 컨베이어 벨트가 돌아가면서 하나의 온전한 생명체가 조각조각 '해체'되어 간다는 점이다.

양돈농장을 떠난 돼지들은 화물 트럭에 실려 도축장으로 이송된다. 비정상적으로 빠른 시간 안에 비대한 몸이 된 돼지들은 체중을 견디지 못해 다리가 약하다. 서 있기도 힘든 약한 다리로 달리는 트럭에서 버티기란 쉽지 않다. 배고픔과 갈증, 어지러움에 시달려야 하며, 무더위와 혹한에도 그대로 노출된다. 우리나라의 경우 동물보호법이 미비하고 가축의 운송에 관한 규제가 미흡하다. 출퇴근 만원 지하철처럼 빽빽이 가득 찬 돼지들은 도축장까지 짧게는 7km, 길게는 237km를 실려 간다.

도축장에 도착한 돼지들은 트럭에서 계류장으로 옮겨진다. 이

때 빨리 들어가지 않거나 저항하는 돼지들은 막대기나 전기 봉으로 맞는다. 대한양돈협회에서 전기 봉 사용이 육질을 떨어뜨린다며 사용 자제를 요청했고 정부도 축산물위생관리법 시행규칙에서 전기 봉 사용 금지를 명문화했지만 여전히 일부 도축장에서는 작업의 속도와 편의를 위해 전기 봉을 사용한다. 계류장에 돼지들이 들어오면 샤워기에서 물이 나와 몸에 묻은 오물을 씻어낸다. 그 후 돼지들은 전기 충격기를 통과하며 실신한다. 동물의 고통을 줄이기 위해 이산화탄소 기절 방식을 사용하는 도축장도 있으나 아직 국내 대다수의 도축장은 전기 기절 장치를 쓰고 있다. 전기 충격기를 통과한 돼지는 뻣뻣하게 몸이 굳어 컨베이어 벨트로 떨어진다. 돼지들의 뒷다리가 쇠사슬에 걸려 올라가고 몸이 거꾸로 매달린다. 목에 칼이 들어가고 방혈, 즉 피 뽑기가 진행된다. 그다음, 끓는 물에 들어간다. 이후 본격적인 해체 작업이 시작된다.

문제는 아직 의식이 있는 상태에서 도살되는 돼지들이 많다는 사실이다. 2012년 2월 10일자 <한겨레>는 '제발 기절하게 해 주세요'라는 기사에서 이렇게 밝히고 있다.

2012년 <한겨레>가 입수한 '도축 시 동물복지 평가기준 확립에 관한 연구'를 보면, 도축장에서 전기 기절시킨 돼지 7,089마리 가운데 12.3%인 874개체가 의식을 회복한 것으로 추정되는 상태에서 도축된 것으로 나타났다. 이 보고서는 농림수산식품부가 국내 최초로 2009년 전국 23개 도축장에 대해 동물복지 실태 조사를 벌인 결과다.

6~7년이 지난 지금은 어떨지 모르지만, 이 수치를 현재 국내에서 도살되는 전체 돼지 수에 적용해보면 연간 1,500만 마리 중 12.3%, 약 185만 마리 돼지들이 의식이 있는 상태에서 방혈되는 것 아닌가.

인도주의 축산협회Humane Farming Association의 수석 조사관이자 알버트 슈바이처 상을 받은 동물보호운동가, 게일 아이스니츠는 1989년 한 통의 편지를 받는다. "플로리다에서 가장 큰 도살장에서 산 채로 소의 껍질을 벗기는데, 도축장 관리자들은 그 문제를 알고 있으면서도 시정하려 하지 않는다. 작업 공정에 차질이 생긴다는 이유에서다"라는 제보였다. 제보를 한 사람은 놀랍게도 미 농무부 직원이었다. 이 내부 고발 편지가 발단이 되어 아이스니츠는 도살장에 취업하여 잠입 조사를 하고 오랜 설득을 거쳐 도살장 직원들과 공무원들을 만나 인터뷰한다. 생명의 위험을 무릅쓰고 수년에 걸쳐 발로 뛰며 조사한 끝에, 도축장에 만연한 잔혹 행위와 노동자의 인권 문제, 육류 위생의 충격적인 실태를 한 권의 책으로 묶어 세상에 알렸다. 바로《도살장Slaughterhouse》이었다.

미국의 도축장 노동자들은 동물들을 도살하며 겪은 고충을 토로한다.

나는 시간당 900마리의 돼지를 도살했는데, 만약 그 돼지들이 의식을 잃은 상태였다면 내 일이 그렇게 힘들지는 않았을 겁니다. 대부분의 돼지들이 멀쩡히 살아 있다 보니 발로 차고 물어뜯는데….

'시간당 900마리'의 돼지를 도살해야 한다는 것은 1분에 열다섯 마리, 다시 말해 4초에 한 마리를 도살해야 하는 것을 의미한다. 이 엄청난 속도는 완벽한 기절을 불가능하게 하는 첫 번째 조건이다. 완벽한 기절이 안 되는 또 다른 원인은 전압을 낮추는 데 있다. 전압이 높으면 고기 결이 나빠진다는 이유로, 때로는 피가 튀는 현상을 막기 위해 종종 전압을 낮추는데 그러면 돼지는 순간적으로 기절할 뿐 여전히 의식은 있게 된다. 돼지나 소의 몸집이 너무 커서 전기 충격을 가해도 완전히 기절하지 않는 경우도 있다.

비록 도축장을 직접 볼 수는 없었지만, 도축장 노동자들의 이야기를 들음으로써 간접적으로나마 도축장의 그림을 그려보고 싶었다. 편집 과정에서 영화에 포함되진 못했지만, 전직 노동자들을 인터뷰했다. 다른 아르바이트보다 일당이 높아서 취업했다가 몇 개월 못 버티고 그만둔 20대의 박지환 씨(가명)를 만난 것은 어느 채식 동호회에서였다. 그는 도축장에서 보고 듣고 냄새 맡았던 그 모든 것들 때문에 고기를 먹지 못하게 됐다고 했다. 60대의 채성대 씨(가명)는 도축장에서 10년을 일하다가 은퇴한 분이었다. 조용한 시골에서 토끼와 개를 돌보며 사는 그는 힘들었던 노동을 담담하게 이야기했다.

"한 자세로 계속 있어야 하니까 허리가 많이 아팠어요. 떨어진 물건을 주우려고 허리 굽혔다 펴면 '아이고' 소리가 나오고 그랬죠. 계속 같은 동작을 하니까 손도 많이 아팠어요. 아침에 일어나면 주먹을 쥐었다 펼 수도 없을 정도로. 그게 제일 힘들었죠. 다치는 경우도 많았는데, 지금은 산재보험으로 처리가 되는지 모르겠지만 내가 일할 때는 회사 측에서 대형 사고가 아니면 산재 신고 안 하고 회사가 다 처리했어요. 산재로 신고하면 회사에서 내야 하는 보험료가 올라가잖아요. 회사에서 병원비도 내야 하고. 그러니 귀 막아놓고, 회사 쪽에서 다친 직원을 대충 처리하는 거야. 정당한 대우를 못 받았죠. 병원 퇴원해도 다음 날 바로 출근했어요. 아파도 쉴 수가 없었어요. 내가 아파서 쉬면 다른 사람이 그만치 고생을 하니까, 못 쉬는 거예요. 연차, 월차가 어디 있어요. 그런 것도 없었고."

창문을 통해 달빛이 은은하게 새어 들어왔다. 잠시 숨을 고른 그가 이어 말했다.

"바닥에 항상 물이나 핏물이 많아서 넘어질 때가 많았죠. 기름 덩어리도요. 소 작업을 하면 기름 떨어지잖아. 얼마나 미끄러워요. 그런 데서 넘어지는 거죠. 내 일 빨리 해놓고 시간만 있으면 수시로 물 틀어서 핏물을 닦아냈죠. 빙판보다 더 미끄러워요. 넘어지면 위험하죠. 항상 칼을 다루고 기계도 많으니까. 숱하게들 다쳤죠."

그가 온통 흉터로 가득한 손을 펼쳐 보였다. 날카로운 도구에 다친 노동의 흔적들.

"다행히 저는 큰 사고는 안 났어요. 하지만 동료들 다치는 거 보면 아찔했죠. 많이 아찔했죠. 이런 일이 있었어요. 나하고 한 동료하고 마주 보고 있었는데, 그 친구가 다치는 순간을 봤어요. 칼이 그 친구 몸에 들어가는 걸 봤어요. 직원이 소에 차여서 칼이 몸에 들어간 거라. 근데 이 친구는 그걸 몰라. 내가 가르쳐줬어요. 야, 너 빨리 팔 잡아! 그제야 자기 몸을 보는데, 피가 주루룩 흐르다가 솟구쳐 튀니까 얼굴이 하얘져서 까무러치더라고. 또 나랑 몇 년 같이 일하다가 다른 도축장으로 이직한 한 후배는, 전기톱에 몸이 절단 났어요. 직접 보진 못하고 얘기만 들었죠. 다치고 난 뒤에 알았죠. 몇 개월 뒤에 가보니 거의 불구나 다름없이 됐더라고요. 젊은 친구가 장가도 못 가고… 젊지도 않구나 그놈도 이제는. 나도 결혼 못 했지만, 이 바닥에 있는 애들 보면 미혼이 많더라고요. 누가 이 일을 하겠다고 하면 말리고 싶어요. 일 끝나고 샤워하고 옷 갈아입고 버스를 타면 사람들이 다 나만 쳐다보는 것 같았어요. 나는 못 느끼지만 내 몸에서 피비린내가 났겠죠. 나는 내 일에 당당한데, 사람들이 나를 보는 그런 시선이 힘들었어요. 자기들이 먹는 고기를 위해서는 누군가 이 일을 해야 하는데 사람들 인식은 그렇지 않죠."

아이스니츠의 《도살장》에는 동물을 죽이며 자신의 인간성마저 죽여야 했던 노동자들의 이야기가 나온다. 업체가 세운 목표량을 채우기 위해서는 자신이 죽이는 동물은 물론 노동자 자신도 생명이라는 걸 잊고 기계가 되어야 한다. 스트레스와 죄책감은 때로는 동물을 상대로, 때로는 가족과 자신을 상대로 가학적인 행동이 되어 뿜어져 나온다.

육체적인 위험보다 더 나쁜 것은 정서적인 피해야. 스티커(도축장에서 동물의 목을 찌르는 일을 하는 사람) 일을 어느 정도 하다 보면 동물을 죽이면서도 아무런 감정을 느끼지 않게 돼. 도살장에서 걸어 다니는 돼지의 눈을 똑바로 쳐다보면 이런 생각이 들어. 세상에, 이 돼지는 정말 귀엽게 생겼군. 애완동물처럼 쓰다듬어주고 싶은 생각이 들 정도야. 도살장에 있는 돼지들은 내게 강아지처럼 다가와서 코를 문질러대지. 그런데 2분 후에 난 그 돼지들을 죽여야 해.

또 다른 노동자가 아이스니츠에게 이렇게 말한다.

나는 일하면서 받는 스트레스와 돼지들 때문에 느끼는 좌절감을 아내에게 풀었죠. 그러다 아내를 거의 잃을 뻔했고, 술을 마시면서 나 자신을 학대하기도 했죠. (중략) 사람들의 고통에 대해 더 이상 신경 쓰지 않게 돼요. 난 예전에는 사람들의 문제에 대해 아주 민감하게 반응했어요. 기꺼이 사람들의 고민거리를 들어주곤 했죠. 그러다 무감각해졌어요.

그는 사소한 일로도 폭발하는 성격으로 바뀌었다고 고백하면서, 도살장에서 현장 주임과 싸웠던 일을 회고한다.

만약 그때 그 반장이 덤벼들었다면 난 그 작자의 숨통을 끊어놨을 겁니다. 사람을 해치고도 심각하게 생각하거나 후회하지 않았을 거란 이야기죠.

1906년, 미국 사회를 뒤흔든 한 편의 소설이 발표된다. 시카고 식육 공장 지대의 비인간적 상황을 리얼리즘 기법으로 적나라하게 묘사한 업튼 싱클레어의 《정글**The Jungle**》이다. 리투아니아 출신의 건장한 청년 유르기스가 그의 애인 오나, 그리고 가족들과 함께 신대륙이라 불리는 미국으로 이주해온 뒤 겪는 비극적인 삶을 그린 이 작품은, 도축장에서 일어나는 참혹한 동물 학대와 노동자 인권 유린, 그리고 경악할 정도로 불결한 위생 문제를 묘사하고 있다. 작가가 7주 동안 시카고 도축장을 직접 취재해 얻은 사실을 토대로 쓴 이 소설은 미국 사회를 충격에 빠뜨리며 출간 2주 만에 2만 5,000부가 팔렸고 17개국 언어로 번역되어 미국뿐만 아니라 세계를 경악하게 만들었다. 이 소설 때문에 미국 내 햄, 소시지 판매는 물론 해외수출량까지 절반으로 줄어들었고, 급기야 루스벨트 대통령은 작가와의 면담을 통해 실태를 파악한 뒤 식품의약품위생법과 미국식품의약국**FDA** 설립을 지시하기에 이르렀다. 작가가 이 책을 쓴 의도는 노동자의 비인간적인 노동 조건에 대한 사회적 관심을 일으키는 것이었는데, 대중의 반응은 도축 과정의 불결함에 대한 폭발적 분노와 위생 문제에 대한 관심으로 이어졌다. 작가는 이에 대해 "나는 사람들의 심장을 겨냥했는데 어쩌다 보니 위에 명중하고 말았다"고 아쉬움을 토로했다.

리투아니아의 순박한 시골 청년 유르기스는 약혼녀 오나 가족과 함께 '아메리칸 드림'을 품고 시카고 가축 수용장 지대로 이주한다. 남자들은 도축장에서, 여자들은 통조림 공장에서 일을 시작한다. 시카고는 거대한 자본의 정글이었다. 운반차를 몰다가 손가락이 문드러지고, 화학 약품을 다루다 손가락이 차례차례 부식되고, 칼을 사용하는 사람은 엄지손가락이 마비되어 갔다. 열여덟 살의 어린 신부 오나는 단지 해고당하지 않기 위해 감독에게 몸을 내주어야 했다. 유르기스는 아내를 유린한 아일랜드인 감독의 머리통을 내리치고 감옥에 들어간다. 결국 오나의 가족은 성매매, 껌팔이, 앵벌이로 거리에 나선다. 유르기스와 오나 가족의 비극적인 붕괴는, 그들이 새로운 삶을 시작한 곳이 자본주의의 메카인 시카고였기 때문이고, 그들이 얻은 일자리가 도축장이었기 때문이며, 그들이 가난한 나라에서 온 이주민이었기 때문이다.

가난한 외국인 노동자에게 비교적 문턱이 낮은 일자리는 20세기 초인 그때나 21세기인 지금이나 도축장이다. 업계에서는 저렴한 비용으로 고용할 수 있는 인력을 찾고, 이주 노동자들은 문턱 낮은 양돈농장, 양계농장, 도축장, 육가공 공장의 문을 두드린다. 나도 취재를 하면서 많은 이주 노동자들과 마주쳤다. 숨을 제대로 쉴수 없을 정도로 열악한 양계농장, 양돈농장의 몸도 마음도 고생스러운 축산 일을 언제부터인가 네팔, 캄보디아, 방글라데시 등에서 온 이주 노동자들이 떠맡고 있다. 좋은 농장주를 만나 인간적인 대우를 받는 노동자들도 있겠지만, 적지 않은 이주 노동자들이 '돼지 취급'받으며 일하다가 건강이 안 좋아지면 치료도 받지 못하고 쫓겨난다. 마치 병든 돼지들이 도태되듯이.

<비포 선라이즈> 같은 로맨스 영화를 만든 리처드 링클레이터 감독은 미국 식육 산업의 실태를 그린 <패스트푸드 네이션 **Fast Food Nation**>이라는 영화를 만들기도 했다. 에릭 슐로서의 동명의 책(국내에서는 《패스트푸드의 제국》으로 번역 출간됨)을 토대로 만들어진 이 픽션 영화는 햄버거 패티가 얼마나 먹을 게 못 되는지를 고발할 뿐 아니라 이주 노동자들의 인권을 유린하는 도축장과 육가공 업계의 민낯을 신랄하게 보여준다.

아메리칸 드림을 쫓아 멕시코 국경을 넘어 미국 도축장에 취업한 라울과 실비아는 마치 《정글》의 유르기스와 오나 같다. 유르기스가 들어간 도축장처럼, 라울이 일하는 도축장에서도 노동자들은 수없이 다치고 해고당한다. 오나가 당했던 것처럼, 실비아도 작

업반장에게 성폭행을 당한다. 《정글》이 나온 지 100년 만에 제작된 영화에서도 노동자들의 근무 환경이 변한 게 없다는 사실은 매우 참담하다. 1세기 동안 도축장의 시설은 현대화되었으나, 죽여야 할 동물은 더 많아졌고, 노동자들은 더 강도 높은 작업을 요구받으며, 비인도적 환경에서 '똥물'이 튀어 치명적인 대장균으로 범벅이 되는 고기의 현실은 여전하다.

내가 이 영화를 본 것은 2006년 부산국제영화제에서였다. 영화의 마지막 신은 실제 도축장에서 논픽션으로 찍은 소 도살 장면이었다. 눈을 끔벅이며 도축장으로 들어온 한 마리 거대한 소가 머리에 총을 맞고 쓰러지고 절단되고 조각조각 나뉘는 과정이 대형 스크린 가득 펼쳐졌다. 객석을 꽉 메운 관객들의 숨소리가 순간 멎어 정적이 흘렀다. 나도 그랬지만, 그 영화를 본 관객들은 적어도 그날 저녁에는 고기를 먹지 못했거나 먹어도 매우 불편한 마음으로 먹었을 것이다. 나는 이 영화를 본 뒤 충격으로 2년간 소고기, 돼지고기를 먹지 않았다. 때마침 광우병 우려가 높은 미국산 소고기 수입 반대 촛불이 타오르던 무렵이었다. 임신과 출산 후 다시 고기를 먹긴 했지만, 한 번 켜졌던 가슴속 촛불은 꺼진 것이 아니었다. 꺼져가던 촛불은 구제역 살처분을 계기로 다시 타올라 영화로 이어졌으니 말이다.

2018년 3월 27일, 충남 서산의 한 도축장에서 소가 사람 둘을 들이받고 탈출했다. 새끼를 두 번 낳고 번식력이 떨어져 도축장에 보내진 암소였다. 무게가 500kg을 웃도는 암소에 받힌 정육업자는 숨지고 운전자는 부상을 입었다. 탈출한 소는 여섯 시간 만에 도축장에서 1.5km 떨어진 한 야산에서 발견됐고 마취 총을 맞고 포획된 후 2시간여 만에 도축장에서 도축됐다. 도축된 소는 마취 성분이 남아 있어 식용으로 활용되지 못했고, 폐기 처리 업체에 보내졌다.

언론은 "도축장 소 난동", "살인 소"라는 자극적이며 구태의연한 제목으로 이 사건을 보도했다. 네티즌들의 반응은 달랐다. 살고 싶었던 소의 정당방위다, 소는 죄가 없다, 특별한 소니 살려줘야 한다, 소가 사람 죽였다고 살인 소라고 하면 사람이 소를 죽이면 뭐라고 해야 하나? 등의 반응을 보였다. 동물권행동 카라는 소 탈출 소식을 듣자마자 충남도청에 연락해 구조 의사를 밝혔지만 소는 이미 도축된 뒤였다.

소나 돼지가 탈출하는 일은 의외로 자주 있다. 2017년 경기도 안양의 도축장에서, 같은 해 5월에는 전남 광주의 도축장에서 소가 탈출해 도심의 아파트까지 왔다가 붙잡혀 도축장으로 보내졌다. 2016년에는 강원도 인제 농가에서 네 마리의 소가 탈출했다. 소들은 국도를 질주하며 평생 누려본 적 없는 자유를 만끽하다 경찰에게 포획돼 주인에게 돌아갔다.

운이 좋은 경우도 있다. 2018년 폴란드의 한 목장에서 도축장으로 이송되기 위해 트럭에 실리던 소가 탈출했다. 소는 울타리를 뛰어넘어 숲을 가로지른 후 50m에 이르는 강을 건너 작은 섬으로 피신했다. 여론은 "소가 살아야 할 충분한 이유가 있다"며 청원을 펼쳤다. 청원에는 지역 정치인들도 가세했다. 결국 소는 안전한 곳에서 자연사할 때까지 '살아 있을 권리'를 부여받았다.

젖소 에밀리는 1995년 미국 뉴잉글랜드의 도축장에서 다른 소들과 함께 줄을 서서 도살장 안으로 들어갈 차례를 기다리고 있던 중 갑자기 줄에서 뛰어나와 1.5m 높이의 울타리 위로 700kg에 가까운 몸을 날려 숲으로 달아났다. 도축장 소유주는 추격자들을 피해 무려 40일 동안 숲에서 은신하던 에밀리를 꼭 잡으려 했지만, 비폭력 수양 및 교육 기구인 피스 애비**Peace Abbey**가 에밀리를 입양하겠다는 제안을 했고, 감동을 받은 도축장 주인은 에밀리를 단돈 1달러에 팔겠다고 했다. 이름 없는 젖소였던 에밀리는 이 과정에서 이름을 얻게 됐고, 피스 애비에서 평화로운 여생을 보내며 세계의 많은 사람들에게 축산 동물에 대한 연민을 불러일으켰다. 그리고 절망 속에서도 포기하지 않는 희망의 아이콘이 되었다.

영화 <옥자>에서 미자는 끝내 옥자를 도축장에서 구출한다. 미자와 옥자에겐 좋은 일이지만, 만약 옥자처럼 조작된 유전자를 가진 거대 생명체들이 실제로 숲속에서 살아간다면 숲은 버텨내지 못할 것이다. 미자에겐 미안하지만 옥자는 태어나지 말았어야 했다.

도축장의 벽은 너무 높았고, 나는 돈수와 십순이를 구할 수 없었다. 하지만 영화를 만들었다. 축산 공장의 벽이 점점 더 투명해져서, 그 안에서 일어나는 일들을 더 많은 사람들이 알게 되길 바라면

서. 옥자는 가상의 생명체이지만 한국에는 1,150만 마리의 십순이
와 돈수가 공장에서 살고 있다.

남편 영준은 야생동물 수의사. 그에겐 돼지나 닭의 복지보다, 위기에 놓인 소쩍새,
부엉이를 구하는 일이 더 중요하다. 나는 그가 소쩍새를 바라보는 애정 어린 눈빛으
로 (치킨 말고) 닭도 좀 바라봐주기를 바랐다.

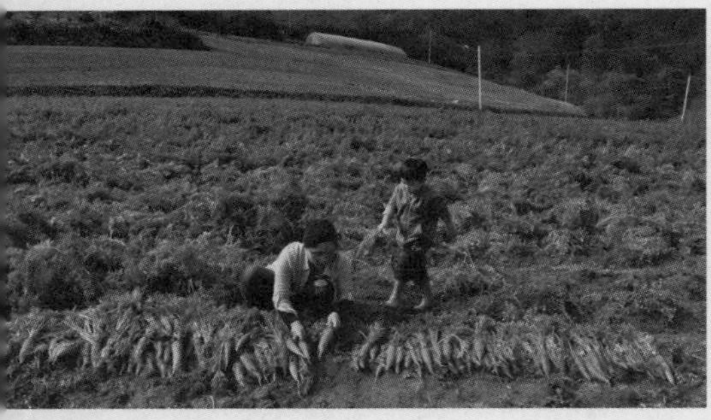

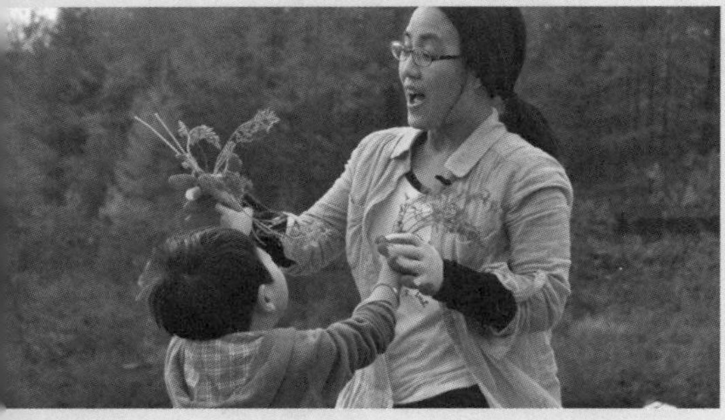

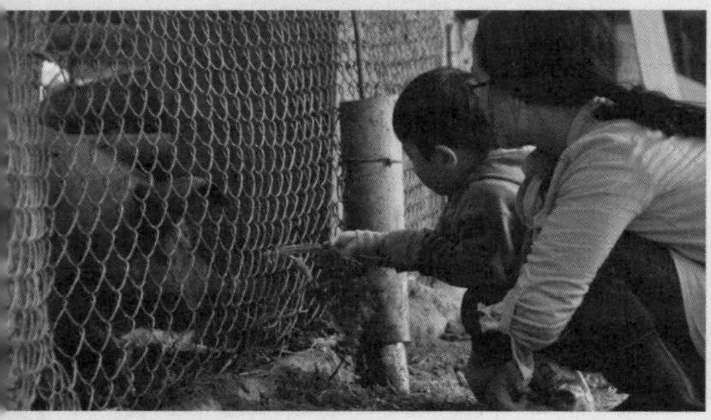

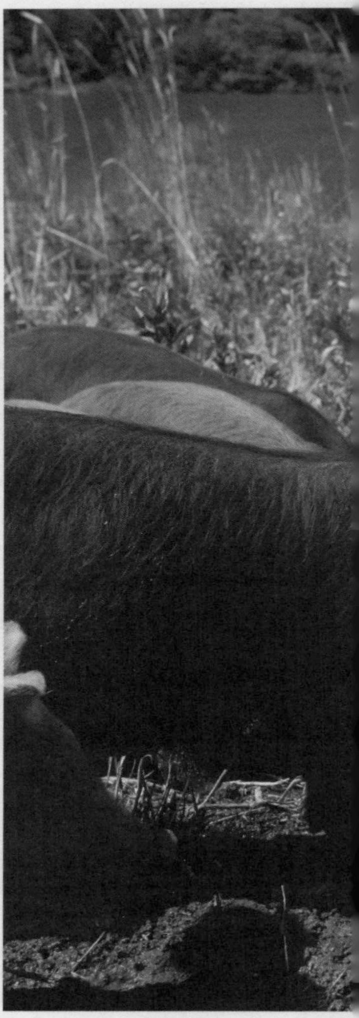

도영이와 함께 당근을 캤다. 쓰디쓴 당근 잎을 돼지들이 어찌 나 잘 먹는지. 돼지들 덕분에 농장에서는 버리는 게 없었다.

돼지들은 장난도 많고 호기심도 많았다. 우리에게 다가와 팔꿈치를 코로 건드리고 친근감을 표현했다. 도영이와 나는 풀잎을 이용해 돼지 콧구멍 간질이기 놀이를 했다. 도영이가 야생초 꽃을 따서 돼지에게 먹으라고 주며 말했다. "엄마, 돼지가 나 사랑한대. 돼지가 꿀, 고맙다고 해."

새끼들이 거세되던 날, 어미 돼지들은 볏짚 속에 새끼들을 숨기며 필사적
으로 저항했다. 순하기 그지없던 십순이도 놀라서 귀를 치켜세우고 어쩔
줄을 몰라 했다.

난 아들에게 살아 있는 '진짜 돼지'를 보여주고 싶었다. 도영은 돈수에게 민들레 홀씨를 불어주고, 볏짚으로 팔찌를 만들어주고, 눈과 얼음을 주며 친구가 됐다.

고기
디스토피아

공장식 축산은 근본적으로 지속 불가능하다.
지구는 개가 벼룩을 털어내듯 결국은 공장식 축산을 털어낼 것이다.
유일한 문제는 우리도 함께 털려나가게 될 것인가이다.

— **조너선 사프란 포어**(작가)

제작일기.

도영아, 미세먼지 때문에 마스크 쓰고 다니느라 너무 답답하지?

엄마 어릴 적엔 가을 하늘이 시리도록 푸르렀는데, 잿빛 하늘 아래 살아가는

우리 아들이 안쓰럽기만 하구나.

지금 숨 쉬기 힘든 고통을 받는 건, 그동안 우리가 동물들을 공장에서 숨 막히게

하고, 땅에 산 채로 묻으면서 숨 막히게 한 업보, 카르마(Karma)인

것만 같아. 어느 지혜로운 부족이 이렇게 말했어. 세상의 모든 것은 하나로

연결돼 있고, 대지에게 일어나는 일은 대지의 아이들에게로 일어난다고.

생태계는 아주아주 섬세한 그물망인데 공장식 축산과 우리가 버리는 온갖

쓰레기가 이 그물망을 너무 거칠게 찢고 있어. 북극의 빙하가

얼마 안 남았다던데, 다 녹으면 기후는 얼마나 더 무섭게 변할까.

우리가 이 별에서 살아남기 위해서는 지금이라도 인간의 욕심을 참회하고

찢어진 그물망을 이어야 해.

엄마가 이 책을 쓰는 것도 그물망을 잇기 위해서야.

엄마는 화성탐사가 하나도 위대해 보이지 않아. 우주의 작고 푸른 점,

지구를 살리는 일이 훨씬 급하고 중요하다고 생각해.

엄마는 잃어버린 푸른 하늘을 꼭 되찾고 싶어.

잎싹이와 치느님

어릴 때 병아리 두 마리를 키운 적이 있다. 언니, 오빠가 학교 앞에서 사 왔던 것 같다. 귀여운 병아리들이 생겨 띨 듯이 기뻤던 기억이 난다. 누가 수컷이고 누가 암컷인지 궁금했던 우리는 갑론을박 끝에 암수를 정했고, 구분하기 위해 병아리의 머리에 서로 다른 색의 사인펜으로 칠해두었다. 그런 식으로 팔리는 병아리들의 대부분이 수평아리는 사실을 알게 된 건 불과 몇 년 전이었다. 그러니까 우리는 두 마리 수평아리를 놓고 암컷이냐 수컷이냐를 치열하게 토론했던 것이다.

이름도 붙였다. 병숙이랑 병만이, 이런 이름이었던 것 같다. 병숙이와 병만이는 무럭무럭 자랐고, 솜털을 벗고 조금씩 깃이 나오기 시작했다. 머리에도 붉은 벼슬이 나왔다. 병숙이와 병만이의 달라진 외모에 당황스러웠던 기억이 난다. 병아리를 키우고 싶었던 것이지 닭을 키우고 싶었던 게 아닌데. 그래도 나는 병숙이와 병만이가 좋았다. 우리가 키운 닭이었으니까. 우리는 병숙이와 병만이를 상자에서 꺼내 마당에 풀어주었다. 병숙이와 병만이는 마당을 마음껏 뛰어다니며 신나는 하루하루를 보냈다.

그러던 어느 날 아침, 병만이와 병숙이가 죽어 있는 걸 발견했다. 고양이나 족제비의 짓이었다. 너무 화나고 슬펐다. 그렇게 허망하게 떠나보낼 줄은 몰랐다. 병만이와 병숙이를 하얀 종이에 싸서 작은 종이상자에 담았다. 집 근처 동산으로 올라가 삽으로 땅을 판 뒤 상자를 조심스레 놓고 흙으로 덮었다. 눈물이 하염없이 흘렀다. '병숙아, 병만아. 잘 가. 하늘나라에서도 행복하렴.' 내 인생 최초의 장례식이었다.

병숙이, 병만이를 키웠지만, 닭고기를 먹는 것에는 전혀 거리낌이 없었다. 어린 나는 닭과 닭고기를 연결시켜 생각하지 못했다. 닭고기가 닭을 죽여서 요리한 것이라는 사실을 알았다면, 마음 편히 닭고기를 먹지 못했을 것이다. 누구도 이 연관성을 설명해주지 않았고 닭과 닭고기 사이에는 아무런 연결 고리가 없었다. 그때는 치킨 가게가 없어서 엄마가 가끔 닭튀김이나 닭다리 조림을 해주시곤 했는데, 정말 맛있었다. 닭은 닭, 고기는 고기였다.

어른이 됐다. 남편이 제일 좋아하는 음식은 치킨이었다. 우리는 공통 관심사인 야생동물 이야기를 나누며, '치맥'을 즐겼다. 쿠폰 모으는 재미도 쏠쏠했다. 병숙이, 병만이는 기억 저편으로 사라진 지 오래였다. 나에겐 닭이 아니라 쿠폰이 소중할 뿐이었다. 닭들이 어디에서 어떻게 살아가는지는 전혀 몰랐다. 관심도 없었다. 호랑이, 오랑우탄, 코끼리를 걱정하기도 바빴으니까.

5년의 세월이 훅 지나갔다. 구제역, 조류독감으로 온 나라가 난리가 났고 태어나 처음으로 '치킨'들의 삶에 관심을 갖게 됐다.

<잡식가족의 딜레마>를 만들면서 주로 돼지농장을 다녔지만, 닭도 볼 기회가 있었다.

원가자농에는 두 가지 종류의 닭들이 있었다. 토종닭(정확히 토종닭인지는 모르지만 어쨌든 토종닭의 피가 흐르는 여러 색깔의 닭들)이 있었고, 그와 좀 다르게 생긴 흰닭도 몇 마리 있었다. 닭들은 자유롭게 농장 이곳저곳을 활보하며 생활했고, 근처 야산으로 산책도 자주 나갔다. 닭은 농장에서 매우 중요한 역할을 했다. 그들의 임무는 구더기를 잡아먹는 것이었다. 닭 덕분에 농장에는 구더기가 늘어날 틈이 없었고 살충제가 필요 없었다. 닭들은 돼지농장을 해충으로부터 지켜주는 부지런한 파수꾼이었다. 낮에 분주히 돌아다닌 닭들은 밤이 되면 돼지우리의 울타리를 횃대 삼아 그 위에서 곤히 잠을 잤다. 나는 종종 닭의 아름다움에 매료되곤 했다. 온몸이 까만 깃털인데 중간중간에 녹색, 청색, 붉은색 깃털로 장식돼 있고, 가슴을 내밀고 꼿꼿한 자세로 한 걸음 한 걸음 내딛는 모습은 멋쟁이 신사, 숙녀 같았다. 호들갑스럽지 않지만 민첩했다. 우아함과 건강미가 철철 넘치는 그들을 보며 닭이 얼마나 아름다운 새인지 처음 알았다.

흰닭들은 어느 양계농장에서 버려지는 것을 원 선생님이 데려다가 키운 닭들이다. 깃털이 빠지고 다 죽어가던 닭들은 원가자농으로 온 뒤 저절로 건강해졌다. 흰닭들은 토종닭 못지않게 생기 넘쳤고 튼튼했다. 그런데 그 둘은 색깔 외에도 차이가 있었다. 토종닭은 1~1.5m 정도 높이의 돼지우리 울타리를 가뿐히 날아 넘으며 우리 안팎을 자유자재로 들락날락했는데 흰닭은 울타리를 넘지 못했다. 체형도 달랐다. 토종닭은 전체적으로 균형 잡힌 날렵한 체형이었는데, 흰닭은 뚱뚱하고 둔했다. 가끔 돼지에게 잡아먹히기도 했다. 이들의 둔한 외모와 행동은 공장식 축산에서 고기용으로 만들어낸 품종이기 때문이었다. 원가자농의 닭들은 토종이든 양계장 출신이든 한국 땅에서 가장 운 좋은 닭들이었다. 특히 양계장 출신 닭은 낙타가 바늘구멍에 들어갈 확률을 통과한 억세게 운 좋은 녀석들이었다.

2012년 2월, 대한민국에서 사육되는 평범한, 너무 평범한 닭들을 처음으로 보았다. 공장식 양돈농장을 조사할 때, 겸사겸사 닭농장도 조사했다. 돼지농장이 있는 곳 주위엔 닭농장이 있는 경우가 많았다.

닭농장은 돼지농장과 비슷하면서도 달랐다. 나도 처음에는 몰랐지만, 동행한 활동가들의 설명을 들으니 알 것 같았다. 작은 승용차에 몸을 싣고 외진 농촌을 천천히 지나면서, 창밖으로 하얀 고깔 모양의 사료 통이 있는 축사가 나타나기만을 기다렸다. 지루한 기다림이 계속됐다. 창밖으로 지나가는 겨울의 농촌 풍경은 조용하고 평화롭기만 했다.

마침내 닭농장으로 보이는 건물을 찾았다. 활동가들은 달걀을 생산하는 산란계 농장인 것 같다고 했다. 드디어 찾았다는 반가운 마음과 함께 심장박동 수가 빨라졌다. 처음 보는 공장식 산란계 농장 주변은 한산했다. 축사 문이 열려 있었다. "꼬르륵꼬꼬꼬, 꼬르륵꼬꼬꼬, 꼬르륵꼬꼬…" 수만 마리 닭이 한꺼번에 내는 소리가 문틈으로 빠져나왔다. 우리는 심호흡을 하고 안으로 들어갔다.

축사 안은 암모니아 가스와 배설물, 닭들의 몸에서 떨어진 온갖 분진이 짬뽕이 되어 부옇게 부유하고 있었다. 숨이 턱 막혔다. 돼지농장과 또 다른 악취였지만, 1초도 견디기 힘든 건 똑같았다. 숨을 쉬기 힘들었지만 카메라에 이 충격적인 모습을 담으려면 몇 분은 견뎌야 했다. 나는 최소한의 호흡만 하면서 카메라에 현장을 담았다. 소실점이 보이지 않을 정도로 긴 철제 케이지가 몇 단으로 쌓여져 있었고, 그 안에는 닭들이 빼곡히 들어차 있었다. 그 축사에만 어림잡아 5,000마리, 아니 1만 마리의 닭이 있는 것 같았다. 말로만 듣고 영상으로만 봤던 '배터리 케이지'였다.

천장에 뭔가 하얀 것이 주렁주렁, 마치 수백 년 된 샹들리에 같은 모양으로 매달려 있어서 자세히 보니 거미줄이었다. 태어나 처음 보는 그로테스크한 형상이었다. 거미줄은 투명하지 않은 하얀색이었고 두꺼웠다. 공기 중에 부유하는 분진들이 거미줄에 덕지덕지 붙어서 이루어진 결과였다.

닭들은…. 맙소사, 우주에 이보다 더 처참한 생명들이 있을까 싶었다. 너무 촘촘히 붙어 있어서 날개조차 펴지 못했다. 얼핏 봐도 상태가 좋지 않은 닭들이 많았는데, 목에 털이 하나도 없는 닭도 있었다. 스트레스로 인한 탈모인지, 진드기 때문인지는 몰라도 그런 사육 환경에서 건강을 유지하는 것이 오히려 신기한 일이었다. 닭들이 할 수 있는 유일한 동작은 알 낳고 사료 통 쪼는 것, 단 두 가지뿐이었다. 케이지에는 기다란 산란 통이 있었다. 닭이 알을 낳으면 그 통으로 자동으로 떨어지는 구조였다. 외국인 노동자 한 명이 알을 수거하고 있었다. 그는 마스크조차 없이 일하고 있었다. 하긴 마스크는 쓰나 안 쓰나 큰 차이가 없을 것 같았다. 방독면이 필요해 보이는 환경이었다. 그의 건강이 심히 염려되었다. 동행한 활동가 한 명이 그에게 뭔가를 물어보자 겁먹은 표정으로 답했다.

"사장님, 사장님…."

자신은 모르니 사장님에게 물어보라는 뜻 같았다. 의사소통이 되지 않아 그분을 불편하게 한 꼴이 되었다. 미안했다. 우리는 서둘러 축사를 나왔다. '사장님'이 언제 나타날지 모르는 상황이었다. 그리고 숨 쉬기가 힘들어서 더 있을 수도 없었다.

차에 올라탔지만 심장박동이 정상으로 돌아오기까지는 한참이 걸렸다. 축사 안에 있었던 시간은 고작 3~4분 정도였는데, 세 시간은 있었던 것 같은 기분이었다. 똥과 깃털이 (그리고 자세히 보진 못했지만 분명히 있고도 남았을 진드기들이) 조합을 이루어 덕지덕지 붙어 있던 케이지, 축사에 가득했던 희뿌연 분진, 수십 년 된 거미줄, 수만 마리의 닭들이 동시에 내는 골골골 소리, 강도 높은 냄새, 그리고 축사 안을 가득 메우고 있던 어떤 에너지. 그렇다. 축사 안의 에너지는 너무 밀도가 높았다. 수천수만의 생명 개체들이 존재하지만, 생명의 에너지가 아니라 질병과 죽음의 기운으로 가득 차 있었다. 본능적인 거부감이 들었다. 합리적인 철학이나 윤리적 성찰은 두 번째 문제였다.

"이건 아니야. 이건 아니야."

돌이켜보니, 그 순간 나의 본능이 '아니'라고 고개를 저은 이유는 이 때문이었다. 이런 닭을 먹고 결코 인간이 건강할 수 없다는 것, 이런 시스템은 지속 가능할 수 없다는 것, (만약 지속한다면 아주 안 좋은 문제들이 발생할 거라는 것), 그리고 인간이 다른 생명들을 이렇게 살도록 하면 안 된다는 것.

농장에서 나와 걸으며, 동행한 활동가 전채은 씨에게 물었다.

"이곳이 특별히 나쁜 데가 아니라는 거죠?"

"일반적이죠. 다 이래요. 태어나서 죽을 때까지 저러고 사는 거예요. 저렇게 평생 알을 낳게 하다가 알 낳는 생산력이 떨어지면 굶겨요. 한 일주일 굶겨요. 그러다가 다시 사료를 주면 알을 낳죠. 그렇게 3개월 정도 다시 알을 낳다가 더는 알을 낳을 수 없게 되면 도축장으로 보내요. 스트레스를 받은 닭들이 서로 쪼는 걸 막기 위해 부리를 잘라요. 닭들이 자연 상태에서는 땅에 있는 먹이를 쪼아 먹으니까 부리는 신경이 굉장히 발달돼 있는 부분이에요. 그런 부분을 그냥 자르는 거예요. 얼마나 아프겠어요. 손톱을 뽑는다고 보면 되는 거죠. 게다가 케이지 안에서 계속 서 있잖아요. 뜬장이라고 하죠. 구멍 숭숭 뚫린 거. 제가 퍼포먼스를 하려고 30분 서 있었는데도 뼈가 부서질 것처럼 너무 아팠어요. 닭들은 평생 그 뜬장 위에서 사니까 얼마나 아프겠어요. 사는 게, 사는 게 아닌 거죠. 닭이 되게 영리하거든요. 백 마리 정도의 닭들이 모여 있을 때 서로가 서로를 다른 개체로 인식한대요. 그 정도로 똑똑한 동물을 그렇게 살다가 죽게 하는 게…"

"전에 치킨 좋아했어요?"

"치킨에 맥주, 정말 좋아했죠. 하지만 이런 걸 알고 나니 먹을 맛이 뚝 떨어지는 거죠."

"사람들이 이 현장을 보면 어떻게 될까요?"

"혼란스럽겠죠. 과연 내가 닭을 먹어도 되나 하는 불편함을 느끼겠죠. 어떤 사람은 생각하기 싫다고 거부할 거고, 어떤 사람은 이런 시스템을 바꾸기 위해 뭔가 실천할 수 있는 게 없을까 고민할 거고. 불편해지는 거예요, 일상이. 저도 매우 불편해요. 이 시스템을 바꾸고 싶어요. 평생의 과제죠."

늦은 점심을 먹으러 식당에 갔다. 평소에는 화학 성분으로 만든 탈취제를 쓰지 않지만 식당에 들어가기 위해서는 어쩔 수 없었다. 편의점에서 탈취제를 사다가 옷에 뿌리고 식당에 들어갔다. 하필 달걀찜이 나왔다. 파와 깨소금이 송송 뿌려진 부드러운 달걀찜.

좋아하는 반찬이었지만 도저히 먹을 수 없었다.

다음 날 또 다른 닭농장을 보았다. 육계, 그러니까 고기용 닭들이 사육되는 양계장이었다. 창문 없는 축사, '무창계사'였다. 햇빛과 바람이 전혀 들지 않는 밀폐된 축사 안에 수천수만 마리 닭들이 가득 차 있었다. 발 디딜 틈이 없었다. 배터리 케이지와 달리 닭들이 바닥을 밟고 움직일 수는 있었지만 밀도가 너무 높았다. 꽉 찬 엘리베이터 같은 상황이었다. 잠시 둘러보고 나오는데 축사 입구에 큰 드럼통이 하나 있었다. 들여다보니, 이미 죽었거나 죽어가는 새끼 닭들이 널브러져 있었다. 상태가 안 좋은 닭을 그런 식으로 솎아내고 있었다. 그들이 이후 어디서 어떻게 처리되는지는 알 수 없었다.

황선미 작가의 원작을 토대로 만든 애니메이션 <마당을 나온 암탉>에서 주인공 암탉 잎싹이가 목만 내밀고 갇혀 살던 곳이 배터리 케이지다. 죽기 전에는 나올 수 없는 곳. 잎싹이는 배터리 케이지를 빠져나오기 위해 죽은 척을 한다. 농장주는 잎싹이를 꺼내 구덩이에 던져버린다. 잎싹이는 그렇게 지옥 같은 배터리 케이지를 빠져나와 자유의 몸이 된다.

닭은 인간과 더불어 수만 년을 진화해오면서, 해충을 잡고 잔반을 말끔히 해결해주고 달걀을 공급해주고 새벽이 왔음을 알려준 고마운 가축이다. 알용, 고기용 닭이 따로 있지 않았다. 그런데 현대의 축산은 알을 목적으로 사육되는 산란계, 고기를 목적으로 사육되는 육계를 개발했다. 국내 산란계의 95%가 배터리 케이지에서 사육된다. 가로세로 50cm의 케이지에 6 ~ 8마리의 닭을 사육하는데 암탉 한 마리에게 주어지는 면적은 A4 용지의 3분의 2밖에 되지 않는다.

배터리 케이지는 1930년대 미국에서 처음 만들어진 것으로 알려져 있다. 한정된 공간에 많은 수의 닭을 사육하고, 닭의 움직임과 사료 섭취량을 줄임으로써 생산성을 극대화시키기 위해 고안됐다. 드라마틱한 생산량 증가는 닭의 고통도 드라마틱하게 늘어났음을 의미한다. 배터리 케이지는 세계로 퍼져나갔고, 한국에는 1970년대에 도입됐다. 대규모 농장, 즉 축산기업이 닭과 달걀 산업을 거머쥐었다. 한국에서 사육되는 산란계는 2006년 5,500만 마리, 2014년 6,400만 마리, 2018년 1분기에 7,132만 4,000마리로 급격히 늘어났다. 대한민국 인구보다 훨씬 더 많은 수의 암탉들이 평생 날개 한번 펴보지 못하고, 땅 한번 밟아보지 못하고, 하늘 한번 보지 못하고 살아간다. 많은 닭들이 골다공증, 닭발 기형, 지방간 출혈 증후군이 생기는 것으로 알려져 있다.

강제환우強制換羽, 즉 강제 털갈이는 최대한 알을 많이 뽑아내기 위해 고안된 방식 중 하나다. 양계 교과서에도 나와 있는 강제 털갈이 방법은 이렇다. 알 낳는 능력이 떨어지면 며칠 동안 물을 주지 않고 이후 며칠은 사료를 주지 않는다. 그 충격으로 암탉의 깃털이 빠지면, 다시 사료를 공급한다. 그러면 암탉은 다시 알을 낳고 이전보다 큰 알을 생산하게 된다. 그렇게 암탉의 생명을 쥐어짜서 생산된 달걀은 '왕란', '특란'으로 가판대에 오른다.

달걀의 불편한 진실은 더 있다. 산란계 농장에서 부화를 시켰을 때 암평아리가 나오면 엄마 닭의 삶을 물려받는다. 수평아리가 태어나면 어떻게 될까? 산란계 농장의 목적은 알 생산이므로 수평아리는 필요가 없다. 한마디로 '잉여 생명'인 것이다. 병아리 감별사에 의해 감별된 수평아리는 태어나자마자 폐기처분된다. 큰 자루에 던져져서 차곡차곡 쌓여 압사되거나, 분쇄기에 던져진다. 수평아리들 중 운 좋은 몇 마리는 시장에 팔리기도 한다. 내가 어릴 적 키웠던 병만이, 병숙이는 구사일생으로 살아남은 수평아리들이었던 것이다.

'치킨'의 삶은 어떨까? 자연스러운 환경에서 닭은 10년 이상 살고, 병아리가 닭이 되기까지 6개월 정도 걸린다. 그런데 우리가 먹는 치킨은 생후 30일밖에 안 된 병아리들이다. 도대체 어떤 마법으로 몸이 급격히 불어나는 것일까? 배터리 케이지에 갇혀 있지는 않지만 축사 하나에서 수천수만 마리가 자신의 배설물 위에서 살아간다. 이것이 국내에서 매일 200만 마리 이상 매해 8억 마리가 소비되는 '치느님'의 삶이다. 어릴 적엔 귀한 음식이었던 달걀이 흔하디흔한 반찬이 되고, 특별한 날에만 먹던 닭고기가 국민간식이 되면서, 우리는 대가를 치르게 되었다.

2014년 초, 고병원성 조류독감이 터졌다. 2016년 11월 중순, 고병원성 조류독감이 또 터졌다. 이 두 번의 전염병으로 정부는 대한민국 인구만큼의 닭과 오리를 살처분했다.

2017년 여름, 살충제 달걀 파동으로 한국 사회가 발칵 뒤집어졌다. 피프로닐, 비펜트린 등의 맹독성 살충제가 달걀에서 검출됐다고 했다. 사람들은 기절초풍했지만 나는 전혀 놀랍지 않았다. 오히려 이제야 그런 문제가 터진 것이 이상할 따름이었다. 사람들은 "어떻게 닭농장에 살충제를 뿌려댈 수 있나"라고 몸서리를 쳤지만, 나는 "어떻게 닭농장에 살충제를 뿌리지 않을 수 있나?"를 물어야 한다고 생각했다. 닭들을 배터리 케이지에 쑤셔 넣어 밀집 사육하면서 진드기와 이, 바이러스가 득실대지 않기를 바랄 수 있을까?

조류독감과 살충제 달걀은 전혀 다른 사안 같지만 원인은 똑같다. 그 둘은 닭의 습성과 복지를 무시한 채 오로지 더 많은 생산을 위해 닭들의 생명을 쥐어짜는 공장식 축산이 만들어낸 샴쌍둥이인 것이다.

그래도 살충제 달걀 사태를 계기로 닭들이 살아가는 열악한 환경이 백일하에 드러났다는 것만은 희망적이다. 이렇게 닭을 키워서는 닭도 사람도 결코 건강할 수 없다는 사실을 정부도 국민도 인식하게 됐다. 이런 계기를 통해서라도 동물의 복지가 인간의 복지와 깊은 관계가 있다는 것을 우리 사회가 인식하게 된 것은 다행이다. 닭을 풀어 키우는 농장들에서는 살충제를 쓸 필요가 없다. 닭들이 날개를 펴고 흙 목욕을 하면서 해충이 자연스럽게 떨어지기 때문이다. (한 동물복지 농장의 달걀에서 DDT가 검출됐지만, 닭에게 뿌린 게 아니라 농장을 운영하기 오래전 땅에 뿌려진 DDT를 닭들이 모이를 쪼면서 섭취하게 된 것으로 판명됐다.)

살충제 달걀로 떠들썩할 때 정부는 축산 패러다임을 점차 '동물복지'로 바꾸겠다고 발표했다. 하지만 구체적인 내용을 보면 배터리 케이지를 없애는 게 아니라 면적만 조금 넓히는 것이고, 정부가 생각하고 있는 개방형 케이지도 밀집 사육의 본질을 벗어나는 건 아니어서 아직 갈 길이 멀다.

이쯤에서 궁금한 것들. 달걀에만 살충제가 있었을까? 치킨은 괜찮은가? 요즘 나오는 달걀에는 독성 살충제가 없을까? 지금도 배터리 케이지에서 닭을 사육하는 수많은 농장들은 어떻게 진드기를 퇴치하고 있을까? 밀집 사육이라는 본질이 달라지지 않는 한 살충제와 살처분으로부터 자유로울 수 있을까? 배터리 케이지에 갇힌 7,200만 잎싹이들이 말한다.

"먼저 우리를 자유롭게 하라. 그러면 너희들도 자유롭게 될 것이다."

햄버거병, 광우병 : 다음 차례는 누구인가

2016년, 아이를 키우는 엄마로서 정말 가슴 아프고 공분하는 사건이 있었다. 최은주 씨는 네 살, 두 살 아이들, 그리고 남편과 함께 맥도날드 매장에 갔다. 아이들은 햄버거와 함께 나오는 장난감을 좋아했다. 작은아이는 아빠와 햄버거를 나눠 먹었고 큰아이는 '해피밀 불고기 버거 세트'를 먹었다. 그날 밤, 큰아이가 심한 복통을 호소했다. 증세는 복통에서 그치지 않고 설사에 혈변으로 이어졌다. 갑자기 상태가 악화되면서 4분간 심장정지 상태까지 갔다. 응급처치 후 생명을 건지기는 했으나, 신장의 90%가 손상됐다. 아이는 배에 뚫은 구멍을 통해 매일 열 시간 복막투석을 해야 살 수 있게 되었다. 평소 건강하고 활기찼던 아이가 햄버거를 먹은 후 장애인이 된 것이다. 진단명은 '용혈성요독증후군**HUS**'이었다. 은주 씨의 사연은 이른바 '햄버거병'으로 불리며 한국 사회에 큰 충격을 주었다.

햄버거병은 신장 기능이 급격히 떨어지고 적혈구와 혈소판이 비정상적으로 줄어드는 치명적인 병이다. 주로 병원성 대장균에 오염된 육류가 발병 원인인데, 대장균에 오염된 물로 재배된 채소를 먹어도 걸릴 수 있다. 특히 5세 미만 영유아에게 치명적이고,

명쾌한 치료법이 없다.

아이의 담당 의사는 병원성 대장균에 오염된 가공육 패티와 소시지를 덜 익혔을 경우, 혹은 조리 기구가 병원성 대장균에 오염됐을 경우 이런 질환이 발생할 수 있다고 했다. 은주 씨는 맥도날드 한국 본사에 조리 과정 확인과 책임을 물었지만, 맥도날드 측은 문제가 없었다는 주장만 되풀이하며 아무런 책임을 지지 않았다. 은주 씨는 맥도날드를 형사 고발했다. 하지만 허망하게도 검찰은 증거 불충분이라며 불기소처분을 내리고 말았다.

은주 씨는 억울함을 호소했다. 병원, 질병관리본부, 식약처 모두 원망스럽기는 마찬가지였다. 사고 당시 이들 중 어느 한 곳도 정밀한 역학조사에 나서지 않았다. 은주 씨의 네 살배기 딸과 같은 증세를 보인 피해 어린이들이 네 명 더 있었다. 이들은 은주 씨와 함께 소송에 동참했다. 하지만 맥도날드 측은 모르쇠로 일관하고 있다. 맥도날드에 무혐의 처분을 했던 검찰은 맥도날드에 패티를 납품하는 M사 임직원을 축산물위생관리법 위반으로 기소했다. O-157 대장균 검사에서 양성 결과가 나온 소고기 패티 63톤과 대장균 오염 우려가 있는 소고기 패티 2,160톤을 판매한 혐의였다. M사 임직원들이 O-157 키트 검사에서 양성반응이 나온 패티 100만 개를 음성으로 나온 것처럼 장부를 조작해 맥도날드에 납품, 유통하고, 증거를 인멸하려 한 정황도 나타났다. 하지만 M사는 모든 혐의를 부인했다. 사고 후 2년이 지난 2018년 9월, 은주 씨는 한국맥도날드와

맥도날드 미국 본사를 상대로 소송을 진행 중이며 한국맥도날드 앞에서 1인 시위를 하고 있다. 은주 씨는 "맥도날드가 잘못을 인정하고 피해자들에게 보상하는 것을 넘어서 제 딸이 겪은 일이 또 반복되지 않도록 정책과 제도가 보완돼야 합니다"라고 강조했다.

은주 씨의 비극은 '판박이'처럼 반복돼온 일이다. 1982년, 미국 오리건주 주민 40명과 미시간주 주민 열 명이 맥도날드에서 햄버거를 먹은 뒤 집단 식중독에 걸렸다. 원인은 장출혈성 대장균이었다. 1993년, 시애틀에 있는 패스트푸드 식당에서 무려 732명이 집단 식중독에 걸렸고 그중 네 명의 어린이가 사망했다. 희생된 여섯 살 소녀 로렌 루돌프의 엄마는 "다음 차례는 누구인가"라는 캠페인을 벌였고 "안전한 식탁이 우리의 최우선**STOP : Safe Table Our Priority**"이라는 시민단체를 만들었다. 로렌 엄마의 노력으로 '식품 안전에 관한 로렌 법'이 제정되었고, O-157 대장균에 오염된 분쇄육의 판매가 중지되었다. 그러나 거대 식품회사들은 변함없이 오염된 분쇄육을 생산했고 식중독 사고는 되풀이됐다. 로버트 컨너 감독의 다큐멘터리 영화 <푸드 주식회사>에도 똑같은 사례가 나온다. 만 두 살의 케빈은 장출혈성 대장균에 오염된 햄버거를 먹고 12일 만에 목숨을 잃었다. 케빈의 엄마는 같은 일이 반복되지 않도록 안전한 음식을 위한 법, 일명 '케빈 법**Kevin's Law**' 제정을 위해 백방으로 뛰어다닌다.

미국질병관리본부는 미국에서 매해 4만 명이 O-157:H7 대장균에 감염되는 것으로 추정하고 있다. (미국에서는 1982년부터 2002년까지 해마다 7만 3,480명이 O-157에 감염됐고, 그중 2,168명이 입원 치료를 받았으며 61명은 신장이 급성으로 망가져 목숨을 잃었다.)《도살장》의 저자 게일 아이스니츠는 "이 수치마저 과소평가된 것인지도 모른다"고 지적한다. 모든 주에서 이 대장균의 발병 사례를 의무적으로 보고하도록 한 것이 아니기 때문이다. 또 대장균이나 살모넬라균으로 인한 대부분의 사망이 박테리아 침투로 발생한 2차 질환인 심장마비나 폐 기능 정지, 혹은 뇌졸중 같은 질환으로 사망한 것으로 잘못 알려져 있다. 식품의 병원균에 감염된 사례는 사망 진단서에 거의 나오지 않기 때문에 질병관리본부에 보고된 사례도 극히 제한되어 있다.

그렇다면 어째서 이렇게 많은 음식이 대장균에 오염되는 것일까? 햄버거는 왜 더 문제가 될까?

대장균E.Coli은 인간과 오랜 세월을 함께해왔다. 현재 사람의 몸과 대장균은 공생관계를 이루고 있다. 문제는 대장균이 병원성 대장균으로 변한 데 있다. 소와 돼지는 배설물을 묻힌 채 도축장에 온다. 시간당 수백 마리를 도축하는 과정에서 배설물이 고기에 섞이지 않기란 거의 불가능하다. 햄버거 패티 등 분쇄육이 특히 위험한 이유는 수많은 동물들의 사체를 분쇄하고 섞어서 하나의 패티를 만들기 때문이다. 즉, 한 마리가 오염되면 수백 개의 패티가 오염될 수 있다.

옥수수가 햄버거병의 원인이라는 연구도 있다. 대체 무슨 소리일까? 카길, 몬산토 등 거대 곡물회사에서 유전자조작 옥수수를 대량으로 생산해내고, 이것이 가축 사료가 된다. 곡물 산업과 축산은 떼려야 뗄 수 없는 관계다. 싼 옥수수 사료의 대량생산은 싼 고기의 대량생산을 이끌었다. 《잡식동물의 딜레마》의 저자인 마이클 폴란은 영화 <푸드 주식회사>에서 이렇게 설명한다.

평균적인 미국인 한 명은 1년에 200파운드(90.7kg)의 고기를 먹죠. 싼 사료를 먹이지 않는다면 불가능한 일입니다. 소들은 옥수수를 먹도록 진화되지 않았어요. 풀을 먹도록 진화한 동물이죠. 옥수수를 먹이는 유일한 이유는 옥수수가 싸기 때문이고, 또 옥수수가 소를 빨리 살찌우기 때문이죠.

아이오와 주립대학교 동물 영양학자 알렌 트렝클은 <푸드 주식회사>에서 옥수수 사료와 햄버거병의 연관성을 설명한다.

옥수수가 많이 포함된 사료 때문에 대장균이 산성에 내성을 갖게 된다는 연구가 있어요. 기존의 대장균이 더 해로운 대장균으로 변하는 거죠.

이 과정에서 대장균의 돌연변이가 일어나 병원성 대장균이 발생하고 햄버거병이 만연하게 된 것이다.

은주 씨가 맥도날드를 상대로 힘겨운 소송을 진행하고 햄버거병이 사회적으로 큰 공분과 논란을 일으키는 와중에도 한국맥도날드 대표는 2017년 '식품 안전의 날'을 맞아 식약처(식품의약품안전처)장 표창을 받았다. 기시감이 느껴진다. 식약처를 믿고 가습기 살균제를 구입했다가 희생된 아기들과 부모들의 이야기, 옥시 등 대기업을 상대로 힘겹게 싸워야 했던 사람들….

이제 햄버거를 먹는 것은 '러시안 룰렛 게임'을 하는 것과 같다. 다음 차례는 누구일까? 누가 걸릴지, 언제 걸릴지 알 수 없다는 점에서, 또 다른 러시안 룰렛 게임이 있으니 바로 광우병이다.

2008년, 당시 이명박 정부는 광우병 위험이 높은 미국산 소고기 수입을 재개했다. 2003년 미국 내 광우병이 확인되면서 수입이 전면 금지됐던 미국산 소고기를 다시 수입하기로 결정한 정권에 시민들은 분노했다. 소에게 소나 다른 동물의 사체를 먹이고, 그 때문에 소가 광우병에 걸리고, 그 소를 먹은 사람이 인간광우병에 걸려 뇌에 스폰지처럼 구멍이 생기고 죽는다는 건 어떤 공포영화보다 무서운 현실이었다. '인간광우병'을 일으키는 프리온 단백질은 물에 끓여도 없어지지 않고 단 0.1g이라도 섭취하면 감염된다고 했다. 미국산 소고기가 들어오면 햄버거에, 스테이크에, 한식

점 불고기에, 피자의 토핑으로 올라가는 다진 고기에, 떡국에, 온갖 음식에 들어갈 터였다. 엄마들은 유모차를 끌고 나와 촛불 시위에 동참했고 중학생들도 "15년밖에 못 살았어요", "명대로 살고 싶어요"라며 촛불을 들었다. 수백만 촛불이 광화문 광장을 밝혔다.

하지만 국민적 저항을 무시하고 이명박 정부는 수입을 강행했다. 정부는 "30개월 미만 소에 한하여 수입하므로 안심하고 미국산 소고기를 먹어도 된다"고 했다. 그러나 30개월 미만 소는 절대로 광우병에 걸리지 않는다는 보장이 있을까? 수입되는 소고기가 30개월 미만 소라는 것을 어떻게 확신할 수 있는가? 척추와 뼈, 내장 등 광우병 특정 위험물질SRMs이 더 많이 포함된 부위는 수입하지 않으니 안심하라는데, 몇 초에 한 마리씩 죽이는 도살장에서 뼈 조각이 전혀 섞이지 않을 수 있을까? 실제로 미국 소고기에서 특정 위험물질이 발견되어 전량 리콜되는 경우가 종종 있다.

당시 미국산 소고기의 위험성을 알게 된 국민들은 수입이 재개됐어도 선뜻 사 먹지 않았다. 하지만 한미 자유무역협정FTA 발효로 미국산 소고기 수입이 급증했다. 2017년 미국산 소고기 수입량은 17만 톤을 훌쩍 넘어 수입 소고기 시장에서 1위에 올랐다. 금액으로는 1조 3,000억 원에 달한다.

국내에서 '인간광우병'과 밀접한 연관이 있는 '프리온 질환(크로이츠펠트야콥병Creutzfeldt-Jakob disease, CJD)' 의심 환자가 급증하고 있다. 지난 2005년에는 15명, 2006년 19명이었는데, 이후 급증하여 2016년엔 289명, 2017년엔 328명으로 사상 최고치를 기록했다. 묘하게도 이 증가 추이는, 2008년 이명박 정부가 미국산 소고기 수입을 재개한 이후 미국산 소고기 수입량이 급증한 추이와 비슷하다. 인간광우병 의심 환자가 증가하고 있지만 주위에서 보기 어려운 것은, 잠복 기간이 수년 이상으로 길고 확진이 어렵기 때문이다. 뇌 조직 검사를 통해서만 확진이 가능하다. 또 사망했을 경우엔 부검을 통해서만 정확한 사인 분석이 가능하다.

인간광우병 증상은 치매와 유사하다. 미국에서 알츠하이머(치매) 환자가 급증하고 있는데 전문가들은 이 중 상당수를 인간광우병(변종 크로이츠펠트야콥병variant Creutzfeldt-Jakob disease, vCJD) 환자로 추정하고 있다. 한국도 최근 치매가 급증하고 있다. 특히 '젊은 치매'가 늘고 있다. 9년 사이에 50대 치매 환자가 2.4배 늘었고 40대 치매 환자도 같은 기간에 1.5배 늘었다. 알코올, 환경오염 등 여러 원인이 있겠지만, 미국산 소고기 수입이 가파르게 증가하는 것과 무관할까?

2008년 광우병 촛불행동 당시, 나도 하나의 촛불을 밝혔다. 위험한 고기를 먹고 싶지 않다는 외침도 있었지만, 그보다 더 근본적으로 초식동물인 소에게 동물의 사체를 갈아 먹이는 자본주의의 잔인함과 괴이함에 저항하고 싶었다. 나는 거대한 촛불집회 속에 하나의 촛불로 함께하면서도 '미친 소'라는 문구나 그림을 접할 때면 마음이 불편했다. 미친 건 소가 아니라 이윤을 위해 초식동물에게 동물성 사료를 먹인 축산 자본이고, 국제 자본의 논리에 따라 국민의 생명권을 팔아넘긴 한국 정권이었기 때문이다. 누가 걸릴지 모르는 러시안 룰렛을 멈추는 방법은 단 하나, 생명을 생명으로 대우하는 것이다.

바이러스 시대의 육아

초등학생이 된 아들은 요즘 《살아남기》 만화책에 푹 빠져 있다. 조금씩 개정되고 추가되는 이 시리즈의 제목을 쭉 훑어보다가 어떤 사실을 알게 됐다. 처음 이 책이 나왔을 때는 《사막에서 살아남기》,《열대우림에서 살아남기》,《갯벌에서 살아남기》,《빙하에서 살아남기》 같은 시리즈로 시작됐는데, 몇 년 전부터 《방사능에서 살아남기》,《기후변화에서 살아남기》,《미세먼지에서 살아남기》,《바이러스에서 살아남기》,《로봇 세계에서 살아남기》 등이 추가됐다. 그러니까 전에는 사막이나 열대우림, 갯벌, 빙하 같은 자연 조건에서 살아남는 것이 아이들에게 모험과 탐험의 대상이었다면, 이제는 수백만 년간 지구에 존속하던 갯벌, 빙하, 열대우림 같은 자연환경은 급격히 사라지고 전에 없던 바이러스, 기후변화, 미세먼지, 방사능, 인공지능 같은 것에서 살아남기가 더 현실적인 문제가 된 것이다. 환경오염이 심각해지면서 아이들은 쓰레기에서도 살아남아야 하고, 미세 플라스틱, 환경호르몬, 물 부족에서도 살아남아야 한다. 아이들을 키우기도, 아이들이 살아가기도, 참 쉽지 않다. 아이들에게 '무엇무엇에서 살아남기'의 무거운 짐을 하나라도 덜어주려면, 어른들은 아이들의 생명을 앗아가는 그 '무엇무엇'들을 어

떻게 줄일 것인가, 그러려면 우리 사회가 어떻게 달라져야 하는가
를 더 치열하게 고민해야 할 것 같다.

　요즘 나의 화두 중 하나는 '인공지능 시대에 아이를 어떻게 키
울 것인가?'이다. 기존에 중요했던 많은 기술들을 앞으로는 인공지
능이 대신할 것이고, 여러 직업이 사라질 것이다. 물론 새로운 직업
도 생겨날 것이다. 인공지능과 함께 살아갈 우리 아이들에게는 경
쟁, 맹목적 성장, 소비보다는 협동, 공감능력, 생태 감수성, 버려지
는 것들을 새롭게 업사이클링하는 능력, 자급자족, 적정기술, 일상
의 예술 이런 가치들이 더 중요해질 거라 생각한다. 이런 생각을 하
는 한편 '바이러스 시대에 어떻게 아이를 키울 것인가?'는 나의 또
다른 화두이다. 지금 우리는 두 개의 'AI'가 지배하는 시대를 살고
있다. 인공지능**Artificial Intelligence**, 그리고 조류독감(조류 인플루엔자
Avian Influenza). 2016년 알파고와 이세돌 9단의 격돌이 있었다. 그리
고 같은 해 2,000만 마리가 넘는 닭, 오리가 살처분됐다. 인공지능
이 인간지능과 겨루고 우주를 탐험하는 시대에, 인류는 눈에 보이
지도 않는 작디작은 바이러스 하나 이기지 못해 중세 시대 흑사병
에 준하는 난리를 겪고 있다.

　돌이켜보니 아들 도영이가 태어난 2009년 이후 우리 가족은
거의 매년 직간접적으로 전염병의 피해를 입었다. 2009년, 2010
년, 2011년, 2014년, 2015년, 2016년, 그때그때 대응하며 어찌어찌

살아왔는데, 새삼 정말 전염병이 창궐하는 시대에 아이를 키우고 있구나 하는 생각이 든다.

2009년, 아이가 태어난 해. 한참 육아에 전념하고 있을 때, 처음 들어보는 인플루엔자가 세계를 휩쓸었다. 엄마가 된 것도 처음이었지만 그런 무서운 인플루엔자를 들어본 것도 생애 처음이었다. 대규모 양돈농장의 돼지독감 바이러스가 사람에게 전이됐다고 했다. 처음에는 언론에서 '돼지독감swine flu'이라고 부르더니 어느 순간 '신종플루'라고 부르기 시작했다. 겨울마다 유행하는 독감과는 어쩐지 다른 것 같았다. 하지만 먼 나라 이야기라고 생각했다. 내가 당사자가 될 거라고는 꿈에도 생각지 못했다.

조금씩 사태가 심각해졌다. 발병지인 멕시코에서 사망자가 150명을 넘어서고 순식간에 미국, 유럽으로 감염이 확산되면서 세계는 공황상태에 빠졌다. 기침을 통해 급속도로 전파되는 신종플루는 갑작스런 고열, 두통, 근육통 등을 일으키고 특히 어린이, 면역력이 약한 사람에게 치명적이라 했다. 2009년 5월, 한국에서 환자가 나왔다. 감염 의심 환자 16명, 그중 확진된 환자 3명. 다행히 모두 가벼운 증상만 보인 뒤 완치됐다. 그러더니 7월 한 달 동안 감염자 수가 순식간에 2,000명을 넘어섰다. 아기를 키우며 뉴스를 통해 소식을 접하던 나는 섬뜩한 느낌이 들었다. 8월 15일, 국내 첫 사망자가 발생했다. 이후 감염자와 사망자가 늘어났다. 대부분 고

연령자였지만 어린이, 20대 여성도 포함되어 있었다. 10월에는 초등학생까지 사망했다. 휴교하는 학교가 늘어나고 11월 3일 신종플루의 전염병 단계가 '심각'으로 상향 조정되었다. 아기를 키우는 엄마들은 공포에 휩싸였다. 나는 육아에만 전념했기 때문에 사람 많은 곳에 갈 일이 거의 없었고, 아기와 접촉하는 사람은 나와 남편, 그리고 친정어머니가 전부였다. 우리는 평소보다 손을 더 열심히 씻고 혹시라도 모를 감염에 철저히 대비했다.

그런데 며칠 뒤 도영이가 열이 났다. 체온이 순식간에 39도를 넘어섰다. 하필 늦은 밤이어서 문을 연 소아과도 없었다. 눈앞이 캄캄했다. 종합병원 응급실로 아기를 안고 달려갔다. 검사 결과 신종플루라고 했다. 외부와 직접적인 접촉도 없었고 식구들이 그렇게 조심했는데 신종플루 감염이라니, 믿을 수 없는 결과였다. 도영이는 겨우 생후 11개월이었다. 혹시라도 아기가 잘못될까 눈물이 하염없이 흘렀다. 처방 받은 타미플루를 먹였다. 아기가 바이러스를 이겨낼 수 있을까, 효과가 없으면 어쩌지, 독한 약일 텐데 후유증은 없을까, 온갖 걱정이 밀려왔다. 다행히 열이 떨어지기 시작했고, 며칠 만에 아기는 신종플루를 이겨냈다. 나는 세상의 모든 신들에게 감사했다.

'신종플루', 그러니까 '돼지독감'은 214개국 이상에서 확진 환자가 나왔고 2009년 4월부터 전염병이 종료된 2010년 8월까지 전세계적으로 18,500명의 사람을 희생시켰다. 국내에서도 2010년 6

월 12일까지 263명이 사망했다.

두 번째 전염병은 도영이가 두 돌을 앞둔 2010년 11월에 터졌다. TV에서 구제역 뉴스가 나오기 시작했다. 경북에서 시작된 구제역은 걷잡을 수 없이 퍼졌고 총 350만 마리의 소, 돼지가 땅에 묻혔다. 워낙 구제역이 심각해서 조류독감은 크게 보도되지 않았지만, 설상가상으로 고병원성 조류독감도 같이 돌았고 닭, 오리 650만 마리가 살처분됐다. 그러니까 소, 돼지, 닭, 오리를 합해서 1,000만, 서울 인구만큼의 생명이 매장된 것이다. 지금 무슨 일이 벌어지고 있는 거지? 정신이 번쩍 들었다. 나는 <잡식가족의 딜레마> 제작을 시작했다.

나의 육아기에 기록된 세 번째 전염병은 2014년 초의 조류독감이었다. 축사의 닭, 오리뿐 아니라 야생에서도 바이러스로 죽은 새들이 발견됐다. 남편이 환경부로 긴급 파견되었다. 고병원성 조류독감이 야생 새에게 미치는 영향을 파악하고 대처하기 위해 야생동물 수의사가 필요했던 것이다. 겨울철 전 세계의 가창오리가 한국에 오는데 이들은 수십만 마리가 한 장소에 머문다. 이를테면 몇 마리가 조류독감에 걸려 무리로 퍼지면 종의 생존 자체가 영향을 받는 최악의 시나리오도 배제할 수 없었다. 며칠이면 오겠다던 남편은 몇 주가 지나도 몇 달이 지나도 오지 않았고, 겨울이 다 가도록 조류독감은 수그러들 기미가 보이지 않았다.

한참 <잡식가족의 딜레마>를 제작 중이었던 나는 남편의 안부도 묻고 주인공 인터뷰도 할 겸 세종시로 찾아갔다. 자정이 다 되어가는 시간에도 남편은 사무실에서 일하고 있었다. 잠깐 빠져나와 임시 숙소인 원룸 벽에 기댄 그는 카메라 앞에서도 연신 하품을 해댔다. 남편을 고생시키는 조류독감이 원망스러웠다.

"어쨌든 바이러스가 변이할 가능성이 존재하니 무서워하는 거지. 조류 바이러스와 돼지 바이러스가 만났을 때 무서운 일이 일어날 수 있지. 지금 우리나라에 있는 조류독감 바이러스 H5N8과 중국에서 발생하고 있는 H7N9이 조합되면 최악의 상황으로 갈 수가 있어요. 예를 들어서 지금 발생하고 있는 H5N8과 2010년도에 발생했던 신종플루, 그러니까 돼지독감이 재수 없는 형태로 조합되면, 팬데믹**pandemic**(세계적 규모의 전염병 대유행)으로 갈 수도 있는 가능성 때문에 무서워하는 거지."

개인적으로 조심한다고 막을 수 있는 게 아니라는 걸 신종플루 때 몸소 알아버린 나는, 바이러스의 변이가 불러올 재난이 진심으로 우려됐다.

"무서워."

"무서울 게 있나. 사람은 누구나 죽는 건데 뭘." 남편이 초연하게 말했다.

"우린 아이가 있잖아."

"흠…." 그는 벽에 기댄 채 숨을 내쉬었다.

남편을 인터뷰하고 돌아오는 밤길, 곳곳의 방역 초소에서 하얀 소독약을 뿌려댔다. SF 영화의 한 장면 속에 살고 있는 것 같았다. 남편은 조류독감으로 인한 비상근무에 지쳐가고 있었고, 남편이 없는 동안 혼자 아이를 돌봐야 하는 나도, 아빠 없는 긴 겨울방학을 보내야 하는 아이도 힘든 건 마찬가지였다. 조류독감은 부지불식간에 나의 일상 깊숙이 들어와 있었다. 자려고 누웠는데 도영이가 문득 물었다.

"엄마, 아빠 왜 안 와?"

"요즘 되게 무서운 바이러스가… 세균 같은 거 있지? 바이러스가 퍼져서 야생 새들이 죽어서 아빠가 그 새들 살리려고 집에도 못 오고 일하는 거야. 도영이, 아빠 보고 싶어?"

"응."

"바이러스가 사람한테도 옮을 수 있대. 그러니까 도영이 손 잘 씻어야 돼. 알았지?"

"응. 엄마, 그 바이러스 대장도 있어? 대장?"

"응. 무섭지. 눈에 보이지도 않는데…."

'대장 바이러스'가 문 앞을 서성이고 있는 듯했다. 라디오에선 섬뜩한 뉴스들이 흘러나왔다.

"상하이에서는 젊은 의사까지 숨지는 등 이미 여덟 명이나 목숨을 잃어 불안감이 커지고 있습니다." "AI로 죽은 중국인 세 명에게 얻은 바이러스를 분석한 결과, 새로운 바이러스라는 사실이 확인됐습니다."

2015년, 이번엔 메르스, 즉 '중동 호흡기 증후군**Middle East Respiratory Syndrome**'이었다. 도영은 아직 유치원생이었다. 엄마가 된 후 네 번째로 겪는 전염병이었다. 정확한 원인은 밝혀지지 않았지만 이번엔 낙타에게서 온 바이러스일 거라고 했다. 호흡만으로도 전염될 수 있는, 감염률이 대단히 높은 전염병이었다. 걸리면 급성호흡기 질환을 앓고 치사율도 높다고 했다. 엄마들은 또다시 패닉에 빠졌다. 보건 당국은 메르스의 감염률이 높지 않다고 했지만, 2015년 5월 20일 메르스 첫 확진자가 나온 지 한 달도 되지 않아 감염자가 100명을 넘어섰다. 조류독감 때처럼 정부의 무능력으로 '골든 타임'을 놓친 결과였다. 사망자가 계속 나온 것은 물론, 세계적으로 유례가 없던 10대 환자와 임신부 감염자까지 발생했다. 학교는 휴교령을 내리고 극장은 텅텅 비고 사람들은 악수를 꺼렸다. 메르스는 38명의 사망자를 내고 217일 만에 종식됐다.

2016년, 도영이가 초등학교 1학년이 됐다. 내가 어릴 때는 듣도 보도 못했던 조류독감이라는 전염병은 언제부터인가 연례행사가 되어버렸다. 아니나 다를까 2016년 11월 중순, 또다시 고병원성 조류독감이 터졌다. 충북 음성, 전남 해남에서 시작된 이번 조류독감은 번지는 추이가 예사롭지 않았다. 남편은 또다시 환경부의 긴

급 대응팀에 파견됐고 다음 해 봄까지 비상근무를 했다. 조류독감 때문에 우리 가족은 또다시 이산가족이 됐다. 가족 구성원 모두, 삶의 질이 좋을 리가 없었다.

2016년 말은 박근혜 정권 퇴진 정국까지 겹쳐 정상적인 대처가 이루어지지 못했다. 발생 한 달 만에 무려 2,000만 마리의 닭, 오리가 살처분됐고, 다음 해 2017년 4월까지 3,787만 마리의 닭, 오리가 살처분됐다. 겨우 종식된 조류독감은 그해 6월 다시 시작됐고 20만 마리의 가금류가 살처분됐다. 그러니까 2016년 말부터 2017년 상반기까지 반년 동안, 남한 인구의 5분의 4에 해당하는 3,800만 마리의 생명이 땅에 매장된 것이다. 역대 최단기간 최대 살상이었다. 그렇지만 몇 백만 마리를 묻고, 몇 천만 마리가 살처분됐다는 사실에 사람들은 이제 더 이상 놀라지 않는 듯했다. 바이러스보다 더 무서운 건 바로 이 무감각이다.

여기까지가 나의 전염병 일기다. 몇 번의 전염병을 겪으며 나는 닭, 오리, 돼지 들과 내가 하나의 끈으로 팽팽히 연결된 운명 공동체임을 깨달았다. 끈의 저쪽이 흔들리면 그 진동이 내게도 전해졌다. 저들이 병들면 나도 아팠다.

2015년 2월, 영화제 참석차 집을 나섰다. 인천국제공항에는 구제역과 AI가 심각하니 검역에 협조해달라는 안내 방송이 울려 퍼졌다. 독일행 비행기를 탔다. 승무원이 바이러스 전파를 막기 위해서라며 스프레이 방역제를 뿌렸다. TV에 '구제역과 조류독감 확산',

'방역 안간힘', '고향 방문 자제' 뉴스가 흘렀다. 가축 전염병 때문에 고향도 마음 편히 못 가고, 좋은 기운으로 새해를 시작해야 하는 설을 살처분으로 시작하다니. 가축 전염병은 이제 축산업만의 문제가 아니라 우리의 일상에 구석구석 영향을 미치고 있다.

인류 역사상 최악의 팬데믹은 스페인 독감이었다. 1918년 처음 발생해 2년 동안 전 세계에서 2,500~5,000만 명의 목숨을 앗아간 스페인 독감은 14세기 흑사병을 능가한 최악의 전염병이었다. 인플루엔자 A형 바이러스의 한 종류인 H1N1 바이러스가 원인이었다. 21세기 전염병 전문가들이 가장 우려하는 상황은 조류독감 바이러스와 돼지독감 바이러스가 만나서 "재수 없는 형태로" 조합이 이루어지는 상황이다. 언제든 가능한 이 조합이 현실이 되면 그 파괴력은 스페인 독감 때보다 훨씬 더 강할지도 모른다. 왜냐하면 전 세계 구석구석 연결된 비행기와 수많은 여행자와 물류를 타고 바이러스가 빛의 속도로 전파될 수 있기 때문이다.

'신종플루'의 원래 병명은 '돼지독감'이었다. 2009년 2월, 멕시코 동부의 라글로리아 지역에서 집단 발열 증상이 발생했다. 보건 당국이 검사해보니 주민 1,800명 중 60%가량이 독감에 감염돼 있었다. 라글로리아 마을 근처에는 세계 최대 양돈기업인 스미스필드의 가공 공장이 있었다. 과학자들은 문제의 바이러스 유전자분석을 통해 이것이 돼지독감 바이러스임을 확인했다. 즉, 돼지를 밀집 사육하는 공장식 축산에서 발생한 바이러스가 사람에게 전이된 것이다. 그런데 돼지독감으로 불리던 이 전염병은 어느 순간 이름이 오락가락하게 된다. 미국 축산업계와 농무부 등에서 소비자들이 돼지고기를 기피하여 가격이 폭락할 수 있다는 이유로 명칭을 변경해달라고 요구한 것이다. 한국 정부 내에서도 갈등이 있었다. 보건복지부는 '돼지 인플루엔자'라고 불렀고, 농식품부는 '멕시코 플루'라고 명칭을 바꾸었다. 마침내 세계보건기구 **WHO**는 돼지 인플루엔자라는 명칭을 '인플루엔자 A'로 바꿨다. 눈치를 보던 한국 정부도 '신종플루'로 명칭을 바꾸었다. 신종플루라는 명칭은 어폐가 있다. 바이러스는 끊임없이 돌연변이를 일으키기 때문에 언제든지 신종, 즉 새로운 인플루엔자가 유행할 수 있다. 돼지독감을 신종플루라고 하면, 다음에 등장하는 또 다른 인플루엔자는 '진짜 신종플루'라고 하고 그다음에 등장하는 인플루엔자는 '진짜 진짜 신종플루'라고 해야 할까?

조류독감도 마찬가지다. 원래 '고병원성 조류독감'으로 불리던 전염병은 어느 순간 AI로 불리고 있다. AI는 조류독감의 영어인 'Avian Influenza'의 첫 글자를 딴 약자다. 누구나 쉽게 이해할 수 있는 한국어를 놔두고 굳이 인공지능과 혼돈되는 AI로 명칭을 변경한 이유가 뭘까? '고병원성 조류독감'이라는 표현으로 닭고기 소비가 위축될 것을 염려하는 업계의 요구 때문이다. (나는 2018년 국회 살처분 토론회에 참석했다가 한 양계업자가 국회의원에게 "조류독감이라

하지 말고 AI로 표현하라"고 대놓고 요구하는 것을 보기도 했다.) 돼지독감을 돼지독감이라 부르지 못하고, 조류독감을 조류독감이라 부르지 못하는 시대. 하지만 병명을 바꾼다고 그 원인이 감춰질까?

바이러스의 마르지 않는 저수지

아들이 어린이집에 다닐 때, 동물 체험 프로그램이 있었다. 한 달에 한 번 업체에서 갖가지 동물들을 데리고 와서 만져보게 하고 사진을 찍는 프로그램이었다. 업체는 어린이집에 이구아나, 뱀, 타조, 심지어 반달가슴곰 새끼까지 데리고 왔다. 50명쯤 되는 아이들이 돌아가며 동물을 만지고 안고 사진을 찍는 모습을 상상해봤다. 한 아이가 동물을 느낄 수 있는 시간은 고작 20~30초 정도밖에 되지 않을 것 같았다. 투명한 플라스틱 상자에 담겨 온 동물을 보는 것이 그 동물의 생태에 대해 무엇을 알려줄 수 있을까? 동물을 만진 손으로 간식도 먹을 텐데, 감염 위험은 없을까? 이 업체는 어디서 이런 동물들을 다 번식시키고 사육할까? 동물들이 스트레스로 죽지는 않을까? 이런저런 의문이 들었다. 나는 업체에 전화를 했고 몇 가지 사실들을 알게 되었다.

"어린이집과 유치원에 데리고 가는 동물들은 주로 새끼들입니다. 새끼들이 아무래도 더 귀엽고 공격성도 떨어지니까요. 저희는 굉장히 다양한 동물들을 보유하고 있습니다. 타조도 세 마리가 있었는데 두 마리는 죽고 한 마리 남았네요."

업체 대표는 타조 새끼가 두 마리나 죽었다는 걸 아무렇지 않게 말했다. 충격을 감추고 이유를 물었지만 대답은 신통치 않았다. 통화 후 곰곰이 생각해보았다. 이 어린 동물들이 하루에 한 교육기관만 갈까? 적게 잡아 하루에 한 곳만 간다 치더라도 하루 수백 명의 아이들이 어린 동물들을 만질 것이고 일주일이면 천 명이 넘는 사람 손이 이 어린 동물을 이리 만지고 저리 만지는 것이다. 타조뿐 아니라 많은 동물들이 죽어나갈 것 같았다.

아이들도 위험에 노출된다. 미국에서는 10㎝ 이하 거북의 판매가 금지되었다. 거북을 입에 넣어 어린이가 죽었기 때문이다. 거북, 뱀, 도마뱀 같은 파충류는 살모넬라균을 갖고 있고, 조류에게는 사람에게도 옮을 수 있는 조류독감 바이러스의 위험이 있다. 업체에서 이용하는 동물 중엔 놀랍게도 과일박쥐도 있었다. 박쥐는 에볼라, 메르스를 일으킨 바이러스의 숙주 동물로 추정되고 있다. 라쿤은 인수공통질병인 광견병의 보균체이며 북미너구리회충 병원체의 숙주다. 모두 치명적이다. 그런데도 수많은 보육기관에서 아이들이 온갖 동물을 만나고 만진다. 많은 아이들이 한 공간에서 지내기에 질병 전파의 위험도 크다.

몇 년 전부터 어린이집, 유치원, 학교 등을 돌아다니며 이색 동물들을 보여주는 이동식 동물원, 동물을 만지고 함께 사진을 찍는 페팅 주petting zoo, 놀이시설과 동물 만지기 체험을 겸한 페팅 실내놀이터, 이색 동물이 있는 동물 카페 등이 법의 사각지대를 틈

타 우후죽순 난립하고 있다. 라쿤, 북극여우, 사막여우, 스컹크, 아르마딜로, 프레리도그, 왈라비, 각종 뱀, 거북. 이들은 가축도 아니고 반려동물도 아닌 야생동물이다. 이 야생동물들은 어떤 경로로 한국에 들어올까? 이동식 동물 체험 수업을 하는 한 업자는 태국에서 멸종 위기에 놓인 늘보원숭이, 게잡이원숭이, 샴악어 등을 구입, 2014년 인천국제공항을 통해 밀반입하다 적발됐다. 슬쩍 만져본 라쿤, 잠시 목에 걸어본 뱀을 통해 무엇을 교감한단 말인가? '동물 체험'이 아닌 '동물 학대 체험'이라 해야 정확할 이 경험에서 아이들은 무얼 배울까? 나의 몸은 누군가의 '체험 도구'가 될 수 없다. 동물도 마찬가지다. 악어에 대해 알고 싶다면 자연 다큐멘터리를 보면 된다. 야생동물이 궁금하다면 숲과 강가에 찍힌 너구리, 삵, 고라니 발자국을 찾아볼 수 있다. 인스턴트식품처럼 야생동물을 소비하는 문화가 도처에 깔려 있다. 거기에는 짙은 녹음도 없고, 산들거리는 바람의 냄새도 없다. 그저 비즈니스가 있을 뿐이다.

야생동물과 인간은 일정한 거리를 유지해야 한다. 그래야 서로 건강할 수 있다. 그러나 인간의 욕망과 자본주의가 이 거리를 자꾸 좁히고 있다. 그 결과 인류는 큰 대가를 치르고 있다. 세계적으로 수많은 희생자를 낸 에볼라, 사스, 그리고 에이즈의 공통점은 '인수공통전염병', 즉 사람과 동물이 공통으로 걸리는 전염병이라는 점이다. 많은 질병들은 '종간 장벽'이라는 것이 있어서 인간이 걸리는 질병과 여우가 걸리는 질병이 따로 있다. 그런데 지난 수십 년간 진행된 막대한 생태계 파괴로 이 종간 장벽이 무너지고 전에 없던 많은 인수공통전염병이 발생하고 있다. 지난 10년간 새로 생겨난 질병의 75%는 인수공통전염병이었다.

2002년에 8개월간 30개국에서 8,100여 명의 환자가 발생하고 755명이 숨진 중증 급성 호흡기 증후군 '사스'의 원인은 변종 코로나 바이러스로, 야생 사향고양이의 몸에 살던 바이러스가 돌연변이를 일으켜 사람에게 치명적인 질병을 일으킨 경우다. 야생동물을 식용으로 거래하는 중국 광둥성의 한 시장에서 거래되는 사향고양이, 너구리, 흰족제비 등에서 코로나 바이러스를 채취해 사스 바이러스와 비교한 결과 유전적으로 99.8% 동일하게 나타났다. 야생동물을 식용으로 이용한 인간의 욕망이 사스의 원인이었음이 밝혀진 것이다. '중동판 사스'로 불리는 메르스 역시 코로나 바이러스의 한 종류이다. 원인으로 낙타가 지목되지만, 낙타에게 바이러스를 옮긴 것은 박쥐라는 연구도 있다. 서식지가 파괴되어 먹을 것을 찾으러 인간의 마을까지 접근한 박쥐가 낙타에게 바이러스를 옮겼을 가능성이 있다. 에이즈는 원숭이나 침팬지를 사냥해 먹는 과정에서 바이러스에 감염되어 시작됐다고 알려져 있다. 아프리카를 중심으로 수십만 명을 죽인 무시무시한 에볼라 역시, 감염된 원숭이나 과일박쥐와 접촉하여 옮는 것으로 추정된다. 인간이 에볼라 바이러스에 감염되면, 이후 사람 대 사람 감염이 가능하다.

의학 인류학자들은 인류가 경험한 질병을 크게 세 가지 시기로 나눠 이야기한다. 첫 번째 시기는 야생동물을 가축화한 1만 년 전. 야생에서 살던 동물들을 소유하고 길들이기 시작하면서 질병도 같이 들어왔다. 소와 양을 가축화할 때 홍역 바이러스가, 야생돼지를 가축화할 때 백일해가, 낙타를 가축화할 때 천연두가 같이 들어왔다고 알려져 있다. 닭을 가축화하면서 장티푸스를 얻었고, 오리를 가축화하면서 독감에 걸렸고, 나병은 물소에게서, 일반 감기는 말에게서 왔다고 한다.

재레드 다이아몬드는 명저《총, 균, 쇠 Guns, Germs, and Steel》에서 묻고 있다. 북아메리카 대륙에 도착한 유럽인은 원주민의 질병에 걸리지 않았는데 어째서 유럽인의 질병으로 원주민 95%가 죽었는가? 북아메리카 원주민은 야생동물을 사육하지 않았다. 즉, 유럽인이 아메리카 대륙에 도착하기 전에 가축화된 버펄로는 없었고 따라서 홍역도 없었다. 돼지가 없으니까 백일해도 없었고, 닭이 없으니까 장티푸스도 없었다. 반면 유럽인은 야생동물 가축화로 이런 질병들을 일찌감치 경험했고, 아메리카 대륙을 침략하면서 무방비 상태의 원주민에게 이 질병들을 퍼뜨렸다.

두 번째로 찾아온 인류 질병의 큰 시기는 18세기와 19세기 산업혁명으로 시작됐다. 당뇨, 비만, 심장병, 암 등 '문명의 질병'이라 불리는 질병들이 만연했다. 하지만 적어도 전염병만큼은 20세기 중반에 끝났다고 생각했다. 페니실린 덕분이다. 소아마비와 천연두를 박멸했다. 전염병을 상대로 한 전쟁에서 승리한 것처럼 보였다.

그러나 전염병 추세는 최근 다시 반전된다. 1975년 즈음 전염병으로 죽는 사람의 수가 다시 증가한다. 과거의 전염병과는 또 다른 전염병이었다. 30년 만에 30개 이상의 새로운 바이러스가 발견됐다. 미국의학연구소는 이를 '미생물 위협의 대재앙'이라고 부른다. 우리는 불과 30여 년 전에 시작된, 인류 질병의 3기 시대를 맞고 있다. 무엇 때문에 이 시대를 맞게 된 것일까?

21세기 전염병의 원인을 파헤치기 위해 세계보건기구, 식량농업기구FAO, 유엔, 그리고 세계동물보건기구World Organization for Animal Health가 머리를 맞댔다. 외래종을 애완동물로 삼기 위한 밀반입 무역, 그리고 야생동물을 잡아먹는 행위가 원인으로 밝혀졌는데, 가장 심각하게 다룬 문제는 전 세계적으로 늘고 있는 동물단백질 수요였다. 고기를 많이 먹는 것, 그리고 그를 가능케 하는 공장식 축산이 '미생물 대재앙'의 원인이라 규명된 것이다.

육식과 사육이 문제라고? 인간은 이미 선사시대부터 다른 동물을 길들이고 먹지 않았는가? 그렇다. 인류는 1만 년 전에 야생동물을 가축화했다. 그러나 그 시절의 인간은 동물을 지금처럼 대하지 않았다. 닭은 마당과 뒤뜰에서 햇빛을 받으며 뛰어다녔고 부리로 땅바닥을 쪼았다. 현재 고기를 위해 길러지는 닭들은 햇빛이 닿지 않는 밀폐된 축사 안에 수십만 마리가 수용돼 밀집 사육되고 있다. 유전적으로 단일한 닭들은 바이러스를 이겨낼 힘이 떨어진다.

세계의 질병 전문가들은 오늘날의 공장식 축산이 고병원성 바이러스의 강력한 전파자 역할을 하고 있음을 입을 모아 증명하고 있다.

인플루엔자 바이러스 진화 전문가인 얼 브라운은 "고밀도 닭 사육은 조류 인플루엔자 바이러스 변이를 위한 완벽한 환경"이라고 말한다.

서울대학교 수의대학 면역학 교수인 우희종 교수를 찾아갔다. 교수님의 연구실은 온갖 자료와 책으로 발 디딜 틈이 없었다.

"거꾸로 보면 바이러스는 살고자 노력하는 것일 뿐이에요. 인간이 악독한 짓을 하고 있기 때문에 그들이 변하는 겁니다. 지금 이 지구상에서 가장 악독한 바이러스나 병원체는 오히려 인간입니다. 신종플루든 구제역이든 그 바이러스들은 생명체로서 자신들이 살기 위해 열심히 생활하는 겁니다. 항생제 내성균도 마찬가지예요. 수많은 인수공통전염병들이 새롭게 등장할 수 있는 조건을 우리가 만들고 있고, 그러면서 방지하겠다고 인간 위주의 시각으로 독한 소독약을 뿌리며 방역을 하고 있어요. 그러다 보니 바이러스나 세균은 살아남기 위해서 몸부림을 치는 거고요. 새로운 질병의 등장은 인간에 대한 경고예요. 인간이 매우 진지하고 겸손하게 생각해야 될 시점이에요. 인수공통전염병을 만들어내는 균과 신종 인플루엔자를 만든 것이 인간이라는 점을 인정한다면, 바라봐야 될건 그들이 아니라 우리 자신 아니겠습니까. 그중 대표적인 것이 공장식 축산이고요. 공장식 축산이 수많은 질병을 만들어내고 불러들이는 문고리 역할을 한다는 사실을 인식해야 합니다. 값싼 제품을 소비하겠다는 우리의 욕망이 결국 새로운 인수공통전염병을 만들고 그로 인한 피해는 우리가 받게 되는 거죠. 이 세상에는 공짜가 없어요."

'착한 치킨'은 정말 착한 치킨일까.

"싸게 얻은 만큼…" 내 말을 받아 우 교수님이 말했다.

"우리는 지불해야 합니다. 우리의 생명을 지불해야 되겠죠. 우리가 다른 생명을 싸게 활용했다면."

"안녕들 하십니까"

2013년 말, 대학생들의 힘겨운 현실을 알리는 "안녕들 하십니까" 대자보가 한 학교에 붙었다. 그 한 장의 대자보는 뜨거운 반향을 일으켰고 또 다른 "안녕들 하십니까" 대자보로 이어지며 전국으로 퍼져나갔다. 고등학생들도 대자보를 써 붙였고, 비정규직 노동자들이, 예술가들이 "안녕들 하십니까" 대자보를 써 붙였다. 그것은 한국 사회의 구성원들이 안녕하지 못함을 알리는 외침이었고, 서로의 안녕 혹은 생존을 확인하며 살고 싶다는 신호를 보내는 일종의 '구조 요청'이었다. 고병원성 조류독감이 또다시 한국을 휩쓸던 2014년 초, 인터넷에서 관련 기사를 검색하던 나의 시선을 붙잡은 한 장의 사진이 있었다. 그것은 진천군청 공무원들이 붙인 대자보였다.

여러분! 안녕하십니까? 생거진천에 이게 웬 날벼락입니까? 폭탄
테러를 당한 군민, 살처분 근무와 과중한 업무로 인해 뇌출혈로 쓰러진
공무원 노동자까지, 우리 생거진천이 불상사로 유명세를 타고 있으니
말입니다.
우리 공무원 노동자들! 타미플루 먹으래서 먹고, 주사 맞으래서 맞고,

멀쩡한 동물 학살에 동원됐는데 복용 후유증에 병원 입원까지, 구토나 트라우마 증상이 있어도 말하기 꺼렸던 우리 공무원 노동자들도 이제 할 말은 해야겠습니다.

조 편성해놓고 순서가 되면 언제든지 살육 현장으로 달려가 죄책감으로 학살을 하고 돌아와서는 또 밀린 업무를 하고, 감기 기운이라도 느껴지면 혹시 AI 아닌가 의심하면서 불안해하고 결국 우리는 그렇게 동원되는 5분 대기조였습니다.

그런데 말입니다. 내가 살처분을 해서 AI 확산을 막는 보람을 느낀다면야 무슨 말을 하겠습니까? 컴퍼스 대고 원 그리고 그 안에 있는 멀쩡한 닭을 다 죽여서 묻으라니? 그게 최선이라니?

이거 좀 뭔가 상식적으로 이해가 안 된다 이겁니다. (중략)

안녕하지 못한 조합원 여러분!

이런 절박한 상황을 지혜를 모아 함께 극복해야 하지 않겠습니까?

-전국공무원노동조합 진천군지부-

　　<잡식가족의 딜레마>를 제작하면서 살처분에 동원된 군인이나 공무원들의 이야기를 직접 듣고 싶었고, 영화에 꼭 담고 싶다는 염원을 갖고 있었다. 기사를 보자마자 나는 공무원노조 진천군지부에 전화를 했고 공무원들을 만나고 싶다고 했다. 인터뷰 요청이 수락됐다.

　　군청 본관에 들어서자 기사에서 봤던 대자보가 복도에 붙어

있었다. 공무원들은 반갑게 촬영팀을 맞으며 인터뷰 장소인 강당
으로 안내했다. 생거진천, 살기 좋은 고장 진천이라는 글씨가 커다
랗게 벽에 쓰여 있었다. 출연자를 생거진천 글씨 앞에 앉도록 하고
카메라의 앵글을 잡았다. 녹화 버튼을 눌렀다. 김정수 지부장의 증
언이 시작됐다.

"전국 공무원 노동조합 진천군지부 지부장 김정수입니다. 제
가 구제역으로 돼지 살처분도 해봤고요. 얼마 전 AI로 오리, 닭 살
처분에도 모두 들어갔습니다. 모두 제 의지와 상관없이 상부의 명
령에 의해서 끌려 들어간 거고요. 제 정신적, 육체적 컨디션, 근무
여건 등은 고려하지 않고 무차별적으로 살육 현장에 투입됐다는
것만으로도 충격이 큽니다. 더군다나 한두 마리의 동물이 아니고
집단 살육이잖아요. 양심의 가책도 상당히 받았고요. 돼지를 잡는
살육 현장에서 포클레인에 의해서 돼지들이 터지고 쓸리고 깨지
고. 그 기억이 한참 가요. 몇 년 전 일인데도 여전히 당시 기억이 생
생해요. 살처분하는 꿈을 자주 꿔요. 돼지 눈이 빨개요. 밤에 그 눈
이 보여서 계속 선잠을 자는 거예요. 자다 깨다, 자다 깨다."

"이번에 AI 때문에 오리를 처음으로 잡았습니다. 오리를 자루
에 담거든요. 한 자루에 열 마리씩 잡았어요. 잡으면 오리가 따뜻해
요. 사람처럼. 오리를 잡으면 심장이 뛰는 게 느껴져요. 긴장을 해
서 무척 빨리, 두근두근 뛰거든요. 다 느껴져요. 그걸 그냥 집어넣

는 거예요. 몇 만 마리를 그렇게 하는 거예요. 도망치지도 못 해요. 보면 착하게 생겼어요. 꼭 아기 같아요. 보고 있으니 집에 있는 아이 생각이 나더라고요. 옛날에 유대인들이 독일군에 의해서 학살 당할 때 애도 있고 어른도 있었잖아요. 그 생각이 나는 거예요. 같이 있던 직원들이 '사람은 나중에 윤회로 자기 죄를 다 받는다고 하는데 나중에 벌 받을 것 같다'고 하더라고요. 1톤 들어가는 톤백에 닭이 400마리 정도 들어간다고 해요. 톤백이 가득 찰 때까지 닭을 넣어요. 맨 밑에 있는 애들은 거의 압사하다시피 할 거예요. 톤백에 닭을 채워 넣고 거기에 가스를 살포하거든요. 독일군이 유대인에게 가스 살포해 죽인 것하고 무슨 차이가 있어요? 가스 살포하면 안락사가 아니에요. 가스를 살포하자마자 얘들이 파닥파닥 발버둥을 치고 꼬꼬꼬 하고 최후의 생명을 불태워요. 그렇게 힘을 쓰다가 죽는 거예요. 톤백 한 자루에 가스를 살포하면 400마리가 한꺼번에 죽는 건데, 한 자루에만 살포하는 게 아니잖아요. 열 자루, 이십 자루, 삼십 자루… 트럭이 몇 대가 왔다 갔다 했는지 모르겠어요. 그러고 나서 집에 오면 걱정이 되는 거예요. AI 바이러스가 나한테 와서 우리 아기한테 옮는 건 아닐까? 거기 다녀오면 옷도 다 태워버리고 싶어요. 가기 전에 타미플루 약 처방 받고 주사도 맞았는데 다녀오고 나서 감기에 걸렸어요. 심하게. 열이 39도, 40도까지 오르니 걱정이 되더라고요. 혹시 AI 관련 질병이 아닐까. 내가 첫 번째 사망자가 되는 건 아닐까? 사람이니까, 걱정이 되는 거예요."

줄곧 카메라를 바라보던 그가 잠시 허공으로 시선을 거두며, 목까지 차오르는 감정을 꿀꺽 삼켰다.

"시골에서 자라셨나요? 돼지를 키워본 적 있으신가요?" 내가 물었다.

"어렸을 때 집에서 돼지, 오리, 닭, 다 키워봤어요. 특히 새끼 돼지는 얼마나 귀여운지 몰라요. 어른 돼지를 흉내 내면서 코로 땅을 이렇게, 이렇게 파요. 저를 쫓아다니고. 죽이나 밥을 주면 또 어찌나 잘 먹는지…. 살처분할 때 보면 새끼 돼지도 많아요. 새끼여도 안 가리고 다 죽이는 거예요. 싹 다. 불쌍해도 소용없어. 그냥 다 죽여야 돼. 젖 먹다 온 새끼까지 한 마리도 남김없이 죽이는 거예요. 양심? 생명? 보통 그런 거 생각 안 하면서 살잖아요. 그곳에 가면 생명에 대해 많이 생각하게 됩니다. 명령에 의해서 하는 거지만 과연 내가 얼마나 잔인해질 수 있나, 이런 생각도 하고요. 나한테 거부할 권리는 없는 건가? 명령에 의해서 사람을 죽이라고 하면 죽일 건가? 이런저런 생각을 하게 돼요."

김정수 씨는 나직한 목소리로 천천히, 쉬지 않고 말을 이어나갔다. 살처분은 지나간 과거지만 그에게는 여전히 현재였다. 그가 공개적인 자리에서 살처분 경험을 이야기한 것은 처음일 것이다. 개인적인 고충을 털어놓은 것이 아니라 원치 않는 살상을 해야 했던 모든 공무원 노동자들을 대표하여 어려운 이야기를 꺼낸 것이다.

다음으로 장성재 씨가 카메라 앞에 앉았다.

"저는 군 복무 중일 때 구제역 살처분 작업에 투입되었고, 진천 군청 취업 후엔 AI 살처분 작업에 투입됐습니다. 구제역 때는 부대에서 나이가 어린 편이었던 제가 가장 먼저 투입이 됐는데요, 현장에서 구덩이를 파놓고 돼지를 밀어 넣는 식으로 진행했습니다. 거기서 나가지도 못하고 꼬박 2박 3일을 있었어요. 돼지 1만 마리 정도를 묻었는데, 구덩이는 한정되어 있으니 밑에 깔린 돼지는 거의 압사죠. 돼지를 다 밀어 넣으면 장비를 이용해 모래를 덮어요. 그러면 돼지들도 살려고 발버둥을 치는데 흙을 뚫고 도망가는 돼지도 있고 흥분해서 옆에 있는 사람들한테 달려드는 돼지도 있어요. 돼지를 다 묻어야 작업이 끝나니까 장비를 가져다 죽여요. 척추를 찍어서 부러트리던가. 첫날 작업 끝나고 저녁을 먹으면서 직원들하고 술을 많이 마셨어요. 돼지 몇 만 마리가 내는 울음소리는 상상을 초월해요. 안 들어본 사람은 몰라요. 다음 날 일어나서 같은 일을 또 해야 하는데, 전날 돼지를 묻은 웅덩이에서 사체 썩는 냄새가 진동했어요. 마스크를 쓰고 있어도 가까이 가면 구역질이 났어요. 살처분 후 몇 개월은 편하게 잠을 못 잤어요."

2010년 말부터 2011년 초까지 구제역, 조류독감이 발생한 기간 동안 정부의 명령으로 살처분에 동원된 군인, 공무원은 연인원 197만 명에 달한다. 살처분 과정에서 159명의 사상자가 발생했는데, 9명은 사망했고 60여 명이 중상을 입었다. 경북 안동시청의 한 공무원은 구제역 방역초소에서 밤샘 근무를 하던 중 쓰러져 사망했고, 보성군청의 공무원은 조류독감이 발생한 오리농장에서 매몰 작업을 하다 과로로 사망했다. 소에게 근육 마비제 주사를 놓던 한 수의사는 소뿔에 받혀 다리와 목에 부상을 입었다. 그 외 수많은 공무원들이 구제역 방역, 살처분 현장에서 과로로 목숨을 잃거나 불의의 사고를 당했다. 신체적 부상보다 심각한 것은 심리적 외상이었다. 죄책감과 우울증에 시달리다 스스로 목숨을 끊은 사람이 여러 명이었다.

2011년 구제역 살처분 당시 많은 공무원, 군인들이 심리적 충격을 홀로 견뎌야 했던 것에 비해 예외적으로 한 부대의 대원들이 전문기관에서 미술 치료를 받은 경우가 있었다. 군인들의 상태는 '외상 후 스트레스 장애post traumatic stress disorder, PTSD'로 진단됐다. 외상 후 스트레스 장애란 극심한 스트레스(정신적 외상)를 경험한 후 활동이 힘들 정도의 불안, 분노, 우울, 수면 장애, 과민, 집중력 저하 등의 증상을 보이는 심리적 반응 상태이다.

미술 치료를 받은 K일병은 21일간 매일 살처분에 투입됐다. 그의 그림은 내면을 고스란히 보여주었다. 제목은 <온몸 깊숙한 곳에 있는 나의 분노>. 상단에는 "분노 대방출"이라는 글씨가 쓰여 있다. 그림의 중앙에 그려진 사람, 아마도 K일병 본인으로 보이는 그 사람은 머리카락과 입 등이 모두 빨간색으로 그려져 있고 화가 난 모습이다. 화가 난 사람의 주변에는 "쌓여 있던 분노 대방출", "스트레스 타파", "ALL KILL(다 죽여)", "분노 게이지: 위험, 초과" 등의 글씨가 어지럽게 적혀 있다. 또 다른 군인은 독특한 조형물을 만들었다. 귀여운 분홍색 돼지였는데 돼지가 왕관을 쓰고 있었다. 엉덩이 쪽에는 발자국이 있었다. 본인이 차서 밀어 넣었던 돼지에게 미안한 마음에 왕관을 씌워준 것 같았다. 작품의 제목은 <왕돼지>였다.

평범한 사람들을 대규모 학살과 자살로 내몬 살처분은 한국 사회의 가장 부끄러운 치부이자 낫지 않는 환부일 것이다. 살처분에 동원된 사람들은 상부의 명령을 거스를 수 없어서, 또 한편으로는 전염병의 확산을 막기 위해 국민을 대신해 살생을 떠안아야 했다. 그들의 트라우마는 그들만의 것이 아니다.

우리가 사는 도시는 수천만 동물들의 주검 위에 세워진 무덤이다. 살처분 이후, 인근 주민들 또한 침출수로 고통받았다. 핏물이 땅 위로 솟구쳐 나오는 매몰지도 있었고, 2~3년 뒤에도 시커먼 침출수가 지하수로 나오는 곳도 있었다. 그런데 침출수만 흘러나왔을까. 역사상 유례가 없는 학살을 저지른 이 사회 구성원들의 가슴에 낙인처럼 찍혀버린 살생의 기억, 그리고 폭력의 에너지. 그것은 우리와 우리 다음 세대에 걸쳐 두고두고 어떤 식으로든 형태를 바꿔 돌아올 것 같다.

이러한 연관성은 불교식으로 말하면 '업(카르마)'이자 '인과응보'이고, 기독교식으로 말하면 '뿌린 대로 거두리라'이며, 심리학적으로 말하면 '그림자 원형'이다. 동물에 대한 폭력과 인간에 대한 폭력의 밀접한 연관성을 심도 있게 고찰한 《월드 피스 다이어트 World Peace Diet》에서 저자 윌 터틀은 아래와 같이 말한다.

정신분석학자 칼 융의 최대 공적 중 하나에는 그림자 원형 이론 정립이 있습니다. 그림자 원형이란 자아가 부정하고 억압하는 내면의 음침한 어둠을 가리킵니다. 하지만 억압돼도 이 그림자는 언젠가 자기 목소리를 내고 알아채기 어려운 방식으로 끊임없이 현실에 자신을 투사합니다. 동물을 식용으로 삼아 학대하는 행위는 단연코 우리 문화 최대의 그림자입니다. 우리의 집단적 죄의식은 우리가 먹는 폭력을 감추는 데 그치지 않고 적극적으로 폭력을 행사하도록 조장합니다.

2011년부터 2017년까지 살처분한 가축이 무려 7,000만 마리를 넘겼지만, 같은 기간 한국은 수십억 마리의 가축을 공장에서 찍어내 도살했다. 누구도 원치 않는 살처분을 피하려면 어떻게 해야 할까. 소독약과 방역이 모든 문제를 해결해줄까. 공장식 밀집 사육이 그대로 유지되는 상태에서 전염병과 살처분을 피할 수 있을까. 일용할 양식에 대한 감사 기도만으로 우리 시대의 가장 길고 어두운 그림자가 사라질까.

학교 폭력, 군대 폭력, 성폭력, 매일 사회면을 뒤덮는 묻지마 살해, 약자에 대한 통제 불가능한 폭력은 과연 우리 사회가 비인간 동물들, 특히 식용으로 사육하는 동물들에게 가하는 일상적이고 제도화된 폭력과 무관한가. '욱' 하는 사회는 고통스럽게 죽어간 동물의 '화'를 먹는 것과 무관한가.

한국 사회 곳곳에 붙었던 대자보를 공장의 돼지와 닭과 오리와 소가 쓸 수 있었다면 그들은 어떤 말을 썼을까.

안녕들 하십니까.

안녕들 하십니까.

안녕들 하십니까.

똥과의 전쟁

권정생 작가의 동화 《강아지똥》은 고전의 반열에 오른 그림책이다. 아이에게 읽어주며 아이보다 내가 더 감동받았던 이 책의 주인공은 똥이다. 그것도 개똥. 돌이네 흰둥이가 눈 '강아지똥'은 자신이 더럽고 하찮은 존재라 생각한다. 새에게 놀림받고 닭조차 거들떠보지 않는 강아지똥은 비와 바람을 맞으며 거름이 되고 마침내 아름다운 민들레꽃을 피워낸다. 강아지똥이 마법처럼 꽃으로 재생하는 순간 느꼈던 감동이 여전히 잊히지 않는다. 하잘 것 없는 것들의 존재 이유와 자연의 이치를 이토록 아름답게 승화시킨 이야기가 또 있을까.

강아지똥 옆을 지나가던 소 달구지에서 흙이 떨어지자 농부는 귀한 흙이 떨어졌다며 얼른 흙을 집어서 달구지에 담는다. 그 흙은 풀과 소똥이 만든 귀한 거름이기 때문이다. 오랜 세월 똥은 농경 사회의 중요한 자원이었다. 그랬던 똥이 180도 달라졌다.

2015년 가을, 영화 상영을 위해 충남 어느 농촌 지역의 고등학교에 갔었다. 학생들에게 영화를 보여준 후 교실에서 한참 이야기를 하고 있는데 퀴퀴한 냄새가 났다. 처음엔 학교 화장실에서 나는 냄새인가 싶었는데, 그건 아닌 것 같았다. 이 정도 악취면 학생들이 공부에 집중하기 어려워 보였다. 물어봤더니 인근 돼지 축사에서 나는 냄새라 한다. 추운 계절이라 창문을 닫고 있었는데도 냄새가 나면, 창문을 열어놓고 생활하는 계절에는 얼마나 심할까. 365일 악취 속에서 공부해야 하는 학생들이 안쓰러웠다.

그 지역은 유기농으로 농사짓는 사람들이 많이 사는 곳인데, 언제부터인가 밀고 들어온 공장식 양돈농장, 양계농장 때문에 고충이 이만저만이 아니었다. 농장 사장님들은 그 동네에 살지도 않는단다. 야생동물을 연구하는 한 친구와 대화하다 보니, 이 지역 강에 수달이 살아서 조사를 하러 갔는데 축사 분뇨로 물이 많이 더러워졌다며 아쉬움을 토로했다. 이 동네만의 이야기가 아니다.

제주에서만 하루 2,800톤이 넘는 돼지 똥이 쏟아져 나온다. 작은 섬이 감당할 수 없이 많은 양이다. 분뇨는 제주의 지하수 통로인 '숨골'로 흘러들어간다. 남한 최북단 철원도 축산 분뇨 악취와 오염 때문에 주민들이 '축사 피해 비상대책위원회'를 꾸렸을 정도다. 전국 각지가 축산 분뇨로 골머리를 썩고 있다.

2013년 3월, 구제역 살처분 후 2년이 지난 시점에 고려대학교 과학기술연구소 주최로 그룹 인터뷰가 있었다. 구제역 살처분을 직간접적으로 경험한 사람들이 구제역을 어떤 식으로 기억하고 평가하는지 각자의 경험과 생각을 나누고 살처분에 대한 대안을 모색하는 자리였다. 시민환경연구소, 베지닥터, 녹색당, 동물권행동 카라, 그리고 문화예술 분야에서 내가 인터뷰이로 참여했다. 시민환경연구소 고도현 연구원이 생생한 이야기를 들려주었다.

"'동물복지' 하면 전에는 소수 사람들의 관심 정도로 생각했는데 살처분을 계기로 많이 달라졌죠. 주민들이 '살처분이 나한테도 영향을 미칠 수 있구나. 단순히 생매장으로 끝나는 것이 아니고 우리 마을에 영향을 미치는구나'라고 생각하기 시작했으니까요. 구제역이 어떤 계기가 됐다는 생각도 들고요. 저는 도시에 살아서 공장식 축산이 지역 주민들에게 미치는 피해에 대해 잘 몰랐어요. 살처분 이후 실제로 가서 주민들을 면접하다 보니, 대규모 축산으로 인해 농촌의 주민들이 고통받고 있었다는 걸 알게 됐어요. 축사 주변에서 농사지으며 사는 한 주민이 저에게 '구제역이 발생하니까 환경이 깨끗해졌어요'라고 말하는 거예요. '아니, 그게 무슨 얘기예요?'라고 물었어요. 구제역 살처분으로 피해가 심각할 것 같아서 면접을 했는데, 이게 무슨 소리인가 싶었죠. 그랬더니 그분 하시는 말씀이 축산 분뇨 때문에 너무 괴로웠다는 거예요. 그분 집 근처에 돼지를 만 마리 이상 키우는 양돈농장이 있었는데, 창문을 열 수가 없었대요. 파리가 새까맣게 붙어가지고. 냄새도 굉장히 심하고, 비가 오면 하천에 시커먼 물이 내려온대요. 불법으로 분뇨를 방출하는 거예요. 대규모로 축산을 하는 곳에서는 축산 분뇨를 처리하는 데도 많은 비용이 들거든요. 그래서 비가 올 때마다 분뇨를 내보내니 인근 주민들이 스트레스를 많이 받고 있었더라고요. 그 양돈농장 주변의 주민들은 살처분으로 돼지가 다 없어진 이후에 '구제역을 계기로 재입식(돼지를 다시 사육하기 위해 들여오는 것)을 반대한다'는 운동을 굉장히 많이 했어요, 여러 지역에서."

그가 잠시 숨을 고르고 이어 말했다.

"대규모 공장식 농장들이 지역 공동체를 분열시키더라고요. 소규모는 참을만하대요. 냄새가 썩 좋진 않지만 대부분 이웃이 하는 거라 그래도 봐줄 만하다는 거예요. 몇 마리 키우면서 가축 분뇨가 농장 안에서 100% 순환되는 경우는 문제가 없는데, 대규모는 얘기가 다르다는 거예요. 다 외지 사람들이 와서 하니까 지역 주민들하고는 교류도 전혀 없고요."

다음은 <한겨레21>에 '쇠틀에 갇혀 똥더미에 묻혀 살다 식탁 오르는 돼지(2018)'라는 제목으로 김현대 기자가 쓴 기사의 일부다.

마을에 폐를 끼치고 환경을 더럽히고 이주 노동자에게 위험을 떠넘기고 '똥돼지'를 학대하면서도, 돼지농장은 꾸준히 돈을 벌었다. (중략) 사육두수 1만 마리면 연 100억 원 이상 매출을 올린다. 그런데도 영세 농민일 때 누리는 세금 혜택을 거의 그대로 누리고 있다. 부가세를 내지 않고, 법인세를 50% 이상 감면받고, 배당소득도 5%의 낮은 세율을 적용받는다.

농장의 상당수는 '축산농가'가 아니라 '축산기업'이라 해야 옳다. 한국에서 닭고기로 소비되는 육계만 1년에 7억 마리 이상이 도축된다. 하승수 녹색당 운영위원장은 <오마이뉴스>에 기고한 '고기에 환장하는 당신, 정부 계략에 속았군요'(2015)라는 기사에서 이렇게 썼다.

가장 규모가 큰 육류기업인 '하림'이 도축하는 육계만 하더라도 1년에 1억 5,000만 마리가 넘는다. 1990년 설립된 '하림'은 어느덧 연 매출 4조 원이 넘는 대기업으로 성장했다. 하림은 사료 공급부터 도축, 유통까지 모든 과정을 수직 계열화했다. 단지 사육만 농가에 위탁하고 있다. 하림과 위탁 농가의 관계는 원청기업과 하청기업의 관계와 비슷하다.

이런 구조 속에서 대기업의 위탁 사육을 맡은 양돈, 양계농장들은 최대한 비용을 아끼고 생산을 많이 해야만 살아남을 수 있다. 그것은 곧 농장 노동자와 동물들이 더 극단적인 환경에 처하게 됨을 의미한다. 농장주는 생산 비용 절감을 위해 캄보디아, 네팔, 중국 등에서 온 이주 노동자들을 고용한다. 소규모로 농사를 짓고 가축을 키웠을 때는 자기 삶의 주인이었던 농민들이 이제는 축산기업의 '을'이 되고, 이주 노동자는 '을'의 '을'이 되고, 농장동물은 '을'의 '을'의 '을'이 되는 구조. 착취의 피라미드에서 동물들이 가장 밑

바닥에 위치한다. 암모니아 가스로 가득 찬 축사에서 평생 맑은 공기 한번 마셔보지 못하는 돼지들은 호흡기 질환에 시달리고 우울증에 걸린다. 그 안에서 일하는 노동자들도, 인근 주민들도 마찬가지다.

한국의 거대한 축산은 이주 노동자들의 숭고한, 그러나 저렴한 노동이 떠받치고 있다. 그들은 보이지 않는 공장에서 일하고, 사회에서도 보이지 않는 존재다. 마치 도처에 고기가 있어도 살아 있는 돼지는 보이지 않는 것처럼. 축산 노동자들은 죽은 후에만 존재를 드러낸다. 마치 공장의 돼지와 닭이 죽은 뒤에야 비로소 모습을 드러내는 것처럼.

네팔에서 온 이주 노동자 테즈 바하두르 구룽은 네팔에서 경영학 석사를 마치고 식구들을 먹여 살리기 위해 스물두 살에 한국에 왔다. 그가 구한 직장은 경상북도 군위군에 있는 한 돼지농장이었다. 구룽은 5남매 중 둘째 아들이었다. 5남매 중 공부를 제일 잘해 집에서 대학도 보냈다. 돼지농장의 노동은 열악했지만 네팔의 가족들을 생각하며 참고 견뎠다. 2017년 5월 12일, 구룽은 양돈장 정화조에 들어가 돼지 분뇨를 밖으로 빼내는 작업을 하던 중 질식했다. 같은 네팔 출신 동료가 먼저 들어가 작업을 하다가 갑자기 질식해 쓰러졌고, 이를 보고 뛰어들어간 구룽도 쓰러졌다. 둘 다 사망했다.

구룽과 동료가 목숨을 잃은 것에 이어 27일에는 경기도 여주에서 태국인, 중국인 노동자 두 명이 사망했다. 모두 돼지 분뇨 정화조를 청소하다 봉변을 당했다. 2017년 5월 한 달 동안, 돼지 분뇨를 치우다 네 명의 이주 노동자가 목숨을 잃은 것이다.

정화조에 고인 돼지 똥이 부패하면서 황화수소가 발생하는데, 고농도의 황화수소에 노출될 경우 순간적으로 1~2회의 호흡만으로도 의식을 잃고 사망에 이를 수 있다. 군위군 양돈장의 경우, 황화수소가 유해가스 농도 기준치의 2.5배나 검출됐다. 구룽 씨와 동료의 사망 원인은 황화수소에 의한 질식사로 추정됐다. 양돈장 정화조 청소는 위험한 일이기 때문에 사람이 아닌 기계가 하도록 되어 있다. 농장주는 기계가 고장 났다는 이유로 수작업을 지시했는데 노동자들에게 최소한의 안전 장비조차 지급하지 않았다. 여주 사망 사고도 황화수소가 원인으로 추정된다.

양돈농장 질식사는 놀랍게도 빈번한 일이다. 2018년 4월 경남 하동군에 있는 한 양돈농장에서도 분뇨 처리 작업을 하던 노동자가 황화수소 중독으로 목숨을 잃었다. 농장주가 안전 수칙을 지키지 않은 것이 직접적 사고 원인이고, 노동자에 대한 비인도적 처우도 문제지만, 근본 원인은 공장식 밀집 사육에 있다. 매일 쏟아져 나오는 어마어마한 양의 분뇨가 사람을 죽게 할 정도의 독극물이라면, 그 분뇨를 떠안아야 하는 땅, 강, 바다인들, 지역 주민인들 온전할 수 있을까?

아이오와 주립대학이 2002년에 발표한 보고서에 따르면, 공장식 농장 인근의 주민들이 두통, 호흡기 질환, 천식, 무기력함, 설사, 안구 질환을 더 자주 겪고 심각한 수준의 긴장, 우울증, 분노를 겪는다는 사실이 밝혀졌다. 농장동물이 쏟아내는 배설물은 미국에서만 초당 40톤! 이는 도시 하수보다 160배 더 환경을 오염시키고 시민 건강을 위협한다. 미국공중보건협회는 2003년에 연방, 주 지방정부와 보건당국에 더 이상의 공장식 농장 건설을 허가하지 말 것을 촉구하는 결의안을 채택했을 정도다.

미시시피주, 플로리다주와 맞닿아 있는 미국 남부의 멕시코만 해안은 산호초를 비롯해 수많은 해양 생명의 보고였다. 하지만 무려 9,000평방 마일에 이르는 바다가 '죽음의 구역dead zone'으로 변했다. 생명이 살 수 없는 죽은 바다가 된 것이다. 국제환경단체 마이티 어스Mighty Earth의 조사에 따르면, 가장 큰 오염원은 미국 최대이자 세계 최대의 육류 기업인 타이슨 푸드인 것으로 밝혀졌다. 2위는 역시 세계 최대의 육류 기업 중 하나인 스미스필드, 3위는 유전자조작으로 악명 높은 세계 최대의 곡물 기업 카길. 곡물 재배의 주목적이 축산 사료임을 고려하면, 지구상 가장 아름다운 해안을 죽음의 바다로 만든 세 개의 범죄 집단 모두 축산 관련 기업인 것이다.

물 맑고 공기 좋아 좀 살만하다 싶어서 한적한 시골에 자리 잡고 살다 보면 어느 날 갑자기 축사가 들어서고, 발전소가 들어서고, 송전탑이 들어서고, 대형 도로가 들어서는 황당한 경우가 적지 않다. 이 중 어느 하나라도 집 근처에 들어서면 평온한 일상은 전쟁

터가 된다. 765KW 고압 송전탑으로 고통받은 밀양이 그랬고, 핵
폐기장이 들어선 경주가 그랬다. 대도시가 집어삼키는 고기, 전기,
물건들의 생산과 쓰레기를 시골 마을과 가난한 이웃 나라가 떠안
고 있다. 만약 한 도시가 소비하는 전기, 고기, 물건의 생산과 폐기
를 그 도시 안에서 해결해야 한다면, 다시 말해 도시 안에 핵발전소
를 짓고, 대형 축사를 지어 수억 마리 닭과 오리를 키우고, 방사능
폐기물과 축산 분뇨를 처리해야 한다면, 도시는 이런 '위험 시설'
과 '혐오 시설'을 막기 위해 어떻게든 소비를 줄이고 친환경적인 대
안을 찾지 않을까? "우리 집 옆에는 안 돼"라고 하기엔, 우리는 좁
은 국토에 너무 많은 '식용동물'을 사육한다. 어딘가에서 몰아낸 공
장식 농장은 결국 우리 동네, 아니면 고향 마을로 오게 돼 있다. 한
국이 국토 면적에 비해 얼마나 많은 돼지를 키우는지는 외국과 비
교해보면 알 수 있다. 한국처럼 좁은 국토에 인구가 밀집한 네덜란
드는 1ha(3,025평)당 5.1마리의 돼지를 키우는데, 한국은 같은 면적
에 비육돈 무려 1만 2,500마리를 키운다. 덴마크도 같은 면적에 네
덜란드와 같은 5.1마리, 독일은 7마리다. 한국은 전 세계에서 가축
사육 밀도가 가장 높은 나라다. 한국의 돼지들이 가장 비좁게 살고,
이 작은 나라가 감당하기엔 너무 많은 축산 분뇨가 나온다. 2017년,
전국의 1,000만 돼지가 쏟아낸 분뇨는 무려 4,846만 톤. 전체 똥오
줌의 절반 이상이 농장에서 '자체 처리'된다. 전문가들은 이 중 절
대량이 무분별하게 버려지는 것으로 보고 있다.

그렇다면 분뇨가 퇴비가 되면 괜찮을까? 가축에 투여된 항생제가 분뇨를 통해 빠져나가 퇴비가 되고, 토양에 뿌려지고, 거기서 재배된 작물을 인간이 먹는다. 그러니까 항생제->가축->토양->식물->인간의 사슬을 통해 항생제는 결국 어디로도 사라지지 않고 인간에게 돌아온다. 지금 세계에서 사용되는 항생제의 약 80%는 사람이 아니라 가축에게 투여되고 있다. 이에 따라 여러 항생제를 써도 듣지 않는 슈퍼박테리아, 즉 다제 내성균이 많아졌다. 세 종류 이상의 항생제에 내성을 가진 살모넬라균, 황색포도알균 등이 닭고기와 돼지고기에서 검출된다는 얘기다. 바다의 공장식 축산이라 할 수 있는 양식장에서도 항생제 남용은 심각하다. 유엔 보고에 따르면 항생제 내성균 사망자는 세계적으로 매년 70만 명에 이르고 이 추세가 계속되면 2050년에는 1,000만 명에 이르는 사람이 항생제 내성균으로 목숨을 잃을 것으로 전망되고 있다. 하지만 우리는 막상 자신이 겪어보기 전에는 항생제 내성균이 얼마나 무서운 것인지 잘 실감하지 못한다.

이화여대 목동병원 신생아 집단 사망을 떠올려보자. 아기들이 사망하기 전 채취했던 혈액을 검사해보니, 항생제에 내성을 지닌 시트로박터 프룬디균Citrobacter freundii이 공통적으로 검출됐다.

몇 년 전 어금니가 썩었을 때 충치 치료를 미루다가 인파선이 세균에 감염되어 크게 아팠던 적이 있다. 뺨과 턱이 풍선처럼 부풀어 올랐고 이루 말할 수 없이 통증이 심했다. 병원에 입원해서 항생제 주사를 일주일간 맞은 끝에 겨우 나을 수 있었다. 그때 나는 항생제의 고마움을 처음 실감했다. 만약 내가 항생제 내성균에 감염이 됐다면 어땠을까? 이 항생제를 써도 낫지 않고 저 항생제를 써도 낫지 않았다면?

페니실린의 개발로 인류는 세균과의 전쟁에서 승리한 것처럼 보였다. 이후 세균은 항생제를 따돌리며 돌연변이를 일으켰고, 그때마다 인류는 새로운 약을 개발해냈고, 세균은 다시 돌연변이를 일으켰다. 세균도 생명이기 때문에 살아남기 위한 필사의 노력을 해온 것이다. 현재 스코어, 세균은 인간을 추월했다.

아이가 어릴 때 자외선 소독기가 유행이었다. 아기 있는 집에서는 필수품인 것처럼 보였고, 나도 하나 구입해서 세균과의 전쟁에서 만전을 기했다. 항생제 내성의 위험성에 대해서는 알고 있었으므로 생협에서 '무항생제' 고기를 사다 먹였다. 아이가 감기에 걸려 소아과에 가면 의사가 항생제를 처방하는지 확인하고 혹시 항생제를 처방하면 빼달라고 하기도 했다. 그런데 똑똑한 엄마인 줄 알았던 내가 놓치고 있었던 큰 구멍이 있었다.

다행히 돼지를 찾아 떠난 여정이 나에게 많은 것을 알려주었다. 각개전투로 거추장스러운 소독 장치와 살균제로 세균을 박멸하고 아이들을 '무균상태'로 키우는 일은 가능하지도, 바람직하지도 않다는 것을 알게 되었다. 내 식구만 무항생제 고기를 먹는다고 항생제 내성균을 피할 수 있는 것이 아니라는 것도 알게 됐다. 아이의 면역력과 우리 사회 전체의 면역력을 기르는, 보다 근본적인 방법을 고민하게 됐다.

우리가 할 일은 세균과의 끝없는 전쟁 대신 지금이라도 인류가 자연계에 잘못을 저질렀음을 인정하고 백기를 드는 일이다. 독한 약을 쓸 수밖에 없는 밀집 사육을 고집하는 한, 세균을 상대로 한 '누가 이기나 보자' 식의 전쟁은 계속될 수밖에 없다. 우리는 '강아지똥'으로부터 너무 멀리 왔다.

바람의 강이 멈출 때

2018년 여름, 지구가 펄펄 끓었다. 더위에 정신이 멍해져서 아이스팩을 머리와 얼굴에 번갈아 대며 책을 썼다. 작물이 타들어가고 채소 값이 폭등했다. 폭염 때문에 스웨덴, 그리스, 요세미티 국립공원 등 세계 곳곳에서 대규모 화재가 났다. 한 번도 겪어보지 못한 이 온도, 이 상황이 초현실적으로 느껴진다.

가을이 되어 폭염이 지나니 이번엔 미세먼지로 숨 쉬기가 힘들다. 어릴 적 가을 하늘은 그렇게 높고 푸를 수가 없었는데, 아이는 매일 마스크를 쓰고 학교에 간다. 답답하다며 마스크를 벗어버려서 무방비로 초미세먼지에 노출된다. 주말 축구교실은 여름엔 너무 더워 휴강, 봄가을엔 미세먼지 때문에 휴강. 아이가 마음 놓고 밖에서 뛰놀 수 있는 날이 며칠 안 된다.

이상 기온과 미세먼지는 제트기류Jet Stream가 온난화로 인해 약해진 것과 연관이 있다. 제트기류는 북반구 상부의 지상 높은 곳에서 부는 공기의 흐름, '바람의 강'이다. 그런데 북극 빙하가 녹으면서 제트기류가 약해졌다. 대기 순환이 원활하지 않자 북반구의 열기가 정체되고, 여기에 바닷물 온도까지 오르면서 폭염이 발생한다. 반대로 겨울에는 제트기류가 북극의 강한 한기를 막아주는 역할을 해왔는데, 온난화로 제트기류가 약해져서 남쪽으로 처지고 이때 북극 한기를 끌고 내려온다. 이 때문에 북반구 일대에 한파가 몰아치게 된다. 제트기류, 즉 바람의 강이 약해지거나 끊어지면서 폭염, 한파가 발생하는 것이다. 그런데 제트기류가 약해지면 미세먼지도 심해진다. 대기 정체로 인해 미세먼지가 흩어지지 않기 때문이다.

그럼 제트기류를 약하게 만든 건 무엇인가? 그러니까 온난화의 원인 말이다. 많은 이들이 자동차, 공장 등을 떠올리지만 온실가스의 가장 큰 배출원은 바로 축산업이다. 자동차, 비행기, 기차, 선박 등 전 세계 모든 교통수단을 다 합친 것보다 고기, 달걀, 낙농제품을 만드는 산업이 더 많은 온실가스를 내뿜고 있다. 전 세계 온실가스 배출 총량에서 축산업이 차지하는 비중은 무려 51%에 달한다. (2006년 유엔식량농업기구에서 발표한 보고서 <축산업의 긴 그림자>에서는 축산업이 세계 전체 온실가스의 18%를 배출하는 것으로 나왔는데, 3년 뒤 2009년 월드워치연구소는 축산업이 51%를 배출한다고 밝혔다.)

가축의 트림, 방귀 등에서 나오는 메탄가스는 이산화탄소보다 23배 더 강력하게 온난화를 일으킨다. 가축 배설물에서 나오는 산화질소는 이산화탄소보다 300배 더 강력하게 지구온난화에 영향을 미친다. 소에게 자연의 섭리대로 풀을 먹이면 메탄 발생이 절반으로 떨어지지만 현대의 축산은 소들을 빨리 살찌우기 위해 옥수수, 콩 사료를 먹인다. 마치 사람이 매일 사탕만 먹고 사는 것처럼 자연스럽지 못한 음식이어서 소의 위장에 문제를 일으키고, 소들은 메탄을 훨씬 더 많이 내뿜게 된다.

가축 자체가 내뿜는 메탄가스뿐 아니라, 가축을 키우는 과정, 운송하는 과정에서도 어마어마한 온실가스가 발생한다. 월드워치연구소 선임연구원 다니엘 니렌버그가 공저로 참여한《고기, 먹을수록 죽는다Gristle》에 따르면 사료용 곡물 생산에 투입될 비료를 만드는 과정에서만 연간 4,100만 톤의 이산화탄소가 배출되며 이는 자동차 700만 대가 배출하는 이산화탄소와 맞먹는다. 축사의 냉난방 역시 수백만 톤의 이산화탄소를 쏟아낸다.

<타임>지에 이런 기사 한 토막이 실렸다.

가축을 기르고 수송하고 판매하는 데 들어가는 에너지를 생각해보면 450g의 티본 스테이크는 마치 허머(4륜 구동 지프 차량) 한 대를 접시에 올려놓고 먹는 것과 같다.

이것도 모자라 축산은 '탄소 저장고'인 열대우림을 도려냄으로써 온난화를 더욱 가속화시킨다. 생명 다양성의 보고인 귀한 열대우림을 소 방목과 사료용 옥수수, 콩 재배를 위해 벌채하는 것이다. 숲을 불에 태워 없애는 경우도 많다. 그러면 이산화탄소를 흡수하는 숲이 사라질 뿐 아니라 숲을 태울 때 탄소가 대량 발생함으로써 온난화가 가속화된다. 국제삼림연구센터 데이비드 카이모비츠는 이렇게 말한다.

소 목장주들은 브라질의 아마존 열대우림을 다진 고기로 바꾸고 있다.

바다의 밀림, 지구의 거대한 '공기청정기'라 할 수 있는 산호초도 온난화로 직격타를 맞고 있다. 다큐멘터리 영화 <산호초를 따라서Chasing Coral>를 보면, 세계에서 가장 큰 산호초 군락인 호주 그레이트 배리어 리프를 포함하여 플로리다, 하와이, 발리, 몰디브, 홍해 등 전 세계 바다에서 형형색색의 아름다운 산호들이 하얗게 백화되어 죽어가는 모습이 포착돼 있다. 자외선 차단제, 화장품 등에 들어가는 옥시벤존, 옥티녹세이트 같은 성분이 산호를 죽이는 원인 중 하나인데, 더 큰 문제는 해수 온도 상승이다. 바다 온도가 1 ~ 2도만 올라가도 산호는 견디지 못한다. 마치 사람이 39도 체온으로 살 수 없는 것과 같다. 해양 생명의 25%가 산호에 의지해서 살아간다. 산호는 바다 생태계의 근원이다. 산호는 암을 퇴치하는 신약의 원료이다. 또 산호는 태풍으로부터 육지를 지켜주는 방파제 역할을 한다. 산호는 동물이면서도 자신의 조직 내 미세조류를 이용해서 광합성을 하는 신비로운 생명체이다. 그래서 산호는 이산화탄소, 즉 온실가스를 흡수하는 역할을 한다. 온난화 때문에 산호가 죽고, 산호가 죽음으로써 이산화탄소 흡수가 줄어들어 더욱 온난화가 심해지는 악순환이 반복된다.

축산업은 기후변화뿐 아니라 미세먼지의 원인 중 하나로도 꼽힌다. 온난화로 인해 제트기류가 약해지거나 끊어지면서 대기가 정체되고 그에 따라 미세먼지가 심해지는 것뿐 아니라 축산 분뇨의 암모니아 그 자체가 미세먼지 유발원이 되고 있다. 가축이 배설한 축사 내 분뇨, 농경지에 뿌려지는 퇴비, 액비 속 암모니아가 대기 중에서 다른 물질과 결합해 초미세먼지로 뭉쳐지는 것이다. 연구 결과, 미세먼지를 잡기 위해서는 화력발전소, 자동차 배기가스뿐 아니라 축산 암모니아 배출량을 줄여야 하는 것으로 드러났다. 유럽연합 28개국은 암모니아 가스를 감축하기 위해 저감 목표를 세우고 추진 중이다.

빙하학자들은 온난화가 이대로 지속되면 2030년쯤 북극의 빙하가 모두 사라질 것으로 분석하고 있다. 그렇게 되면 한 번도 겪지 못한 수준의 폭염, 한파, 가뭄, 폭우, 태풍을 경험하게 될 것이다. 북극, 남극 빙하뿐 아니라 북극권의 영구동토층도 녹고 있는데, 거대한 탄소 저장고인 영구동토가 녹으면 대규모로 이산화탄소, 메탄가스가 방출되어 온난화는 돌이킬 수 없이 가속화될 것이다. 지금 당장 온실가스를 획기적으로 감축하지 않으면, 2080년에는 지구 평균 온도가 3.5도 상승해서 생물 대부분이 멸종 위기에 놓이고, 2100년까지 6도가 상승하면 모든 생명체가 멸종된다는 믿기 어려운 전망도 있다. 월드워치연구소는 보고서에서 이렇게 밝혔다.

인간의 미래를 위협하는 거의 모든 환경 파괴 유형 중에서도 축산업 부문이 선도 역할을 하고 있다는 사실이 더욱 분명해졌다. 삼림 파괴, 지표층 침식, 청정수 고갈, 대기 및 수질 오염, 기후변화, 생물다양성 감소, 사회 부정의, 지역사회 불안정, 질병 만연 등이 모두 이 부문과 관련되어 있다.

묵시록 같은 현실이다. 그렇지만 온난화를 막기 위한 노력도 세계적으로 일어나고 있다. 모두가 각자의 자리에서 할 수 있는 것들을 다해야 하는 절체절명의 순간이다. 화력발전 대신 태양광발전을 하고, 대중교통을 이용하고, 냉난방기 사용을 줄여야겠지만, 축산 동물의 수를 줄이지 않고는 실효를 거두기 어렵다. 반대로 생각하면? 축산 동물의 수를 줄이면 기후변화를 상당 부분 막을 수 있다. 세계 3대 의학저널 중 하나인 <란셋**THE LANCET**>은 2009년, 55명의 과학자들이 1년간 연구한 결과를 발표했다. 영국 기후변화위원회의 목표인 '2050년까지 1990년 대비 80% 온실가스 감축'을 달성하려면 2030년까지 50%를 감축해야 하는데, 축산 동물의 수를 30% 감소시키고 육류 소비를 줄이면 이 목표를 달성할 수 있고 아울러 심장마비 등 각종 질병이 줄어 국민 건강이 향상된다는 연구 결과였다.

유엔식량농업기구는 "기후변화를 막기 위해 개인이 할 수 있는 가장 확실한 방법은 채식"이라고 강조했으며, 유엔환경계획

UNEP은 "기후변화에 대응하려면 육식을 포기할 필요가 있다"고 밝혔다.

'무엇을 먹느냐'는 오랜 세월 권력의 문제였고 또한 취향의 문제였는지 모르지만, 어느 순간 윤리와 정의의 문제가 되었고, 이제는 절박한 생존의 문제가 되었다. 이 작고 푸른 별이 '우주의 똥 덩어리', '불가마 체험장'이 되는 걸 막으려면 이 별의 운명에 가장 큰 책임이 있는 인간이 해야 할 일은 분명하다. 덜 키우고, 덜 먹고, 생명을 생명으로 대우하는 일. 개인의 변화는 물론 법과 제도의 변화로 더 큰 변화를 일으키는 일이다. 45억 5,000만 년의 역사를 가진 지구라는 별에서 수백만 년의 시간을 거치며 진화한 위대하고 아름다운 생명 공동체가 단지 100년도 채 안 되는 찰나에 막장으로 치닫는 것은 결코 동의할 수 없기 때문이다.

나는 돈가스 마니아였다. 도영이는 내 식성을 그대로 닮아갔다. 하지만
농장에서 돼지를 만난 후, 딜레마가 시작됐다. 돈가스가 돼지로 보이기
시작했다.

▲ 바이러스가 돌 때마다 방역 소독제가 전국 곳곳에 뿌려진다. 일부 소독제에서는 고독성 발암물질이 검출되기도 했다. 자연의 섭리를 거스른 공장식 축산이 악순환을 부른다.

©NEWS1

◀ 2011년 350만 마리를 매장한 구제역 살처분 이후에도 공장식 축산은 여전하고 살처분은 반복된다. 2018년 여름, 김포에서 수천 마리 돼지를 매장했다. 젖 먹이던 어미 돼지, 갓 태어난 새끼들이 구덩이 속으로 내던져졌다. 우리 사회에서 살처분이 낯익은 풍경이 되어간다. 전염병보다 무뎌짐이 더 무섭다.

암탉들이 날개도 펴지 못하고 살아가는 '배터리 케이지'. 유럽연합에서는
금지됐으나 국내에서는 아직까지 일반적인 사육 방식이다. 이런 곳에서
진드기와 바이러스가 창궐하지 않게 할 방법이 있을까? 싸게 많이 키워
많이 먹는 밀집 사육 시스템이 살충제 계란과 전염병으로 돌아왔다.

원가자농에서 닭들은 돼지농장을 해충으로부터 지켜주는 부지런한 파수꾼이었다. 닭들이 구더기를 찾아 먹는 덕분에 농장에는 파리가 들끓지 않았고, 알아서 흙 목욕을 하는 닭들에겐 살충제가 필요 없었다.

작고 푸른
행성을
위한 식단

인류는 자신이 창조한 것에 의해 정의되는 것이 아니라,
자신이 파괴하지 않기로 선택한 것에 의해 정의된다.

— **에드워드 오스본 윌슨**(곤충학자)

제작일기.

이웃 친구가 준 바질 모종을 텃밭에 심었더니 얼마나 잘 자랐는지.

화분에 심은 것은 시들시들하다.

땅의 힘을 알게 됐다. 폭염에도 살아남은 바질이 대견하고 고맙다.

물을 열심히 준 투덜이 스머프 남편에게도.

이상 기온과 기후변화 시대를 살다 보니,

전에는 당연하게 여겼던 비, 바람, 땅, 이런 것들이 당연하게 보이지

않는다. 작은 것에 감사하게 되었다.

내일은 바질 페스토를 만들어서 단호박이랑 감자를 넣고

파스타를 해 먹어야지.

이렇게나 맛있는 음식이 건강에도 좋고 지구도 살리니 감사할 뿐이다.

식물 기반 자연식은 기후재앙을 막고, 암과 면역계 질병을 예방하고,

동물들을 고통으로부터 구하고, 죽어가는 땅과 강과 이웃들을 살린다.

가장 즉각적인 사랑의 실천이다.

'뛰는 심장' 부족의 초대

2013년 가을, EBS <세계테마기행> 제작진으로부터 출연 제의를 받았다. 테마는 '캐나다 원주민과 야생'이라고 했다. 평소 북아메리카 원주민들이 야생과 자연을 대하는 태도에 깊은 존경심을 갖고 있던 내게 가슴 뛰는 제안이 아닐 수 없었다. 편집 때문에 눈코 뜰 새 없이 바빴지만, 공장식 축산에 지친 마음을 위로받고 싶어 제안을 수락하고 여행을 떠났다.

내가 간 곳은 캐나다 서부 브리티시컬럼비아주였다. 이 지역 북아메리카 원주민의 세계관을 가장 압축적으로 보여주는 유산은 토템폴totem pole이다. 하이다족을 비롯한 여러 부족들이 마을과 집 앞에 세우는 나무 기둥인 토템폴은 주로 거대한 시더cedar 나무에 동물과 사람을 새긴다. 범고래, 늑대, 물총새, 곰 등 부족이 신성시하는 야생동물과 인간이 뒤엉켜 새겨져 있는, 매우 강렬하고 아름다운 조형물이다. 야생동물은 북아메리카 원주민들과 신화적으로 연결된 초자연적인 존재일 뿐 아니라, 이들의 삶에 직접적으로 영향을 주는 존재다. 북아메리카 원주민들은 지혜로운 모든 부족들이 그렇듯 야생의 동물과 식물, 그리고 이들이 사는 숲과 강을 함부로 대하지 않았다. 생존을 위해 나무를 베고 사냥을 할지라도 생명의 그물망이 훼손되지 않는 범위 내에서 했다. 내가 토템폴을 본 것은 자연사 박물관과 공원에서였다. 원주민들의 마을과 집이 백인들의 침입으로 대부분 사라졌기 때문이다. 그렇지만 인간은 위대한 야생의 일부라는 원주민들의 정신만큼은 여전히 남아 있었다.

제작팀이 잡은 테마 중 하나는 연어였다. 내게 연어는 초고추장 대신 사워크림을 발라 먹는 분홍빛 생선, 그 정도였다. 연어에 관한 시나 글을 읽으면서도 연어는 추상화된 기호일 뿐, 그 글자에서 바다 냄새를 맡지는 못했다. 그래서 캐나다 서부의 어느 깊은 계곡에서 이루 말할 수 없이 거친 급류를 거슬러 올라가는 야생 연어들을 보았을 때 눈물을 흘리고 말았다. 연어들이 저토록 힘들고 치열하게 살아가고 있었다니. 강에서 태어나 머나먼 바다로 나갔다가, 다시 고향의 강으로 돌아와 후손을 남기고 생을 마감하는 연어. 상처투성이 몸이 되더라도 가야 하는 곳으로 끝내 가고야 마는 연어들은, 작은 어려움에도 쉽게 지치곤 했던 나의 삶을 돌아보게 했고 용기를 내라고 격려하는 것만 같았다.

밴쿠버 여기저기서 '무조건 곰 볼 수 있음'이라고 적힌 전단지를 보았다. 야생 곰이 강에서 연어를 잡는 광경을 구경하는 에코투어가 있을 정도로 밴쿠버의 생태계와 경제, 문화에서 연어가 차지하는 비중은 크다. 연어가 돌아오는 가을이 되면 강은 '물 반, 고기 반'이 된다느니, 곰들이 아예 계곡 한 귀퉁이에 자리를 잡고 앉아 연어를 건져 먹는다느니, 번식기를 맞아 몸 색깔을 붉게 바꾼 연어

떼로 강물이 붉은색을 띤다느니, 이런 이야기를 들으며 현지에 도착했을 때 연어는 기대보다 많지 않았다. 연어가 본격적으로 회귀하는 철보다 약간 이른 시기이기도 했지만, 사람들은 이구동성으로 연어가 전보다 줄어든 것 같다고 했다.

다들 '돌아오지 않는 연어'를 걱정했지만 누구보다 이 사태를 걱정하고 슬퍼하는 건 원주민들이었다. 태평양과 연결된 강을 따라 대대손손 살아온 원주민들에게 연어는 주식이자 신앙이자 삶의 근원이기 때문이다.

'뛰는 심장'이라는 이름의 부족을 방문하던 날은 마침 나를 초대한 K씨 가족이 강에서 잡은 연어를 저장하는 날이었다. 저장이란 가을에 잡은 연어를 두고두고 먹을 수 있도록 자르고 씻은 후 유리병에 담아 밀봉하는 일이다. 전통 방식대로 바람에 말리거나 훈제를 하기도 하는데, 요즘은 주로 유리병에 담아 저장한다고 했다. 온 가족이 모여 연어를 저장하는 모습은 마치 한국의 김장과도 비슷했다. 다만 김장은 왁자지껄한 분위기인데 그곳의 연어 저장은 마치 어떤 의례처럼 신중하고 경건한 분위기마저 흘렀다. 외부인, 특히 낯선 이방인은 초대하지 않는 중요한 행사에 예외적으로 초대된 나는 조용히 숨죽인 채 모든 과정을 지켜보았다. 작업을 마친 K씨의 가족은 둥글게 서서 다 함께 손을 잡았다. 영광스럽게도 나도 둥근 원에 포함되어 원주민 가족과 손을 잡았다. K씨가 북을 치자,

가족들이 손을 잡은 채 노래를 부르기 시작했다. '뛰는 심장' 사람들은 연어를 허락한 어머니 강에 가슴 깊이 감사했다.

K씨의 노모는 깊은 한숨을 내쉬었다. 앞으로 연어가 줄어들면 아이들은 어떻게 살아갈까 하는 걱정이었다. 작은 일 하나를 결정할 때도 아이들의 아이들의 아이들, 미래의 7대 후손까지 아무 문제가 없을지를 살피고 결정하는 것이 북아메리카 원주민들의 삶의 철학이었다. 연어의 씨를 말리는 건 산업적 어업과 스포츠 연어잡이의 남획, 지구온난화, 벌목으로 인한 계곡 수온의 상승 등인데, 연어 양식이 원인이라는 연구도 있다. 바다판 공장식 축산인 양식장에서 발생한 어떤 바이러스가 야생 연어에게도 영향을 미쳐 심장마비를 일으킨다는 것이다. 설상가상, 후쿠시마에서 쏟아져 나오는 방사성물질이 태평양 구석구석에 퍼져 연어의 몸에 쌓이고 있을 것이다. 연어는 앞으로 어떻게 될까, 연어를 먹고 사는 고래, 곰, 늑대는 어떻게 될까, 연어가 주식인 원주민들은 어떻게 될까.

'시애틀 추장의 연설문'이라고 알려진 글은 많은 이들에게 감동을 주며 회자됐다. 1800년대 백인들이 원주민의 땅을 차지하려 할 때 시애틀 추장이 했던 연설을 토대로 이후에 여러 사람이 각색하면서 연설문의 진위 논란이 있지만, 그와는 상관없이 북아메리카 원주민들은 아래와 같은 세계관으로 세상을 바라보았다.

우리가 어떻게 공기를 사고팔 수 있단 말인가? 대지의 따뜻함을

어떻게 사고판단 말인가? 부드러운 공기와 재잘거리는 시냇물을
우리가 어떻게 소유할 수 있으며, 또한 소유하지도 않은 것을 어떻게
사고팔 수 있단 말인가? 햇살 속에 반짝이는 소나무들, 모래사장, 검은
숲에 걸려 있는 안개, 눈길 닿는 모든 곳, 잉잉대는 꿀벌 한 마리까지도
우리의 기억과 가슴속에서는 모두가 신성한 것들이다.

세상의 모든 것은 하나로 연결돼 있다. 대지에서 일어나는 일은 대지의
아이들에게도 일어난다. 사람이 삶의 거미줄을 짜 나아가는 것이
아니다. 사람 역시 한 올의 거미줄에 불과하다. 따라서 그가 거미줄에
가하는 모든 행동은 반드시 그 자신에게 되돌아오기 마련이다. 대지는
인간에게 속한 것이 아니며, 인간이 오히려 대지에게 속해 있다.

우리는 그것을 안다.

세상의 마지막 나무가 베어지고, 마지막 강이 더럽혀지고, 마지막
물고기가 잡힌 뒤에야 그대들은 깨달을 것인가. 돈을 먹고 살 수
없다는 것을.

　　또 다른 마을로 갔다. 마을과 숲을 지키는 일을 하는 원주민 청
년 션의 안내를 받아 마을을 둘러보았다. 소가 몇 마리 돌아다니고
있었다. 소는 유럽인들 때문에 들어온 것이라며 그 마을 부족은 먹
지 않는다고 했다. 원주민들은 북아메리카 대륙을 '거북섬'으로 불
렀다. 거북섬은 유구한 세월 동안 버팔로의 땅이었다. 헤아릴 수 없
이 많았던 버팔로들이 자취를 감춘 건, 백인들이 원주민을 학살하

고 카우보이들이 소떼를 몰고 오면서부터였다. 버팔로의 뼈가 산처럼 쌓였다. 버팔로와 원주민의 땅은 가축과 목축업자들의 땅이되었다. 폭력적으로 시작된 미국의 목축업은 20세기 자본주의와만나 공장식 축산이 되었다.

북아메리카의 야생은 백인의 침략으로 90% 이상 파괴됐지만, 일부 원시림은 원주민과 백인 운동가들의 필사적인 저항으로 지켜졌다. 션의 안내를 받아 원시림으로 들어갔다. 어른 몇 명이 팔을 이어도 다 안지 못할 정도로 거대한 시더 나무들, 각종 산딸기들, 이끼 낀 계곡의 서늘한 기운⋯ 인간이 지구에 태어나기 훨씬 전부터 존재해온 원시의 숲속에 있으니 내가 아주 작게 느껴졌다. 그작아짐은 초라해지고 소외되는 느낌이 아니라, 신비롭고 아름다운전체 중 일부로 느껴지는 데서 오는 안도감에 가까웠다. 늑대 '덕후'이기도 한 나는, 늑대의 똥이라도 발견하고 싶어 땅을 살피며다녔다. 늑대의 똥은 발견하지 못했지만, 작은 새의 황금빛, 푸른빛깃털들을 주웠다. 나는 야생의 정령들이 준 선물을 수첩에 소중히끼워두었다.

션은 나무 유전자의 상당 부분이 연어의 유전자를 갖고 있다고 말했다. 바다에서 강을 거슬러 계곡을 타고 숲으로 돌아온 연어를 곰이 잡아먹고, 그 곰의 배설물로 나무와 풀이 자란다. 곰이 죽으면 흙으로 돌아간다. 연어들은 숲이 만들어내는 차가운 계곡 물에서 알을 낳는다. 그리고 생을 다한다. 다시 생명이 태어난다. 순환이 계속된다. 연어, 나무, 곰, 숲, 강, 바다는 '하나'인 것이다.

이 순환의 고리에서 인간은 작은 일부여야지 결코 그 원을 파괴해서는 안 된다는 생각이 마을 주민들의 일상 곳곳에 배어 있었다. 마을 회관 벽에 그림이 걸려 있다. 자세히 보니, 커다란 연어의 배 속에 사람이 들어 있는 형상이었다. 사람은 아기가 아닌 어른의 모습을 하고 있었다. 아이든 어른이든, 사람은 누구나 위대한 자연의 배 속에서 태어나는 자녀일 수밖에 없음을 의미하는 듯했다. '모든 것이 하나로 연결돼 있음Oneness'을 믿는 북아메리카 원주민의 세계관을 함축적으로 보여주는 그림이었다. 마을 입구에 나무로 만든 작은 게시판이 있고 거기에는 '이삭Iisaak' 이라는 글씨가 쓰여 있었다. 존경, 존중respect을 뜻하는 원주민 말이라고 했다.

"이삭, 이삭…"

돌아오는 길 내내 가슴에서 이 말이 맴돌았다. 존경, 그리고 존중.

눈을 감고 원주민들과 함께 호흡했던 시간들을 음미해본다. '뛰는 심장' 부족의 대가족과 함께 둥글게 서서 노래를 불렀던 시간으로 돌아간다. 그들의 따뜻한 손과 목소리, 강을 향한 감사의 노래, 북소리, 그리고 우리의 뛰는 심장들…. 의식이 끝나고 이윽고 식사 시간이 되자 그들은 내게 밥과 감자, 샐러드, 그리고 연어를 주었다. 그것은 마트에서 사다 먹던, 비닐 포장 속 연어와는 달랐다. 원시림 계곡의 향기, 곰과 늑대의 이야기, 부족의 전설, 수만 년간 이어져온 생명의 역사와 환대가 담긴 '선물'이었다.

친구를 요리하다

　촬영이 거의 끝나갈 무렵, 원 선생님께서 선물을 주셨다. 냉동된 고기가 담긴 상자였다. 상자를 받아 안고 얼떨떨해 있는 사이, 선생님께서 두 박스를 더 얹어주셨다. 세 박스나 되는 고기가 내 품에 안겼다. 고기 몇 덩어리가 그렇게 '무겁게' 느껴지기는 처음이었다. 그 고기에도 이름이 있고 삶이 있었다는 것을 알게 된 이상, 전과 같은 마음으로 고기를 볼 수 없었다. 그렇지만 한편으론 매우 귀한 선물이었다. 선생님의 구슬땀, 그리고 돼지들의 숨과 삶이 담겨 있었으니까. 또 고기로서의 가치만 본다면, 국내에서 구할 수 있는 가장 좋은 고기였다. 강원도 청정 산골에서 유기농 사료와 야생초를 먹고 자란 돼지. 하지만 십순이와 돈수의 눈망울이 떠올랐다. 선물 받은 고기가 비록 십순이와 돈수는 아닐지라도 그들과 함께 살았던 자매 돼지, 형제 돼지 들일 테니까. 화면 속 나의 얼떨떨한 표정은 연기가 아니었다. 나는 정말 난감했다.

　"농장에서 선물 받은 고기는 어떻게 했나요?"

　영화 상영을 하고 관객들과 대화하다 보면 반드시 빠지지 않는 질문이다. 이 질문을 받으면 나는 "여러분이라면 그 고기를 어떻게 하셨을 것 같아요?" 하고 되묻는다. 나는 관객들도 나처럼 딜레마에 빠졌으면 했다. 딜레마라는 건, 익숙했던 관성에 물음표를 던지고 잠깐 멈추는 순간이다. "어떻게 하지? 이쪽으로 가야 하나, 저쪽으로 가야 하나?" 고민하는 순간, 우리는 생각하게 된다. 익숙했던 것들을 낯설게 보게 된다. 잘 보이지 않던 자신의 욕망이 드러나기도 한다. 누군가는 다시 관성으로 돌아갈 것이고, 누군가는 새로운 길로 갈 것이고, 누군가는 중간 어디쯤에서 결정을 내릴 것이다.

선물 받은 고기를 어떻게 할지 결정하기까지 한참이 걸렸고, 그 고기를 어떻게 했는지 영화에 보여줄지 말지, 보여준다면 어떤 방식으로 할지를 놓고 또 한참이 걸렸다. 첫 상영인 2014년 전주국제영화제 상영 때는 그 고기를 어떻게 했는지 보여주는 장면을 넣었다. 그러나 6개월이 넘는 고민 끝에 그 장면을 뺐다. 앞에서 말한 것처럼 나만의 딜레마가 아니라 관객 모두의 딜레마가 시작되기를 바랐기 때문이다. 나는 이 영화가 '잡식가족의 딜레마'를 보여주지만 영화가 끝나는 순간부터는 '잡식사회의 딜레마'가 시작되기를 바랐다. 영화가 답이 아니라 하나의 질문이기를 바랐다. "사랑할까, 먹을까?"

이런 고민 끝에 2015년 극장 개봉을 앞두고 편집을 마무리하면서 선물로 받은 고기 장면 다음에 이제 막 출산을 마친 어미 돼지와 이제 막 세상에 태어난 새끼 돼지들의 장면을 이었다. '고기'로서의 돼지와 '생명'으로서의 돼지. 죽음과 탄생. 끝과 시작.

어두운 겨울 밤, 볏짚에서 막 새끼를 낳은 어미 돼지, 그리고 탯줄을 단 채 엄마 젖을 찾아가는 갓 태어난 새끼 돼지들. 새끼들이 어서 젖을 찾을 수 있도록 독려하며 어미 돼지 지순이가 내는 중저음의 꿀꿀 소리. 영화의 마지막 장면이자, 내가 가장 사랑하는 장면이다. 이것은 묘하게도, 원가자농에서 찍은 첫 장면이기도 하다.

돼지고기에서 돼지의 탄생으로 이어지는 마지막 신은 여러 가지 의미를 담고 있다. 도마 위에 놓인 고기는 생명의 죽음을 의미한다. 그리고 출산은 생명의 탄생을 의미한다. 두 장면은 죽음(죽임)과 생명(살림)으로 충돌한다. 그 충돌에서 발생하는 낯선 느낌을 담고 싶었다. 출산 장면은 신비로운 생명의 탄생이라는 의미 외에 또 다른 의미도 있다. 그들은 어차피 도살될 운명, 그러니까 고기가 되기 위해 태어난 생명들이다. 이 땅의 농장동물들이 짊어진 무거운 수레바퀴 같은 운명을 상징하기도 한다.

부엌에서 시작된 여정은 먼 길을 떠났다가 다시 부엌으로 돌아와 끝났다. '도마 위의 붉은 고기' 장면이 영화의 처음과 끝에 한 번씩 나온다. 시작 부분은 아이를 위해 고기를 썰고 볶는 나의 손, 그리고 마지막 부분은 원가자농에서 선물 받은 고기를 도마 위에 올려놓은 장면. 전자와 후자는 똑같이 도마 위의 고기이고, 고기의 질은 비슷하지만 (영화에서 구입처가 나오지는 않았지만 전자는 생협에서 산 유기농 고기였고 후자는 원가자농의 유기농 고기였다) 고기를 바라보는 나의 시선은 전혀 다르다. 도입부에서는 도마 위의 붉은 덩어리를 '식재료', '아이를 위한 반찬', '동물성 단백질'로 바라보지만, 마지막 장면에서는 한때 나처럼 따뜻한 숨을 쉬던 한 생명의 삶과 죽음을 본다. 이 시선의 차이를 만든 것은 십순이, 돈수, 그리고 돼지를 찾아 떠난 몇 년간의 여정이었다.

영화에서는 그 고기를 어떻게 했는지 보여주지 않았지만 이 책에서는 조금 구체적으로 이야기해도 좋을 것 같다. 그 고기 선물을 이러지도 저러지도 못해 냉동실에 넣었고 시간은 흘러갔다. 계속 그렇게 둘 수는 없는 일이었다. 결단을 내려야 했다. 남편 영준의 생일이 다가오고 있었다. 며칠이 지난 도영의 다섯 번째 생일에 남편이 조류독감 출장으로 함께하지 못했기에, 두 사람의 생일상을 합쳐서 차리기로 했다. 고기를 냉동실에서 꺼내 해동했다. 내 가족이 기왕에 고기를 먹는다면 공장식 축산의 육류보다는 살아생전 나름대로 '돈격'을 존중받으며 자란 돼지를 먹는 것이 낫다고 생각했다. 프라이팬에 고기를 구웠다. 친구를 요리하는 기분이었다. 생일상이 차려졌다. 아주 오랜만에 고기가 밥상에 놓였다. 영화의 첫 상영 때는 들어갔다가 극장 개봉 버전에서는 빠진 그 장면의 내용은 이렇다.

문 **밥 먹자.**

영준 **엄마가 밥 먹재. (깜짝 놀라며) 뭐냐? 고기를 왜 구웠어?**

윤 도영이랑 나랑 다니던 농장 있잖아, 돼지 키우는. 농장에서 선생님한테 선물 받았거든. 당신 생일이라서 선물하는 거다. 그동안 내가 너무 내 맘대로 풀만 줘서.

영준 음, 그래.

윤 맛은 어때?

영준 도영이 돼지고기 안 먹을 거야?

도영 두부 먹은 다음에요.

영준 두부 먹은 다음에? 먹고 싶으면 먹고, 말고 싶으면 말고.

도영 엄마도 먹을 거야?

윤 돼지고기? 엄마는 안 먹을 거야. 엄마는 두부 먹을 거야. 도영이는 네 마음대로 해.

도영 아빠도요? 아빠도 마음대로 할 거예요?

영준 어, 아빠는 원래 마음대로 먹었어.

다 같이 노래 생일 축하합니다, 생일 축하합니다. 사랑하는 아빠의 생일 축하합니다. 이번에는 도영이. 도영이 생일날 아빠 없었으니까. 생일 축하합니다, 생일 축하합니다. 사랑하는 도영이 생일 축하합니다.

　　고기를 사랑하는 아빠와 돼지를 사랑하는 엄마 사이에 끼어 있던 도영이는 두부를 먼저 먹은 다음에 고기를 먹겠다고 했지만, 결국 고기를 먹지 않았다.

　　나는 선생님이 주신 소중한 '선물'을 먹지 못했고, 그 이후로도 먹을 수 없었다. 예쁜 쌍꺼풀과 강아지처럼 순진한 눈동자를 가진 돈수, 밀밭에서 아들과 추격전을 벌이고 숨바꼭질을 했던 돈수의 형제들을 '오메가3가 풍부한 유기농 흑돼지'로 볼 수 없었다.

돈수와 형제들이 마취 없이 거세되며 피 흘리는 것을 보았고, 어미 돼지들이 새끼들을 볏짚 속에 숨기며 목숨 걸고 저항하는 것을 보았다. 평생 울타리 밖으로 나가지 못한 채 임신과 출산을 반복하는 십순이와 어미 돼지들의 삶을 보았고, 결국 돈수가 공장식 도축장에 실려 가는 것을 보았다. 농장은 지상 낙원이 아니다.

개선되어야 할 점은 분명히 있다고 생각한다. 그럼에도 공장식 축산 시스템에 저항하며 돼지를 돼지답게 키우는 작은 농장들을 지지한다. 내가 사랑하는 사람들이 고기를 먹는다면 공장에서 찍어져 나온 동물을 자주 먹기보다는, 농장에서 생명답게 살았던 동물을 귀한 선물처럼 먹기를 바란다. 하나의 삶을 먹고 있음을 인식하며 먹기를 바란다.

2011년, 구제역과 조류독감으로 1,000만 마리 소, 돼지, 닭이 매몰됐을 때 살처분으로 희생된 동물들의 영혼을 위로하기 위해 여러 종교와 단체에서 곳곳에 분향소를 마련하고 위령제를 열었다. 소와 돼지의 영정 사진이 놓였고 사람들은 국화꽃을 놓고 슬픈 넋들을 위로했다. 세상의 모든 제의가 그런 것처럼, 그건 산 자들을 위한 제의였을 것이다. 우리는 우리 손으로 그런 끔찍한 학살을 저질렀다는 것을 어떤 식으로든 속죄받고 싶었는지 모른다. 어느 조용한 분향소에서 기도를 마친 한 회사원이 정성을 다해 편지를 쓰는 모습을 보았다. 그의 편지에는 이런 말이 쓰여 있었다.

앞으로 육식을 자제하겠습니다. 모든 사람들이, 완벽하지 않아도 각자 할 수 있는 만큼 최선을 다하면 좋겠습니다. 일주일에 치킨 한 마리만 덜 먹어도 닭 한 마리가 자유를 찾는 거니까요.

당시 <발굴의 금지>라는 미술전도 열렸다. 구제역으로 희생된 생명체의 넋을 위로하기 위해 여러 작가들의 다양한 작품들이 전시됐는데, 갤러리 한쪽 벽에 글귀가 적힌 종이들이 붙어 있었다. 관객 누구든 쓰고 싶은 것을 써서 붙이는 참여형 작품이었다. 희생된 생명들을 추모하고 애도하는 글들이 많았다. 그중 한 문구가 오래도록 기억에 남는다.

육식을 하지 않기로 결심합니다. 아니, 완전히 육식을 금하겠다는 말은 못 하겠습니다. 내 몸이 썩어 풀을 자라게 하고 그 풀을 짐승이 먹어 살찐 만큼만 육식을 하겠습니다.

착한 육식은 가능한가

내 앞에는 크게 세 가지 카드가 있었다. 첫 번째는 일반적인 육류, 즉 공장식 축산에서 생산된 육류를 먹는 것, 두 번째는 '동물복지' 농장의 육류를 먹는 것, 세 번째는 채식.

우선 첫 번째 카드는 제외한다. 내 아이뿐 아니라 이 세상 모든 아이들이 건강했으면 하는 엄마로서, 내가 겪고 싶지 않은 폭력을 다른 동물에게 강요하고 싶지 않은 인간 여성으로서, 타자의 고통에 민감한 예술가로서, 윤리적 소비를 하고 싶은 지구별 시민으로서, 공장식 축산이라는 시스템에 힘을 보태지 않기로 했다.

이 판단엔 납세자로서의 억울함도 한몫했다. 의지와 상관없이 내 세금의 일부가 꼬박꼬박 공장식 축산에 바쳐지고 있다. 한국에서 소규모 농장이 사라지고 공장식 축산으로 바뀐 것은 정부가 정책적으로 유도한 일이다. 농장을 공장으로 바꾸는 과정에서, 그렇게 만든 공장식 사육 시스템을 유지하는 과정에서, 어마어마한 정부 예산이 쓰였고 지금도 쓰이고 있다. 하승수 녹색당 운영위원장이 <오마이뉴스>에 기고한 '고기에 환장하는 당신, 정부 계략에 속았군요(2015)'를 요약하면 아래와 같다.

1990년대 중반, 정부는 통상 개방과 함께 곡물 농업을 포기하고 축산을 키우기 시작한다. 즉, 축산을 전업으로 하는 전업농을 육성하고 규모를 키우는 방향으로 지원한다. 2009년부터는 정부가 '축사 시설 현대화 사업'을 시작했다. 대표적인 동물 학대 사육 방식이라고 할 수 있는 감금틀(산란계의 경우 배터리 케이지, 돼지의 경우 스톨)도 지원 대상 시설품목 중에 하나였다. 2009년 당시에 이 사업의 지원을 받으려면 전업농이어야 했고, 양계는 3만 마리 이상, 돼지는 1,000마리 이상을 키우는 농장이어야 했다. (이후에 준 전업농까지 지원 대상이 확대되었지만, 어느 정도의 규모를 전제로 하는 데는 변화가 없었다.) 이렇게 지원된 축사 시설 현대화 사업비는 2009~2014년 동안 무려 1조 265억 원(보조 및 융자)에 달한다.

공장식 축산의 도입과 함께 가축 분뇨가 심각한 환경오염원이 되자 정부는 가축 분뇨 처리 시설에도 막대한 재정을 지원한다. 2015년 농림축산식품부 예산에서만 가축 분뇨 처리 시설 지원비가 878억 원에 달한다. 가축 방역 강화 예산도 무려 3,044억 원에 달한다. 이렇게 정부는 막대한 예산을 써가면서, 공장식 축산을 유지하려 애써 왔지만 결국 돌아온 것은 구제역, 조류독감이었다.

이런 시스템에서 축산기업들은 고속 성장을 통해 이윤을 쌓은 반면, 수많은 소, 돼지, 닭은 반생명적인 환경 속에 사육당하며 고통을 받았고, 구제역, 조류독감이 돌 때마다 대량으로 죽임을 당했다. 경제적 손실도 막대하다. 대규모 살처분 보상금으로 막대한 정부 예산이 사용되었다. 2011년부터 2014년까지 4년간 집행된 살처분 보상금만 하더라도 1조 8,416억 원에 달한다. 이뿐만이 아니라, 살처분 매몰지 주변의 상수도가 오염될 우려가 생김으로써, 상수도를 정비하는 데 투입된 예산만 하더라도 2010년~2011년에만 6,411억 원에 달한다.

2000년에서 2018년까지 한국에서 조류독감과 구제역 살처분에 사용된 국가 재정이 얼마나 될까? 총 4조 3,741억 원에 이른다. 2018년 7월 9일 국회에서 열린 <생명을, 묻다-가축 살처분 실태와 쟁점 진단> 세미나 자료집에 따르면, 살처분 보상금과 생계소득 안정비 등으로 쓰인 예산이 2003년부터 2018년까지 조류독감에 1조 375억 원, 2000년부터 2018년까지 구제역에 3조 3,366억 원. 동물이 대량 살처분되어도 정부가 손실액을 보상해주고, 축산기업은 똑같은 시스템에서 동물을 다시 키운다. 다시 질병이 발생한다. 다시 정부가 살처분하고 국민 혈세로 보상해주고 다시 공장이 돌아간다. 내가 소비를 멈추더라도 내가 낸 세금의 일부는 여전히 공장식 축산에 보태지겠지만, 일단 소비자이기를 멈추는 것은 내가 할 수 있는 가장 즉각적인 투표일 것이다.

남아 있는 두 개의 카드, 그러니까 '동물복지' 농장에서 기른 동물을 먹는 것과 채식을 하는 것 중 나는 채식을 선택했다.

'동물복지' 농장은 중요한 대안임이 분명하다. 동물을 먹겠다면 잘 키워서, 잘 먹어야 한다. 하지만 나는 이른바 동물복지 농장에도 빛과 그림자가 있다는 것을 알게 되었다.

동물을 사육한다는 것은 그(그녀)의 삶을 인간이 통제하고 죽여서 먹는 것을 전제로 한다. 인간은 동물에게 먹이를 주는 조건으로 그들의 살, 젖, 알, 삶을 빼앗는다. 아무리 잘해준다고 하더라도 그들을 먹기 위해 기르고 종국에 생명을 빼앗는 것은 부인할 수 없다. 하지만 나의 가족은 물론 우리 사회 구성원들 대다수가 여전히 육식을 하고 있는 상황에서, '동물복지' 농장은 여러 가지 한계에도 불구하고 아직은 필요한 대안 중 하나라고 생각한다. 육식을 하되 공장식 축산의 육류는 피하고 싶은 사람들에게, 다른 선택지가 필요하기 때문이다.

자폐증을 극복하고 오히려 자폐인의 민감한 감각을 활용하여 동물학자가 될 수 있었던 템플 그랜딘은 '동물복지 도축장'을 설계했다. '소처럼 생각하는 여자'라 불릴 정도로 그 누구보다도 동물을 사랑하고 동물과 깊은 교감을 나누었던 그녀가 왜 도축장을 설계했을까. 지금 당장 도축장을 문 닫게 할 수 없다면, 동물에게 공포와 고통을 최대한 덜 주는 환경이라도 만들어야 한다고 생각했던 것이다. 비슷한 맥락으로 동물보호단체들은 '공장 대신 농장으로' 운동을 펼치고 있다. 물론 동물의 고통을 단박에 멈출 수 있는 가장 확실한 대안인 채식도 함께 캠페인을 펼치고 있다. 미국의 동물보호운동가 박미연 씨는 동물권행동 카라가 초청한 강연에서 이렇게 말했다.

"제가 더 젊었을 때는 흑백론자였어요. 비건(완전 채식)이 아니면 안 된다고 생각했죠. 누군가 동물복지나 (축산업계를 변화시키기 위한) 타협, 협력에 대해 이야기하면 화가 났어요. 비건이 되어 착취를 끝내야지 대안은 없다고 생각했어요. 만약 지금 누군가 저에게 '세계가 비건이 되기를 원하느냐'고 묻는다면 답은 '예스yes'예요. 하지만 내 생애 이런 일이 일어나지 않으리라는 것을 알고 있어요. 그러므로 지금은 동물의 고통을 줄이는 일을 해야 한다고 생각해요."

동물복지는 대단한 것이 아니다. 영국 농장동물복지위원회는 농장동물의 5대 자유로 배고픔 및 갈증, 불편함, 질병 및 고통과 부상, 두려움과 스트레스로부터의 자유, 그리고 본능적 행동을 할 수 있는 자유를 주창해왔다. 생명체로서 고통받지 않을 권리를 존중해주고 돼지는 돼지답게, 닭은 닭답게 키우는 것이 동물복지인 것이다.

'좋은 건 알겠는데 경제성 때문에 어렵다', '동물복지는 아직 잘 사는 나라들 얘기'라고 생각하는 사람들도 있다. 취재 과정에서 만난 한 양돈기업 종사자는 이렇게 말했다.

"우리 양돈업은 고기를 생산하는 공장이고 기업입니다. 우리의 가장 중요한 목표는 암퇘지 한 마리가 낳을 수 있는 새끼 돼지

수를 늘리는 것, 즉 얼마나 많은 고기를 얻어내느냐입니다. 이윤을 추구하는 기업에게 동물복지를 기대하면 안 되죠."

얼핏 맞는 말 같지만, 틀렸다. 공장식 밀집 사육은 동물들의 면역력을 떨어뜨려 오히려 폐사율이 높아진다. 즉, 병들어 죽는 돼지가 많다. 동물복지는 동물들을 건강하게 해서 생산성 향상에 도움이 된다. 2017년 한국을 찾은 킴머 틸리카이넨 핀란드 농업환경부 장관은 "핀란드에서는 1970년대부터 본격 추진한 동물복지 정책 결과 구제역, AI 발병률이 0%"라고 강조했다. 가혹한 공장식 사육과 성장촉진제, 예방용 항생제 투여를 금지한 결과였다. 수익성은 더 높아졌다. 한국에서 동물복지로 돼지를 키우는 농장주들도 같은 이야기를 한다. 돼지들이 건강하고 튼튼하게 자라 죽는 돼지가 적고 모돈도 스트레스를 덜 받아 오히려 사육률이 높아졌다고. 또 스트레스를 받지 않은 돼지의 지방에는 포화지방산보다 불포화지방산이 더 많다. 동물복지는 인간복지로 이어진다.

그렇다면 이른바 동물복지 농장에는 어떤 종류가 있을까? 포장에 푸른 초원이 그려져 있고 '행복한 돼지'라고 쓰여 있어도 대부분은 공장식 농장에서 온 것들이다. 동물복지 농장은 크게 세 가지 종류로 나눌 수 있다. 정부가 인증한 '동물복지' 농장, 생활협동조합(생협)에서 자체 기준에 따라 운영되는 농장, 그리고 소규모 농장. 세 가지 유형은 동물복지의 기준이 각기 다르고 운영방식도 다르지만, 공장식 축산의 관행들을 줄이기 위한 노력을 한다는 공통점이 있다.

거듭 밝혀두는 점은, 이런 농장들이라 해서 동물의 복지가 완벽하게 구현된 낙원은 아니라는 사실이다. 현실을 알고 나면 과연 이런 농장들이 공장식 축산과 얼마나 다른 건지 의문이 들 수 있다. 하지만 육류를 구입하려는 모든 소비자는 공장식 축산의 생산물 외에 어떤 다른 선택이 있는지 알 필요가 있다. 알아야 판단할 수 있고, 알아야 더 나은 농장을 요구할 수 있으니까.

'동물복지' 농장의 세 가지 선택지

자, 아직 채식주의자가 아닌 당신이 장보기를 한다고 치자. 당신은 공장식 축산의 육류만큼은 피하고 싶다. 동물의 복지를 고려한 축산물을 사려고 한다. 당신에겐 대략 세 가지 선택지가 있다.

첫 번째는 정부가 인증한 동물복지 축산물을 구입하는 것이다. 시중 마트에 '동물복지' 마크가 찍힌 축산물이 유통되고 있다. 인증 기준이 궁금하다면, 그리고 이 고기가 어떤 농장에서 온 축산물인지 궁금하다면, 농림축산검역본부가 운영하는 '동물보호관리시스템' 홈페이지에 가면 자세한 내용을 볼 수 있다. 세부적인 사육 기준, 인증을 받은 농장 리스트, 심지어 구입처까지, 많은 정보를 얻을 수 있다. 이곳의 정의에 따르면 이 인증제는 "높은 수준의 동물복지 기준에 따라 인도적으로 동물을 사육하는 소, 돼지, 닭, 오리 농장 등에 대해 국가에서 인증하고, 인증 농장 생산 축산물에 '동물복지 축산농장 인증마크'를 표시하는 제도"이다. 여기서 말하는 "높은 수준의 동물복지"에 대해 정작 소, 돼지, 닭, 오리가 높은 수준의 복지라고 인정할지 논란의 여지가 있지만, 일단은 이렇게 정의돼 있다.

동물복지 농장으로 인증을 받으려면 까다로운 조건을 통과해야 한다. 어미 돼지를 감금틀(스톨)에 가둬서는 안 된다. 볏짚도 의무적으로 깔아줘야 한다. 관행적으로 해오던 새끼 돼지 꼬리 자르기, 송곳니 자르기도 안 된다. 사료에 항생제 등의 첨가물을 넣는 것도 당연히 안 된다. 이렇게 기른 돼지를 도축장까지 운송하는 단계, 마지막으로 도축하는 단계에도 각각 인증 기준이 있다. 그러니까 사육, 운송, 도축, 전 과정에서 인증 기준을 충족시켜야만 동물복지 축산물 마크를 받을 수 있다.

인증이 까다롭다고는 하지만 여전히 공장식 축산의 관행을 일부 허용하는 대목이 보인다. 이를테면 "농장 내에서의 부리 다듬기는 원칙적으로 금지하며, 카니발리즘 등이 예상되는 경우에만 허용된다". 여기서 '부리 다듬기'란 부리 끝을 자르는 것을 완곡하게 표현한 것이다. 어미 돼지 역시 스톨 감금을 일부 허용하는 조항이 있다. "모든 돼지는 군사사육을 원칙으로 하며, 스톨 내 감금사육은 금지한다. 다만 임신돈의 안정과 유산 방지를 위하여 교미 또는 인공수정 후부터 4주까지는 스톨에서 사육할 수 있다." 수컷 새끼 돼지의 경우에도 거세를 하지 않도록 '노력'할 것을 '권고'하는 수준에 머물고 있다. "비외과적 방법을 이용하여 웅취를 제거하거나 웅취가 나지 않는 품종을 이용하는 등 외과적 거세를 하지 않도록 노력해야 한다."

인증 기준에 틈새가 있다고 해서 동물복지 인증 농장들이 이런 틈새를 일상적으로 이용할 거라 생각하지는 않지만, 인도적 사육을 기대하는 소비자들에게는 상당히 찝찝한 조항인 건 사실이다. 적어도 '동물복지' 인증 마크가 찍힌 축산물을 사기 위해 발품을 팔고 돈을 더 지불한 소비자가 설마 그 돼지가 거세를 당했거나 엄마 돼지가 스톨에 갇혔을 것을 기대하지는 않을 테니 말이다.

동물복지 닭농장이라고 하면 푸른 초원에 닭들이 뛰노는 방목 농장을 떠올리는 사람들이 많지만 실제로 방목 농장은 소수에 불과하다. 정부의 동물복지 인증 기준은 가장 잔인한 사육 방식으로 꼽히는 배터리 케이지를 금지하고 있지만 그렇다고 해서 풀밭에 자유롭게 닭을 풀어놓는 방목만을 요구하지는 않는다. 축사 안에서 키우지만 바닥에 닭을 풀어놓는 평사 사육, 축사 내 여러 개의 단을 설치해 닭이 자유롭게 이동 가능하도록 한 다단식 사육도 현행법에서는 동물복지 산란계 농장으로 인증 받는다. 동물복지 인증을 받은 닭농장 95개 중 풀밭에 자유 방목 형태로 닭을 사육하는 곳은 2018년 현재 18곳뿐이다.

인증제도가 시작된 지 몇 년밖에 되지 않아서 인증 기준에 해당되는 농장이 아직은 소수에 불과하다. 다시 말해 동물복지 인증 마크가 찍힌 축산물은 여전히 쉽게 구할 수 없다. 하지만 동물복지 농장은 점차 늘어날 전망이다. 살충제 파동 이후 동물복지 축산물을 찾는 소비자들이 점점 늘고 있고 정부도 동물복지 축산으로의 전환을 유도하고 있기 때문이다.

'동물복지 인증' 외에도 '유기 축산물 인증'이 있다. 유기 축산물 인증은 동물복지 인증과 비슷한 수준의 동물복지 조건을 요구하는데, 사료가 유기농 사료여야 하고 항균제 등 화학물질을 일체 쓰면 안 된다는 조항이 추가로 들어가 있다. 요컨대 정부가 인증한 동물복지 축산물을 구입하고 싶다면, 동물복지 인증마크 또는 유기 축산물 인증마크가 찍힌 축산물을 구입하면 된다. (주의할 점은 '친환경 무항생제', '해썹HACCP', '우수 농수축산물GAP' 인증 등은 축산물의 위생이나 식품안전 등과 관련된 인증이지 동물복지와는 무관하다는 점이다. 일례로 무항생제 인증을 받은 농장에서도 배터리 케이지에 닭을 사육하는 경우가 허다하다. 또 인증은 아니지만 '유정란'이라 쓰여 있는 달걀도 반드시 동물복지를 의미하는 것은 아니다. 배터리 케이지에서도 인공수정을 통해 유정란 생산이 가능하기 때문이다.)

두 번째 선택지는 생협(생활협동조합)의 축산물을 구입하는 것이다. 생협은 안전한 생필품 생산과 윤리적 소비를 기본 가치로 삼는다. 생협 축산물은 기본적으로 '무항생제' 육류를 지향한다. 워낙 축산에서 항생제 사용이 많다 보니 무항생제 육류만 해도 친환경이라 할 수 있지만, 무항생제 사육이 곧 동물복지를 의미하지는 않는다. 무항생제가 나쁘다는 것이 아니라 동물복지와는 별개라는 점을 이야기하는 것이다.

국내에는 몇 개의 굵직한 생협이 있다. 다 둘러보고 싶었지만, 우선 내가 조합원으로 속해 있는 생협의 양돈농장이 궁금했다. 감독으로서뿐 아니라 조합원의 한 사람으로서, 그간 믿고 구입해온 축산물이 어떤 농장에서 생산되는지 보고 싶었다. 조합에는 몇 개의 농장이 있었고, 나는 그중 두 곳의 허가를 받고 농장을 방문할 기회를 얻었다. 일반 조합원 중에는 내가 첫 방문자라고 했다. 감사한 일이었다. 놀랍게도 그곳은 공장식 농장이었다. 2,000여 마리의 돼지들을 키우고 있었고, 200여 마리의 어미 돼지들이 스톨에 갇혀 있었다. 심지어 새끼 돼지 송곳니 자르기, 꼬리 자르기, 거세도 이루어지고 있었다. 윤리적 생산과 소비를 최우선 가치로 두는 생협이 이런 식으로 돼지를 사육하다니. 꿈에도 생각하지 못한 일이었다.

놀란 가슴을 진정시키며 천천히 둘러보니, 일반적인 공장식 양돈농장과 다른 점들이 보인다. 비육돈이 있는 축사는 밀폐된 건물이 아니라 양쪽 벽이 천막으로 되어 있었고 필요에 따라 벽을 걷어 올릴 수 있는 구조였다. 추운 계절을 제외하곤 햇빛과 바람이 통한다. 축사 바닥은 시멘트나 철제가 아니라 톱밥이 깔려 있어 돼지들이 훨씬 편안해 보였다. 거세는 처음에는 하지 않았는데 웅취에 대한 조합원들의 불만이 있었고, 어쩔 수 없이 거세를 하는 것으로 바뀌었다고 했다. 전에는 미생물을 이용해 웅취를 제거했는데 몇 년 전부터 거세를 하게 됐다고 했다. 농장주들은 이구동성으로 돼지들을 이렇게 키울 생각은 없었다고 아쉬움을 토로했다. 한 농장주는 이렇게 말했다.

"넓은 목장에서 소를 키우는 게 꿈이었어요. 돼지를 키울 줄은 몰랐죠. 어쩌다 돼지를 몇 마리 키우게 됐는데, 처음부터 이렇게 키울 생각은 아니었어요. 소비량이 늘면서 사육두수가 많아졌죠. 좁은 땅에 이 많은 돼지들을 다 풀어놓고 키울 수도 없고, 그래서 이렇게 된 거죠."

또 다른 농장주는 스톨에 갇힌 어미 돼지들을 보며 이렇게 말했다.

"우리가 어렸을 때는 한두 마리, 뭐 다섯 마리까지는 풀어놓고 키웠어요. 새끼 낳아도 방 한두 개만 있으면 새끼 받고 그렇게 키웠지만, 지금은 보다시피 기업이에요. 기업이다 보니 그렇게 못 하고 있어요. 불쌍하죠. 왜 여자로 태어나서 이렇게 불쌍한지…."

농장주는 여성이었고 어미 돼지들을 스톨에 가둘 수밖에 없는 현실을 말하면서 못내 미안해했다. 결국 조합원 수가 늘고 육류 소비량이 늘면서 생협 농장들 역시 사육두수를 늘리게 됐고, 기업처럼 커지고 공장화된 것이다. 내가 신뢰하고 지지해온 생협의 가치에 대해 혼돈스러웠다. 생협의 양적 팽창이 중요한가, 아니면 생명 존중, 사람과 지구를 살리는 생산, 윤리적 소비라는 기본 철학이 중요한가. 두 가지가 양립할 수는 없을까.

영화를 완성한 후 나는 조합원들과 함께하는 상영회에서 이 고민을 나눴고, 사무국에 전화해서 의견을 개진하기도 하고, 조합 소식지에 글을 싣기도 했다. 다행스럽게도, 조합의 돼지 사육 방식이 바뀌고 있다는 반가운 소식을 들었다. 2016년부터 어미 돼지 스톨 사육을 지양하고, 총 임신 기간 4개월 중 임신 초기와 말기를 합한 1개월만 스톨을 사용하기로 했다는 것이다. 조합의 양돈농장 중 한 곳은 처음부터 스톨을 아예 쓰지 않았다. 비록 완전한 스톨 사용 중단은 아니지만 작지 않은 변화다. 무엇보다 정부 주도나 제도에 의한 변화가 아니라 조합 내에서 스스로 변화를 만들어나간다는 점에서 의미 있다. 나는 다시 한 번 생협에 희망을 걸기로 했다. 생협은 누가 어떻게 하라고 지시하는 조직이 아니라 조합원 누구나 의견을 낼 수 있고 민주적 의사소통 과정을 통해 운영의 방향을 정한다. 조합원들이 둥글게 모여 앉아 동물복지에 대해 더 많은 이야기를 나누고 지혜를 모은다면 더 인도적인 방식의 사육으로 또 한 걸음 나아갈 수 있지 않을까? 볏짚도 제공해주고 말이다.

세 번째 선택지는 소규모 농장의 축산물을 구입하는 것이다. 돼지의 경우 적게는 10마리, 많게는 100~200마리를 키우는 작은 농장들이다. 소규모 농장이라고 동물복지를 완벽하게 구현한다고 볼 수는 없다. 하지만 국내에서 거의 사라지다시피 한 소규모 돼지 사육을 애써 복원한 농장주 중에는 돼지를 생명으로 존중하며 키우는 분들이 많다. 소규모 농장은 '얼굴'을 아는 시스템이다. 농장주는 돼지들을 구분할 줄 알고, 구매자는 누가 어떻게 키운 돼지인지 안다. 소규모 농장에서 생산된 고기는 주로 농장 인근 지역에서 직거래로 유통되거나 최소한의 단계를 거쳐 유통된다. 정부 인증을 받지 않았지만 오히려 거대한 정부 인증 시스템보다 농장주의 '소신'을 믿고 구입하는 경우가 많다.

소규모 농장에서 스톨을 쓰는 일은 거의 없다. 그러나 대부분 거세는 한다. 거세를 해야 비육 속도도 빠르고 고기에서 냄새가 나지 않는다는 믿음 때문이다. 소규모 농장이 안게 되는 딜레마의 정점은 도축이다. 키울 때는 돼지의 '격'을 존중하며 키웠는데, 보낼 때는 '존엄사'가 아닌 공장식 도축장에서 도살해야 한다. 이건 국내에서 인도적으로 돼지를 키우는 모든 농장들이 갖는 딜레마다.

불행 중 다행으로 '동물복지 도축장' 제도가 국내에서도 시작됐다. 죽이긴 죽이는데 복지라니 '윤리적 살인'처럼 모순되지만 기존의 도축장에서 동물들이 전기 충격 등으로 고통받고 심지어 의식이 있는 채로 도살 과정을 거치는 경우가 많다는 것을 생각하면, 도축장에서의 복지만큼 중요하고 시급한 것도 없어 보인다.

2014년 두 개 도축장이 국내 최초로 동물복지 도축장으로 지정됐다. 동물복지 도축장은 도축의 모든 단계에서 고통을 최소화해야 한다. 우선 몰이 단계. 운송 차량에서 도축장 안으로 이동시키는 과정과 도축장 내에서 소, 돼지를 이동시키는 과정에서 큰소리, 전기몰이, 몽둥이 및 폭력을 이용한 강압적 몰이를 하지 않아야 한다. 피를 빼는 방혈 단계에서도 동물이 기절해 의식이 없는 상태에서 방혈을 해야 한다. 동물복지 담당자는 방혈 전 동물이 의식이 있는지 없는지 여부를 동공 반사를 통해 확인해야 한다.

'동물복지 축산물이 좋은 건 알지만 가격이 비싸다. 구하기도 쉽지 않다'고 생각하는 소비자들이 많다. 실제 가격은 어떨까? 천차만별이다. 어디서, 어떤 경로로 사느냐에 따라 차이가 많이 난다. 동물복지 축산물이지만 직거래나 생협 등을 통해 유통 단계를 최소화하면 일반 육류와 가격 차이가 없거나 오히려 더 싼 경우도 있다. 하지만 일반 마트나 백화점 등에서 판매되는 동물복지 축산물은 대체로 일반 육류보다 가격이 높다.

공장식 축산과 동물복지 농장의 가격 경쟁은 애초에 기울어진 운동장에서 출발하는 것과 같다. 공장식 축산에는 정부의 막대한 예산이 지원된다. 이 구조는 바뀌어야 한다. 국민의 세금은 동물복지 농장에 더 많이 쓰이는 것이 옳다.

또 공장식 축산의 육류 가격에는 '진짜 비용'이 숨겨져 있다. 구제역, 조류독감 등 전염병이 돌 때마다 정부가 지불하는 살처분 비용, 방역 비용, 죽은 가축에 대한 보상비, 침출수로 인한 수돗물 개선 비용 등등에 지금까지 4조 원이 넘는 국가 예산이 쓰였다. "밑 빠진 독에 물 붓기"나 다름없는 이 비용을 국민들이 계속 떠안는 것이 맞는가? 열악한 환경에서 밀집 사육을 계속하는 축산기업이 부담하는 것이 옳은가? 이외에 분뇨로 인한 막대한 환경오염과 기후 변화로 인한 국민의 삶의 질 하락, 급증한 육류 섭취와 항생제 내성균 등으로 인한 시민 건강의 악화까지 고려한다면 고기 값에는 많은 비용이 누락돼 있다.

세계적인 환경운동가이며 인도의 농장교육 공동체 '나브다냐 NAVDANYA'를 이끌고 있는 반다나 시바는 다큐멘터리 영화 <러브미텐더 LoveMEATender>에서 이렇게 말한다.

공장식 축산은 비생산적인 시스템인데 마치 생산적인 시스템인 것처럼 보입니다. 실제 비용을 숨기고, 생태계를 파괴한다는 것을 숨김으로써 그렇게 보이는 것이죠. 공장식 축산은 엄청난 보조금이 있기에 가능해요. 불행히도 미국과 유럽에서는 대규모 축산업이 보조금의 지급 방향을 조작해서, 유기농 축산농가에 가야 할 보조금이 대형 공장식 축산으로 가고 있어요. 덤핑 행위와 불공정한 보조금 지원 때문에 돈이 많이 드는 시스템이 싸 보이는 것이죠.

다시 말해 고기를 싼값에 많이 먹는 사회는, 사실은 굉장히 비싼 값을 우회적으로 치르고 있는 것이다.

이런 걸 생각하면 공장식 축산 육류를 자주 먹는 것보다 더 나은 방식으로 기른 고기를 가끔만 먹는 것이 여러모로 이득이라고 볼 수 있다. 다만 여전히 남은 문제는 접근성이다. 물론 하늘의 별

따기만큼 어려운 건 아니다. 적어도 달걀만큼은 동물복지 인증 마크가 찍힌 달걀을 전보다는 많은 곳에서 볼 수 있다. 또 생협 매장에서 생협 자체의 복지 기준을 갖춘 축산물을 구입할 수도 있고, 동물복지 농장이나 소규모 농장에서 직거래로 구입할 수도 있다. 하지만 대부분의 식료품점, 식당, 급식 등에서는 공장식 축산의 축산물을 취급하기 때문에 다른 것을 선택할 여지가 거의 없다.

단체급식에서 '주는 대로' 먹어야 하는 학생, 직장인, 군인들은, 선택 자체가 불가능하다. 또 일하는 시간이 길고 퇴근 후에도 돌봄노동, 가사 노동을 해야 하는 사람들, 특히 시간에 쫓기는 비정규직 노동자들이나 아르바이트 노동자들은 빠르게 끼니를 때워야 하기 때문에 좋은 고기, 좋은 음식을 찾아 시간을 들이고 발품을 팔기가 쉽지 않다. 이를 위해 세 가지 정책이 필요하다고 생각한다. 첫째, 동물복지 농장에 더 강력한 인센티브를 줘서 현재의 축산이 동물복지 축산으로 빨리 전환될 수 있도록 할 것. 둘째, 적어도 단체급식, 특히 학교급식과 보육기관에서는 동물복지 축산물을 사용하도록 할 것. 전에는 생소했던 친환경 급식이 상식이 된 것처럼 이제는 동물복지 축산물이 급식의 전제가 되어야 한다. 셋째, 채식 선택권 확대. 아침은 햄, 달걀 샌드위치, 점심은 돈가스, 저녁은 제육볶음, 야식으로 치킨, 여기에 육류 중심의 단체급식. 지금의 육류 소비량을 동물복지 축산물로는 감당하기 어렵다. 지금보다 육류를 훨씬 덜 먹되 제대로 기른 육류를 먹고, 나머지는 채식 위주로 먹는 것이 어린이, 청소년, 시민들의 건강에도 훨씬 유익할 것이다. 동물복지는 소수 동물복지 농장의 것이 아니라 모든 농장동물을 위한 '당연하고 보편적인 복지'가 되어야 한다. 인권 차원에서 보편적 복지가 강조되는 시대다. 농장동물에게도 보편적 복지가 필요하다. 그 시작은 일단 감금틀, 즉 스톨과 배터리 케이지 철폐다.

다행히도 세계적으로 암탉 배터리 케이지와 돼지 스톨이 잔인한 동물 학대로 규정되어 폐지되는 추세다. 유럽연합은 2013년부터 돼지 스톨을 금지했다. 미국도 2002년 플로리다주를 시작으로 애리조나, 캘리포니아, 로드아일랜드 등 모두 아홉 개 주에서 스톨 사용을 금지하는 법이 통과됐다. 캐나다는 2014년부터 스톨 사용이 금지됐다.

고무적인 것은 기업들도 이 변화의 흐름에 합류하고 있다는 사실이다. 세계 최대의 양돈 대기업 중 하나인 스미스필드는 2017년부터 2022년까지 미국과 유럽, 멕시코의 자사 농장에서 스톨 사용을 금지하겠다고 발표했다. 미국맥도날드 본사는 '케이지 프리 CAGE-FREE' 선언을 했다. 2025년까지 배터리 케이지에서 생산된 달걀의 사용을 중단한다는 선언이다. 미국은 이미 300개가 넘는 기업이 케이지 프리 선언에 동참했다. 급식업체, 유통업체, 호텔, 레스토랑 체인, 커피 전문점 등 다양한 영역에서 수많은 기업이 산란계 산업에서 모든 종류의 케이지를 퇴출하는 케이지 프리 선언에 동참한 것이다. 케이지 프리가 곧 방목은 아니고 여전히 축사 내 사육이지만, 적어도 닭들이 날개를 펴고 평지에서 걸을 수 있게 됨을 의미한다.

당연한 얘기지만 기업들의 변화는 저절로 온 것이 아니다. 시민들의 끈질긴 요구, 그리고 동물을 어떻게 대우해야 하는가에 대한 사회의 성숙한 의식이 만들어낸 변화다. 기업들 또한 동물복지에 대한 사회의 요구와 흐름을 무시해서는 안 된다는 판단을 내리고 있다.

한국에서도 변화의 기류가 흐르기 시작했다. 2017년 살충제 달걀 파동을 계기로 국민과 정부, 업계 모두 동물복지 축산의 필요성을 인식하게 됐다. 하지만 아쉽게도 법 개정은 산란계 사육 적정 면적을 0.05m²에서 0.075m²로 확대하는 정도에 그쳤다. 여전히 배터리 케이지인데 암탉 한 마리당 아주 약간의 면적을 더 준 것일 뿐이다. 이조차도 새로 만들어지는 농장에 우선 적용하고, 기존 농장은 2025년까지 '개방형 케이지'로 전환하도록 유도할 예정이라고 한다. (개방형 케이지는 축사 내 사육인데, 케이지가 개방되어 있어서 닭이 평지로 내려올 수 있는 형태를 말한다.) 정부 정책이 더 과감하게 바뀌려면 시민들이 더 큰 목소리로 동물복지 축산을 요구해야 할 것 같다. 국내 기업들도 변화하고 있다. 풀무원식품이 동물자유연대와 양해 각서를 맺고 2018년 9월 케이지 프리 선언을 했고, 양돈기업들도 동물복지 육류를 출시했다.

여기서 반드시 생각해야 할 것이 있다. 동물복지 축산을 마다 할 사람은 없다. 그런데 소, 돼지, 닭, 오리를 이렇게 많이 키우면서 동물복지가 가능한가 하는 점이다. 공장식 축산이 시작된 이후 지난 20~30년간 육류 소비량은 가파르게 증가해, 현재 한국인은 연간 80만 마리의 소, 1,400만 마리의 돼지, 8억 마리의 닭을 먹고 있다. 이를 위해 한국인은 300만 마리의 소, 1,100만 마리의 돼지, 1억 4,000만 마리의 닭과 함께 살고 있다. 한국의 사육밀도는 세계 최고 수준이다. 동물복지도, 사람복지도 불가능하다. 돼지가 돼지답게, 닭이 닭답게, 사람이 사람답게 살기 위해서는 사육하는 동물 수를 줄여야 한다. 지금보다 훨씬 적게 키우고 훨씬 덜 먹어야 한다. 동물보호단체 '휴메인소사이어티HSUS'는 고기를 덜 먹고Reduce, 먹더라도 자연친화적으로 생산된 고기를 먹고Refine, 가능하면 채식으로 식습관을 바꾸자Replace는 '3R'을 제안한다.

돌이켜보니 영화를 만들고 상영하는 과정에서 만난 축산업자들 중 '고기를 적게 먹어야 한다'고 말한 사람들이 여럿 있었다. 원 선생님은 돼지와 사람, 땅, 환경이 모두 건강하려면 적게 제대로 키워 조금만 먹어야 한다고 말씀하셨다. 한 축산 밀집 지역에 취재를 갔을 때는 어떤 분이 소 사육 강사라고 자신을 소개하면서 이렇게 말씀하셨다. "소 키우는 일을 직접 하고 가르치다 보니, 누구보다도 사육 방식에 대해 잘 아는데요. 소고기를 많이 먹으면 안 된다는 생각을 하게 됐어요. 저는 가까운 사람들에게 고기를 먹을 거면 조금만 먹으라고 얘기합니다." 그런가 하면 촬영을 했던 공장식 양돈농장의 관리인은 "동물복지 이야기가 나오는데, 그럼 고기 먹지 말아야 해요"라고 말했다. 현재의 육류 소비량을 맞추기 위해서는 공장화된 시설에서 밀집 사육을 할 수밖에 없다는 말이었다.

앨리슨 아르고 감독의 다큐멘터리 <마지막 돼지The Last Pig>는 돼지를 정말 돼지답게 기르는 미국의 어느 돼지 농장주가 돼지사육을 그만두는 과정을 보여준다. 농장주는 공장식 축산에 대한 대안을 제시하기 위해 200마리 정도의 작은 규모로 돼지를 사육한다. 돼지들은 넓은 방목장에서 뛰어놀고, 물웅덩이에서 진흙 목욕도 하고, 농장주를 호기심 어린 눈으로 따라다니며 즐겁고 편안한 하루하루를 보낸다. 지상 최고의 농장으로 보이는 이곳에서 농장주는 깊은 사색에 빠진다. 돼지도 개와 마찬가지로 다양한 감정을 느끼며 똑똑하고 교감이 가능한 생명임을 알게 됐기 때문이다. 돼지를 도살장에 보낼 때마다 회의가 들었던 그는 "돼지는 놀라울 정도로 복잡하고 심오한 감정을 가진 생명체다. 행복한 돼지가 행복한 고기를 만든다는 생각은 불안하고도 역겨운 생각이었다. 그 행복한 돼지의 유령들이 날 따라다닌다. 나는 죽음의 바다를 더 이상 떠돌지 않기로 결심했다"라고 말하며 최후에 남은 여덟 마리 돼지를 생추어리 농장으로 보낸 후 돼지농장을 그만둔다. 그리고 채소 농장으로 전업한다.

'착한 육식'은 가능한가? 그것은 '착한 사육', '착한 도살'이 가능한가와 같은 질문이다. 각자가 내리는 답은 다 다를 수 있다. 누군가는 현실적인 대안의 측면에서, 누군가는 인간이 다른 동물과 어떤 관계를 맺고 살아가야 하는가에 대한 철학적 관점에서, 또 누군가는 돼지와 소의 눈동자를 보며 직관적으로 답할 것이다. 중요한 것은, 당연하다고 생각했던 것들에 대해 질문하고 생각하고 답을 찾아가기를 멈추지 않는 것이다.

불편함에 대하여
: DIY 사육, DIY 도축

    시골 동네로 이사 온 지 3년. 올해 아이가 다니는 초등학교에서 생명 수업으로 병아리를 길렀다. 아이들은 병아리의 부모가 되어 보금자리를 마련해주고 물도 주고 밥도 주며 정성껏 돌봤다. 병아리는 두세 달 만에 부쩍 자랐고 여름방학이 다가왔다. 학교에선 병아리를 입양할 가족을 모집했고 시골 동네인지라 금방 입양처가 나타났다. 어느새 닭다운 모습이 되어가는 병아리들은 우리 집 근처의 은미네 집에서 함께 살게 됐다. 은미 가족은 마당 한쪽에 멋진 닭장을 지어주었고, 병아리들은 안전하고 편안한 집에서 행복한 제2의 삶을 살게 됐다. 얼마 안 있어 옆집 민재네도 닭을 키우기 시작했다. 목공에 소질이 있는 민재 아빠가 뚝딱뚝딱 멋진 닭집을 지어주었다. 먹이는 성분을 알 수 없는 사료 대신, 요리하고 남은 채소를 준다. 민재는 "풀만 먹은 닭이 낳은 달걀"이라면서, 달걀을 선물로 주곤 한다. 남편에게 주려고 달걀 프라이를 해보았더니 어찌나 속이 노란지, 원래 달걀이 이런 색이었구나 싶었다.

    우리 마을은 이곳 토박이나 선주민들도 있고, 도시에서 살다가 아파트 생활을 청산하고 아이들과 마당 있는 집에서 살고 싶어 이

사 온 가족들도 있는데, 양쪽 모두 닭을 키우는 집들이 꽤 된다. 닭 키우는 사람들이 닭 사육의 장점으로 꼽는 것들은 대략 이렇다. 남은 채소 해결사인 닭 덕분에 음식물 쓰레기를 대폭 줄일 수 있고, 믿을 수 있는 달걀을 얻을 수 있고, 분뇨는 텃밭 퇴비로 활용하고,반려닭과 교감하는 행복이 있다는 것 등등. 미국에서도 도시 텃밭과 함께 마당에서 닭을 기르는 것이 유행이다. 구글이나 유튜브를 검색해보면, 마당에서 직접 닭을 기르는 방법을 알려주는 정보들이 굉장히 많다. 어느 주에 사느냐에 따라 닭 사육이 허용되기도 하고 허용되지 않기도 한다. 최근엔 최첨단 기술의 심장인 실리콘밸리에 거주하는 엘리트 집단에서도 닭 사육이 유행하고 있다고 한다.

'DIY**Do It Yourself** 사육'은 텃밭 농사, 적정기술과 흐름을 같이하는 '자급자족' 문화다. 가축을 직접 기르는 건 우리 조상들이 1~1만 5,000년 전에 야생의 동물들을 길들인 이후 누대에 걸쳐 해왔던 방식이고 우리 세대의 부모님 또는 할머니, 할아버지까지 해왔던 방식이었다. 그러던 것이 수십 년간 공장식 축산으로 맥이 거의 끊겼다가 축산물에 대한 불안감과 함께 다시 등장하고 있다.

그런데 DIY 사육은 그렇다 치고, DIY 도살은 어떻게 해야 할까? 최근 뜨거운 논란을 불러일으킨 방송이 있었다. tvN의 <식량일기 : 닭볶음탕> 편이다. '내가 먹는 식재료는 어떤 과정을 거쳐서 식탁에 오르는 것일까?'라는 기획의도로 만든 프로그램으로, 출연진이 농장에서 생활하면서 농사를 지어 기른 재료들로 닭볶음탕을 요리해 먹는 전 과정을 보여주는 방송이었다. 이 방송은 초반부터 논쟁에 휩싸였다. '알이 부화하여 병아리가 태어나는 모습을 지켜보고 그 병아리가 사랑스럽다고 하더니 결국 잡아먹나. 직접 키운 닭을 잡아먹는 건 너무 잔인하다'는 반응과 '그 병아리들이 불쌍하다는 사람들은 평소에 치킨 안 먹나. 위선적이다'는 반응이 있었다. 또 한편에서는 살아 있는 동물을 예능프로그램의 도구로 만드는 방송의 비윤리성을 지적하는 동물권 단체들의 목소리도 있었다. 이런 논란을 인식한 제작팀은 '직접 기른 닭을 먹는다는 것'에 대한 철학자들의 토론을 내보내기도 했다. 진중권 교수는 "이미 도살되어 시장에서 판매되는 닭고기를 사다가 요리하는 것과 부화 과정부터 지켜보며 교감하고 심지어 이름까지 붙여 키운 닭을 잡아서 먹는 것은 다르다. 참여자들과 시청자들의 충격을 고려해야 한다"고 했다. 최훈 교수는 "양계장의 닭들도 누군가의 어미가 될 수 있고 새끼가 될 수 있는 생명들이었다. 마트에서 사는 닭과 직접 기른 닭이 다르다고 말하는 것은 이율배반적이다. 어디서 누가 길렀든 둘 다 똑같은 생명이다"라고 반론했다. 출연진은 "닭에게 애정을 가지지 않는 것이 좋다", "정을 안 줄 수가 없었다"라고 갑론을박하며 투표를 한다. 방송은 결국 '닭 없는 닭볶음탕'을 만들어 먹는 것으로 마무리됐다.

　　<식량일기 : 닭볶음탕>은 해프닝으로 끝났지만, 굉장히 철학

적인 주제를 건드린 프로그램이었다. 한국인은 대부분 <식량일기 : 닭볶음탕>에서와 같은 마당 사육이 아니라 공장식 축산에서 사육된 닭을 먹는다. 본래 취지인 '내가 먹는 식재료는 어떤 과정을 거쳐서 식탁에 오르는 것일까?'를 보여주고자 했다면, 출연진이 양계농장에 임시 취업해서 닭 사육과 도살에 참여하는 것이 '닭볶음탕'의 '리얼리티'를 보여주는 방식이었을 것이다. 물론 예능프로그램이 원하는 '그림'은 아니었을 테지만 말이다.

마당에서 뛰놀며 흙 목욕도 하고 나와 교감했던 닭을 (명복을 빌며) 직접 도살해서 먹는 것과 공장식 축산에서 비인도적으로 사육되고 누군가 도살해준 닭을 (그들이 어떻게 살고 어떻게 죽었는지조차 모른 채) 마트에서 오직 상품으로 인식하며 사다 먹는 것, 둘 중 어떤 것이 더 잔인하고 덜 잔인하다 할 수 있을까?

'고기=식재료', '고기=음식'으로 인식하다가 '고기=교감 가능한 생명의 사체'라는 것을 인식하는 순간, 우리는 당혹스러움을 느낀다. 우리가 일상적으로 소비하는 고기가 한때 우리와 교감이 가능한 사랑스런 동물이었다는 것을 인식하는 데서 오는 불편함은 당혹스러움, 충격, 상처를 동반하는 불편함이다. 나는 이 불편함이 나쁘다고 생각하지 않는다. 불편하다는 것은, 지금까지 당연하게 여겨왔던 관행이나 제도가 처음으로 낯설게 보일 때, 그래서 그것이 옳은지 의문이 들 때 수반되는 감정이니까.

불편함을 느낀 이후가 중요하다고 생각한다. 우리는 두 가지 태도 중 하나를 취할 수 있을 것이다. 하나는, 그 불편함의 유입 경로를 차단하고 회피하면서 불편한 현실을 외면하는 것. 아니면, 그 불편함을 피하지 않고 느끼면서 생명에 대한 연민의 반경을 인간 이웃에서 길 위의 동물들로, 야생동물로, 우리 식탁에 오르는 소, 돼지, 닭, 오리로 확장시켜보는 것. 그럼으로써 생명을 오로지 먹기 위해 공장식 축산에서 사육하고 도살하는 것이 윤리적으로 옳은 일인지를 질문하는 것.

<식량일기 : 닭볶음탕>은 우리가 평소 먹는 고기의 근원을 생각해보자는 의미 있는 기획의도에서 시작했지만 미완의 실험으로 그쳤다. '닭 없는 닭볶음탕'이 되었기 때문에 미완이 아니라, 동물을 먹는다는 것에 대한 성찰로 이어지지 못한 채 거품 같은 논란만 남기고 끝났기 때문이다. 마당 사육 설정은 공장식 축산의 현실과 한참 떨어진 인위적인 설정이었다. 정 주고 이름도 붙여준 병아리를 잡아먹는 건 분명 불편한 일이지만, 나는 공장식 축산에서 공산품처럼 사육되어 닭볶음탕이 되는 닭들의 삶이 훨씬 더 불편하다. 방송의 '닭볶음탕' 냄비에 들어가지 않고 화면 밖으로 나가게 된 닭들은, 방송 이후 어디로 가서 무엇이 되었을까?

제9회 서울환경영화제에서 상영된 호주 단편영화 <내 입속의 도살장Murder Mouth>은 'DIY 도살'을 통해 동물을 먹는다는 것의 윤리적 책임을 묻는다. 젊은 여성 감독 마들렌 패리는 동물을 직접 죽

이는 '도살 경험' 과제를 스스로에게 부과한다. '동물을 먹을 거라면 남에게 살생을 맡기지 말고 자신의 손에 직접 피를 묻혀야 하지 않을까? 직접 해보고, 그게 싫거나 어렵다면 나는 동물을 먹지 않겠다.' 이런 생각으로 출발한 주인공의 체험은 시작부터 어려움을 겪는다. 누군가 낚시로 잡은 물고기를 죽여야 하는 그녀. '그까짓 생선쯤이야'가 아니었다. 낚시 바늘에 고통스러워하고 살고 싶어 팔딱팔딱하는 물고기를 칼로 내리쳐 죽이는 일은 생각보다 쉽지 않았다. 이후 닭, 양 등으로 이어지는 그녀의 도살 체험은 관객도 함께 그 살생에 참여하는 것처럼 리얼하다. 이 과정에서 주인공과 관객은 동시에 윤리적 고민에 빠진다. 불편한 도살이 이어지는 영화를 보면서 나는 '내가 그동안 먹은 동물들이 저렇게 죽어갔구나. 나는 누군가에게 저들의 목숨을 끊는 어려운 일을 시키고 있었던 거구나.' 하는 생각을 했다. 영화의 대미는 라스트 신. 감독은 자신의 살생 경험을 찍은 영상을 친구들이 모인 생일파티에서 상영한다. 스테이크가 맛있다며 썰던 친구들 앞에 피 튀기는 영상이 펼쳐진다. 고기를 씹던 친구들은 입맛이 떨어지고, 그 불편하고 황당한 표정에서 영화가 끝난다. 고기를 먹기 위해선 누군가는 동물을 죽여야 한다는 전제를 우리는 너무 쉽게 잊는다.

2015년, 한 고등학교의 문화수업 시간에 <잡식가족의 딜레마>를 본 뒤 학생들과 대화를 나눴다. 유기농업을 가르치는 학교였는데 학생들이 직접 소, 돼지, 닭을 키우며 농사를 지으니 더욱 영화에 몰입하는 것 같았다. 영화를 보고 한 학생이 질문을 던졌다.

"학교에서 돼지와 소, 닭을 직접 기르고 축제 때 그 동물들을 먹습니다. 이에 대해 어떻게 생각해야 할지 고민이 됩니다."

어려운 질문이었다. 나는 이렇게 답했다.

"대부분의 현대인들은 자신이 먹는 고기의 근원과 식탁으로 오기까지의 과정으로부터 완벽히 차단돼 있어요. 우리는 우리가 먹는 고기가 어떤 삶을 살았는지 알지 못합니다. 직접 동물을 죽이지 않고, 그들이 도살되는 장면을 볼 기회도 없습니다. 그런데 고기 소비량은 엄청나게 늘어났습니다. 우리가 동물을 쉽게 먹을 수 있는 건 축산 현장이 철저히 격리, 은폐되었기 때문 아닐까요? 만약 우리가 직접 기르고 직접 죽여서 먹는다면, 고기 한 점의 무게가 훨씬 크게 다가올 겁니다. 고맙고 미안한 마음으로 먹게 되겠죠. 저도 상품이 된 고기만을 먹다 보니 평생 아무런 생각 없이 고기를 먹어오다가, 영화를 만들면서 돼지들의 삶을 가까이에서 보게 되었고 그들을 더 이상 먹지 못하게 됐습니다. 그들도 감정이 있고 인간과 교감할 수 있는 존재임을 알게 된 이상, 저는 살생의 고리에서 빠져나오기로 결정했습니다. 그러나 굳이 고기를 먹겠다면, 최소한 그 과정을 알고 먹는 것이 책임 있는 육식이라고 생각합니다."

상영이 끝난 후 학교 뒷마당을 둘러보았다. 소 한 마리, 돼지 두 마리, 닭 수십 마리가 우리 안에 살고 있었다. 아이들의 축제가 동물들에겐 제삿날이 될 것이다. 나는 학생들에게 "직접 키운 동물을 잡아먹다니 그건 말도 안돼요"라고 말할 수 없었다. 나는 이상을 꿈꾸지만 현실을 인정한다. 학생 대부분이 육식을 하는 것이 현실이라면 공장식 축산에서 찍어낸 육류를 먹는 것보다는 직접 기른 동물을 먹는 것이 낫다고 생각한다. 땅의 소중함을 알고 곡물에게도 감사의 예를 갖추는 학교이니 동물을 죽일 때도 감사의 의례를 거칠 것이다. 하지만 뒤뜰에서 나고 자란 돼지와 소, 닭을 죽여야 하는 날이 정해지면 학생들은 마음이 무거워질 것이다. 누가 칼을 들 것인지 진지한 토론을 할 것이다. 만일 동물을 죽여 그것을 먹는 불편함이 더 이상 견딜 수 없게 되면, 학생들은 대안이 없는지 생각할 것이다. 그동안 당연하게 여겼던 것들에 대해 질문을 던질 것이다. 세상의 모든 변화와 대안은 불편함을 인식하는 순간 시작된다. 불편함은 나쁜 게 아니다.

어릴 적 시골에서 자란 사람들은 대개 집이나 마을에서 돼지나 닭을 잡는 모습을 본 경험들이 있다. 그 순간을 목격한 사람들 중 일부는 그때의 충격으로 더 이상 고기를 입에 대지 못하게 된다. 방송인 김제동 씨가 그 경우이다. 2010년 <한겨레> 인터뷰에서 김제동 씨는 이렇게 말했다.

동네에서 돼지를 잡으면 울음소리가 들리고 피가 흐릅니다. 많이 먹고 살찌라고 돼지를 거세하는 것도 봤고요. 하여튼 "안다"는 느낌이

강했습니다. 우리 집 돼지가 아니라도 오가면서 보았던 '아는' 돼지, '면식 있는' 돼지 아닙니까. (좌중 웃음) 사람이 일면식이 없다는 건 어진 마음이 일어나지 않는다는 것과 같습니다.

구제역 침출수를 퇴비로 쓸 수 있다는 당시 한 국회의원의 발언에도 김제동 씨는 트위터에 다음과 같이 반박문을 올렸다.

생매장되는 순간에도 새끼에게 젖을 물리던 소와 돼지들에게 감히 퇴비가 되어라 하고 말할 수 있습니까. 과학 이전에 생명이 생명에게 가지는 본질적 예의를 묻는 것입니다. 자연의 섭리를 파괴하고 자연의 위대함을 입에 올릴 수 있을까요.

공장식 축산은 소비자들이 불편하게 여기는 사육과 도살을 '대행'해주는 시스템이다. 공장식 축산은 소비자들이 불편한 감정을 경험할 기회를 차단한다. 축산기업은 구매자가 조금이라도 불편할까 봐 동물의 사체에 웃는 소, 행복한 닭의 이미지를 붙여 전시한다. 불편함은 휘발된다. 소비자는 불편함으로부터 '보호'된다. 편한 소비가 가능해진다. 보이지 않기에, 내 손으로 죽이지 않았기에, 마음 편하게 육식을 즐길 수 있게 된다. 고기를 더 싸게, 더 많이 소비하는 것이 미덕이 되는 사회에서 육식에 불편함을 느끼는 사람은 도리어 불편한 존재가 된다.

남의 살을 먹는 것은 원래 불편한 것이다. 선사시대의 선조들은 목숨을 걸고 사냥을 해서 고기를 얻었고, 농경시대의 선조들은 수년 동안 가족처럼 살아온 가축을 먹는 심리적 불편함을 겪었다. 그 미안함을 덜기 위해 조상들은 제의라는 형식을 빌려 고기를 먹기도 했다. 동물을 먹는다는 건, 원래 불편한 일이다. 우리는 지금까지 너무 편하게 동물을 먹어왔다.

육식과 채식에 관한 몇 가지 오해들

우리는 건강에 대해 아이러니한 시대를 살고 있다. 역사상 지금처럼 개인적으로나 국가적으로 많은 돈을 건강에 쓰면서도 인간이 건강하지 않은 시기도 없을 것이다. 지금처럼 건강에 관해 많은 정보를 접하면서도 건강에 대해 잘 모르는 시기도 없을 것이다.

이 글도 또 하나의 정보일 수밖에 없다. 읽으면 혼돈이 배가될지도 모른다. 나는 의사도 아니고 영양학 전문가도 아니다. 하지만 건강하게 나이 들고 싶은 40대 여성으로서, 아이를 건강하게 키우고 싶은 엄마로서, 그리고 다큐멘터리 영화를 만드는 감독으로서, 지난 몇 년간 음식과 건강에 대해 절실한 마음으로 탐구했다. 구제역 살처분은 큰 충격이었으나 윤리적인 이유만으로 아이에게 고기를 안 주기엔, 난 너무 오랫동안 고기와 우유의 신화에 빠져 있었다. 일대 혼란이 왔고, 아이에게 무엇을 먹여야 건강하게 키울 수 있으며, 나는 무엇을 먹어야 건강하게 살 수 있는지 확실한 답을 찾고 싶었다. 수많은 책과 자료를 보고, 많은 사람들을 만났다. 그리고 육류의 생산 과정을 직접 눈으로 보았다. 그 결과 평생 사실이라고 알고 있던 통념 중 많은 것들이 잘못된 고정관념이었음을 알게 되었다. 건강에 이르는 법은 전혀 어렵지 않았다. 햇빛, 운동, 잠, 맑은 물과 공기, 웃음, 사랑, 좋아하는 일 등 여러 가지가 있지만 결정적인 것은 먹는 것이다. 진부한 말처럼 들리겠지만 음식의 중요성은 아무리 강조해도 지나치지 않다. 그럼, 무엇이 좋은 음식이란 말인가? 이 지점에서 우리는 미궁에 빠진다. 여기 우리가 갖고 있는 몇 가지 통념 혹은 오해들과 그에 대비되는 사실들이 있다.

첫 번째, '고기는 힘과 근육의 원천이다. 채식을 하면 허약해지고 힘이 없을 것이다'라는 통념. '베지테리언**vegetarian**' 하면 흔히 채소 'vegetable'을 떠올리지만, 어원을 살펴보면 더 많은 의미가 포함돼 있다. 채식문화연구가 쯔루다 시즈카가 쓴 《베지테리안, 세상을 들다ベジタリアンの文化誌》라는 책에 의하면, '…에 생명을 주다, 활기차게 하다'라는 의미의 라틴어 uesere가 어원이 되어 '활발한, 힘센'이라는 의미의 vegetus가 되고, '성장하다'라는 뜻의 vegetalis-vegetal로 변해서 vegetarian이 되었다고 한다. 그러니까 베지테리언에는 '힘, 생기, 활력이 넘치는 사람'이라는 의미가 담겨 있다. 코끼리, 고릴라, 버팔로는 대표적인 베지테리언으로 엄청난 힘을 자랑한다. 1930년대 만화 <뽀빠이>에서 정의로운 근육맨 뽀빠이는 강한 상대와 싸워야 할 때 꼭 시금치를 먹는다. 백전백승이다.

세계 최고의 보디빌더 근육남, <터미네이터> 주연 배우이자 캘리포니아 주지사를 역임한 아놀드 슈왈제네거는 대표적인 육식주의자처럼 보이지만(실제로 그는 육식을 많이 했다), 몇 년 전부터 완전 채식인, 즉 '비건'이다. "건강을 위해서는 육식을 끊어야 한다"는 의사들의 권고도 있었고, 캘리포니아 주지사로 일하면서 축산업이 일으키는 기후변화와 환경오염의 실태를 적나라하게 알게 됐겠지만, 제임스 카메론 감독의 영향도 크다. <아바타>, <타이타닉>, <터미네이터>를 만든 카메론 감독은 비건이다. 그는 "비건이 되는 것은 지구도 살리고 사람의 몸도 살리는 윈-윈Win-Win"이라고 말한다. 그는 <멘즈 저널Men's Journal>에서 "당신은 더 건강해질 것이고, 더 오래 살 것이고, 더 멋진 외모를 갖게 될 것이다. 여드름이 안 날 것이고, 날씬해질 것이다. 건강미를 발산하게 될 것이다. 성생활도 더 좋아질 것이다. 고기와 유제품을 멀리함으로써 이런 변화가 찾아올 것이다"라고 했다. 제임스 카메론 감독이 제작자로 참여한 <더 게임 체인저스The Game Changers>라는 다큐멘터리 영화는 엄청난 근육의 보디빌더, 육상선수 등이 비건 식사로 놀라운 성과를 거두고 있음을 보여준다. '채식을 하면 마르고 허약해지고 힘이 없을 것이다'는 통념이 단번에 날아간다. 육상선수 칼 루이스, 우사인 볼트도 좋은 성적을 위해 채식을 선택했다. 3.8km를 헤엄치고 180km를 자전거로 달리고 42.195km를 마라톤으로 달려야 하는 '철인 3종 경기' 선수 브렌던 브레이저도 좋은 성적을 내기 위해 채식을 한다.

<잡식가족의 딜레마>에도 비건 보디빌더가 등장한다. 도혜강 씨는 채식과 운동을 통해 멋진 근육을 만들 수 있음을 증명하고자 보디빌딩 대회에 도전했다. 현미밥, 채소, 두부, 해조류, 견과류, 과

일을 먹고 운동으로 몸을 만들었다. 날씬한 그녀의 몸엔 과하지 않은 근육이 예쁘게 자리 잡았다. 몇 개월의 훈련 후 경쟁자들을 물리치고 1등을 거머쥐었다. 이후에도 도혜강 씨는 많은 대회에서 상을 휩쓸었다.

두 번째, '식물성 단백질은 불완전하고 동물성 단백질은 우수한 영양소다'라는 통념. 이런 생각의 근저에는 어릴 때부터 수도 없이 보고 또 보며 뇌리에 자리 잡은 5대 영양소 그림이 있다. '단백질' 칸에 붉은 고기 덩어리가 그려져 있고, '칼슘과 미네랄' 칸에 우유 한 잔이 그려진 그림 말이다. 우리는 반복 학습된 이 그림으로 단백질에 대한 노이로제에 사로잡혔다.

최고의 예방의학 전문의로 꼽히는 조엘 펄먼 박사는 《아이를 변화시키는 두뇌 음식Disease-Proof Your Child》이라는 책에서 이렇게 말한다.

모든 채소와 곡물은 여덟 가지 필수아미노산(다른 열두 가지 비필수 영양소는 물론)을 함유하고 있다. (중략) 완두콩, 녹색 채소, 흰콩 등이 고기보다 칼로리당 단백질을 더 많이 가지고 있다. 또한 식물성 단백질이 풍부한 식품은 일반적으로 영양소와 피토케미컬이 가장 풍부한 식품이다. 이런 고영양소, 저칼로리 식품을 많이 먹으면 단백질을 충분히 섭취하게 되고 동시에 우리 몸은 예방 기능이 있는 미량영양소로 가득 차게 된다. 동물성 단백질은 항산화제와 피토케미컬을 가지고 있지 않고, 가장 위험한 지방인 포화지방과 밀접한 관계가 있다.

세계보건기구(WHO) 산하 국제암연구소(IARC)는 2015년, 소시지·햄·핫도그 등 가공육을 발암 위험성이 큰 1군 발암물질로 분류했다. 1군 발암물질은 암을 일으킨다는 충분한 증거가 있다는 것을 의미한다. 1군 발암물질 목록에는 담배와 석면 등이 포함되어 있다. 소고기, 돼지고기, 양고기, 염소고기 등 붉은 고기의 섭취도 암을 유발할 가능성이 있는 것으로 평가되어 발암 위험물질 2A군에 포함되었다. 이것은 10개국 22명의 전문가가 참가해 육류 섭취와 암의 상관관계에 대한 800여 건의 연구조사를 검토한 결과이다.

영양학과 건강 분야 최고의 전문가로 꼽히는 코넬대학교 명예교수 콜린 캠벨 박사가 평생의 연구를 집대성한 《무엇을 먹을 것인가The China Study》라는 책은 "단백질과 암에 관한 역사상 가장 획기적인 연구", "영양학의 바이블"로 불린다. 이 책은 아주 간단한 방법만으로 질병으로부터 자유로운 삶을 살 수 있다는 희망과 용기를 준다. 그는 어린 시절 우유가 삶의 중심인 낙농가에서 자랐고 우유가 자연에서 구할 수 있는 가장 완벽한 음식이라는 믿음 속에 살았다. 코넬대학교 대학원에 입학한 캠벨은 동물성 단백질의 생산성을 향상시키기 위해 소나 양을 빨리 키우는 방법을 연구해 박사 학위를 받는다.

그는 고기, 우유, 달걀이 인류의 기아와 질병을 극복하게 할 거라는 믿음을 안고 필리핀 어린이들의 영양 결핍을 해결하기 위한 프로젝트를 시작한다. 그 과정에서 캠벨 박사는 땅콩버터를 먹는 '좀 사는 집' 아이들이 간암에 많이 걸린다는 사실을 알게 된다. 땅콩버터가 무슨 잘못일까? 공장의 컨베이어 벨트에서 땅콩을 선별할 때 좋은 품질의 땅콩은 병에 담고 곰팡이가 슨 땅콩은 땅콩버터를 만들기 위해 분류했는데, 땅콩의 곰팡이에서 '아플라톡신'이라는 강력한 발암물질이 발견된 것이다. (아플라톡신은 다이옥신과 더불어 지금까지 발견된 것 중 가장 강력한 발암물질로 분류된다. 아플라톡신과 다이옥신 모두 캠벨 박사가 처음 발견했다.)

캠벨 박사는 또 놀라운 사실을 발견한다. 아플라톡신과 음식의 연관성 실험에서 놀랍게도, 우유를 비롯한 동물성 단백질을 많이 섭취할수록 아플라톡신이 암을 발전시키는 정도가 컸다.

같은 아플라톡신에 노출됐더라도 동물성 단백질을 적게 섭취하면 암세포와 종양 발현이 극적으로 감소했다. 평생 유제품과 육류가 건강한 음식이라고 믿어온 그의 신념 체계가 처음으로 흔들린 순간이었다. 그는 자신의 실험 결과를 믿을 수 없었고, 실험에 실험을 계속한다. '음식과 건강'의 관계를 본격적으로 연구하기 위해 중국에서 수백 명의 사람들과 수백 개 마을을 대상으로 20여 년에 걸쳐 방대한 연구를 진행한다. '차이나 스터디'라고 알려진 이 연구에는 미국 코넬대학과 영국 옥스퍼드대학의 연구자 수백 명이 참여했다. '모든 역학 연구의 그랑프리'로 칭송받는 이 연구에서, 연구자들은 동물성 식품 섭취의 증가와 정비례해서 암이 증가하고, 지방이 적은 고기, 야생이나 유기농으로 키운 가축을 먹는 것 역시 암과 심근경색 발생 비율을 증가시킨다는 사실을 발견했다. 연구는 동물성 단백질과 유제품이 심장 질환, 유방암, 전립선암, 대장암을 비롯한 각종 암, 알츠하이머, 당뇨, 신장결석 등 수많은 질병의 촉매제 역할을 하는 반면, 채소, 통곡물, 과일 등으로 이루어진 식물 기반 자연식은 암세포를 자라지 않게 하고 면역력을 강화시키고 뼈와 심장을 튼튼하게 하고 뇌를 건강하게 하는 강력한 힘을 갖고 있다는 결론에 이르렀다. 동물성 단백질이 '암의 스위치' 역할을 한다는 결론에 이른 캠벨 박사는 자신의 연구가 동료들의 불신 정도가 아니라 분노를 자극하는 도발적인 생각이라는 것을 알았다. 예상대로 영양학계는 캠벨 박사를 제명시키려는 음모를 꾸몄고 캠벨이 권하는 식이요법이 세상에 퍼지지 않도록 방해 공작을 폈다. 미국 축산업계와 낙농업계가 얼마나 집요하고 치밀하게 진실을 은폐해서 동물성 단백질 신화를 만들어왔는지는 존 로빈스의 책에도 상세히 기술돼 있다. 그러나 손바닥으로 하늘을 가릴 수는 없는 일. 수많은 양심 있는 학자들에 의해 식물의 이로움이 거듭 확인됐고 식물 기반 자연식은 세계적으로 권위 있는 학회와

국제기구에서 건강식으로 인정받고 있다.

고혈압, 당뇨 등 만성질환을 앓는 환자들에게 약 대신 밥을 처방해서 놀라운 효과를 거두고 있는 신경외과 전문의 황성수 박사를 만났다.

"저는 신경외과 의사입니다. 중풍, 그러니까 뇌졸중에 걸린 환자들을 많이 봤죠. 뇌졸중은 고혈압이나 당뇨가 있을 때 잘 옵니다. 저는 당뇨로 인해 중풍이 생기는 환자들을 보면서, 왜 현대의학이 발전했다고 하는데 이 흔한 병을 치료하지 못할까 탐구하기 시작했습니다. 그러다 보니 약으로는 고칠 수 없는 병들이 음식을 바꾸면 많이 해결된다는 것을 알게 되었어요. 예를 들어, 천식을 앓아 20년간 약을 복용해온 사람이 현미밥, 채소, 과일을 먹었더니 약을 안 먹어도 될 정도로 좋아졌어요. 위염, 역류성 식도염, 협심증, 무좀, 탈모, 아토피, 발기부전, 고혈압, 당뇨는 말할 것도 없고, 수많은 질병들이 음식으로 치료되는 것을 보았습니다. 어떤 분은 고혈압, 당뇨 때문에 입원하셨는데 한 3일 만에 증세가 좋아져서 '약을 끊을 때가 되었습니다'라고 말했더니 고개를 갸우뚱하십니다. 왜 그러시냐고 물었더니 '혈압이 어떻게 내려갑니까'라고 묻더라고요. 음식을 바꿔서 내려가는 거라고 했더니, '단지 음식을 바꿔서 이런 효과가 나타난다는 게 도저히 믿기지 않는다'고 하더군요. 제가 고혈압, 당뇨 환자를 입원시켜서 밥에 혈압과 혈당을 내리는 약을 섞었을 것이라고 생각하는 분들도 있었습니다. 사람들은 음식을 바꿔서 이런 효과가 나타나는 것을 잘 믿지 않죠. 그럴 정도로 강력하고요."

"선생님도 이 정도일 거라고는 생각을 못 하셨군요?"

"그렇습니다. 약은 병을 낫게 하지 않습니다. 현대인이 걸리는 수많은 질병들이 고기, 생선, 달걀, 우유로 인해 발생합니다. 사람은 정상적으로 알칼리성 체질입니다. 그런데 단백질은 우리 몸에 들어와서 산성으로 작용을 합니다. 단백질이 분해되면 아미노산이 되고요. 말 그대로 산성 물질이니까 이 아미노산을 중화시켜서 밖으로 내보내야 하는데, 중화시키는 물질이 알칼리성입니다. 뼈에 있는 칼슘이 대표적인 알칼리성입니다. 고기, 생선, 우유, 달걀을 많이 먹으면 뼈의 칼슘이 빠져나와서 골다공증이 생기죠. 또 대변, 소변, 호흡, 피부, 이 네 가지 배출 통로에 단백질 분해 작업으로 자극이 일어나고 여러 가지 병이 생기죠. 대장에 과민성 대장염이나 대장암이 잘 생기고, 피부에는 아토피, 호흡기에는 기관지 천식, 알레르기성 비염이 생깁니다. 그리고 콩팥이 상해 만성 신부전증이 많이 생깁니다."

"대부분의 사람들이 동물성 단백질과 유제품은 꼭 먹어야 하는 양질의 단백질이라고 믿고 있는데 박사님은 정반대의 말씀을 하시는군요."

"불과 20~30년 전만 해도 병원에서 치료를 받고 나간 환자들이 의사에게 담배를 선물하는 경우가 있었습니다. 저도 담배 선물을 많이 받았습니다. 도시에 사는 아들딸이 시골에 사는 부모님을 뵈러 가면서 담배를 선물로 사 가는 일도 흔했죠. 하지만 요즘 누가 그렇게 하나요? 지금은 건강에 해롭다는 것이 상식이잖습니까. 정부도 흡연 억제 정책을 쓰고 있죠. 담배 케이스에 폐암 사진 붙이고 판매 장소도 제한하죠. 담배에 건강 관련 세금이 붙어 있는 것처럼 고기, 생선, 달걀, 우유에도 특별한 소비세를 붙여야 한다고 생각합니다. 육류와 유제품이 해로우니 먹지 말라고 하면 지금은 급진적으로 받아들이지만 얼마 후엔 상식처럼 받아들여질 겁니다."

세 번째, '채식을 하면 영양이 부족하다'는 통념. 채소, 과일, 곡물에는 칼슘, 철분 등 필수 미네랄과 각종 비타민, 불포화지방, 수많은 항산화물질, 피토케미컬이 들어 있다. 영양학 전문가들이 모인 세계에서 가장 큰 조직인 미국영양협회The American Dietetic Association는 1988년 채식의 우월성을 지지하는 입장을 공표한 이후, 20년이 지난 2009년에도 다음과 같은 공식 입장을 발표했다.

적합하게 잘 짜인 채식 식단(완전 채식 또는 채식)은 건강식이며, 영양식이며, 특정 질병들의 예방과 치료에 이롭다. 잘 짜인 채식 식단은 임신기, 수유기, 유아기, 유년기, 청소년기, 성인기 등 인생의 모든 시기에 적절하다. 운동선수에게도 적절하다.

채식이라고 다 같은 채식은 아니다. 채식을 해도 가공품을 많이 먹으면 건강을 해칠 수 있다. 가장 건강한 식사로 '식물 기반 자연식Whole-foods, Plant-based diet'이 각광받고 있다. 여기서 자연식이란 무엇일까? 가공과 정제를 하지 않거나 최소한으로 한 음식을 먹는 것이다. 백미가 아니라 현미, 주스가 아닌 과일 그 자체를 먹는 것이다. 식물 기반 자연식은 이름은 거창하지만 특별할 건 없다. 한국인이 수천 년간 먹어온 '그 나물에 그 밥'을 생각하면 된다. "한국인은 밥심으로 산다"는 말처럼 현미는 영양 덩어리다. 생명을 품은 건강의 씨앗이다.

식물 기반 자연식은 육류와 유제품을 피한다는 점에서 비건과 같지만, 그 강조점이 다르다. 콜린 캠벨 박사의 영양학 센터Center for Nutrition Studies 홈페이지에는 이렇게 적혀 있다. "비건 식은 무엇을 빼는가, 즉 무엇을 먹지 않는가로 정의된다. 식물 기반 자연식은 무엇을 강조하느냐로 정의된다. 식물 기반 자연식은 정제하지 않은 통곡물, 과일, 채소를 강조하고 콩류, 견과류, 씨앗, 천연 감미료, 두부나 밀고기seitan 같은 식품을 포함한다. 백미, 흰 밀가루처럼 정제가 많이 된 곡류, 정제 설탕과 액상과당 같은 인공 감미료는 포함하지 않는다. 이런 식사를 할 때 인간은 가장 질병 없이, 건강하게, 활력 넘치게, 오래 살 수 있다."

네 번째, '우유는 완전식품이고 건강에 좋다'라는 통념. 나는 취재 과정에서, 우유 때문에 악성빈혈에 걸렸던 민우를 알게 됐다.

　"민우는 모유수유를 했어요. 이유식을 하면서 아이들에게 우유를 먹여야 한다는 책을 보고 우유를 먹이기 시작했어요. 아이가 물 대신 우유를 먹을 정도로 많이 먹었어요. 돌쯤 건강검진을 했는데 철분 수치가 거의 제로에 가깝게 나왔어요. 악성빈혈이었어요. 의사 선생님이 우유를 먹이는지 물어보시더라고요. 먹인다고 했더니 '어떤 소아과에서도 아이에게 우유를 권하지 않습니다. 우유를 끊으세요. 정 먹일 거면 하루에 200ml 이상은 주지 마세요'라고 하시더라고요. 그 이야기를 듣고 깜짝 놀랐어요. 대부분 소아과에서는 우유를 권하거든요. 일단 선생님 말씀대로 우유를 끊고 다시 검사를 했더니 철분 수치가 정상으로 돌아왔어요. 그때 무척 놀랐어요. 우유를 끊었을 뿐인데 정상으로 돌아오니까 제대로 알아보고 아이를 키워보자고 생각했어요. 여러 책을 읽고 정말 놀라운 사실들을 알게 됐고, 아이와 함께 완전 채식을 시작했어요. 2년 정도 후 다시 건강검진을 해보니 모든 수치가 정상이었어요. 아이들이 우유를 먹지 않으면 키가 안 큰다고 생각하는 부모들이 많은데 사실과 다르다는 걸 경험으로 알았어요. 칼슘은 미량만 섭취하면 되고 채소에 충분히 들어 있어요. 우유에는 칼슘이 많지만 산성 물질이어서 먹을수록 칼슘이 오히려 몸 밖으로 빠져나가요. 유제품을 많이 먹는 나라일수록 골다공증이 많다는 연구들도 있잖아요. 제 사촌 동생은 20년 넘게 우유를 먹었는데, 뼈에 구멍이 났어요. 20대인데 골다공증 직전이에요. 뼈가 약해져서 수술을 두 번이나 받았어요. 재활치료를 몇 달 받아서 걷긴 하는데 운동은 못 해요."

초등학생이 된 민우는 키도 크고 튼튼했다. 우유가 빈혈과 골다공증을 일으킨다니, 우리는 어릴 때부터 우유가 '완전식품'이라고 배우지 않았는가? 어린이들이 빈혈에 걸리는 주된 이유는 장내출혈로 인한 철분 손실인데, 그중 절반 이상이 유제품에 대한 반작용에서 기인한 것으로 밝혀져 있다.

전혀 다른 종의 젖을, 그것도 유아기를 지난 이후에도 먹는 종은 인간 외에 전무하다. 우유는 송아지를 위한 물질이기 때문에 인간이 먹었을 때는 수많은 문제를 일으킨다. 먹는 것과 건강의 관계를 연구한 세계 최고의 영양학자, 콜린 캠벨 박사는 평생에 걸친 연구 끝에 다음과 같은 결론에 이르렀다. "소젖이 함유한 카세인 단백질은 인간에게 가장 위험한 발암물질 중 하나이다."

세계 최대 아이스크림 기업 '배스킨라빈스31' 창립자의 외아들 존 로빈스는 육류와 유제품, 축산업의 진실을 알게 된다. 그는 억만장자가 될 수 있는 재산상속을 포기하고 빈손으로 집을 뛰쳐나온 뒤 한 권의 책을 세상에 내놓는다. 《육식의 불편한 진실**Diet for a New America**》은 미국인의 식탁에 오르는 음식 뒤에 숨겨진 폭탄 같은 진실을 폭로한다. 육류와 유제품이 독성 물질(극미량 섭취로도 치명적인 암이 발생하고 불임, 기형아 출산으로 이어지는 PCB's, 다이옥신, DDT 같은 것들), 호르몬제, 살충제, 항생제 등으로 오염돼 있다는 근거

외에도, 육류와 유제품 섭취를 강조하는 근대 영양학이 축산업의 지원과 로비로 구축되었다는 주장이 매우 구체적이고 설득력 있는 증거들과 함께 낱낱이 밝혀져 있다. 이 책은 세계인의 식생활에 '혁명'을 일으키며 수많은 사람들의 삶을 변화시켰다.

다섯 번째, '인간은 잡식동물이다'라는 통념. 위와 같은 모든 근거들을 제시하면 사람들은 그동안 갖고 있던 신념이 부정되는 충격 때문에 반박할 논리를 찾게 된다. 인간은 생물학적으로 '잡식동물'이어서 고기를 먹어야 한다는 것이다. 인간이 잡식동물이라는 것은 생물학적인 근거가 있는 걸까, 아니면 관습에 의해 규정된 것일까? 인간은 잡식동물로 태어나는가 아니면 잡식동물로 길들여지는가?

인간은 육식이 가능한 동물일지 모르나, 육식을 일상적으로 하면서 건강하게 살 수 있는 동물은 아니다. 고기만 먹고 사는 야생 호랑이나 사자가 동맥경화로 심장마비에 걸려 죽었다는 소식은 듣지 못했다. 육식동물의 장은 곧고 반듯하며 장벽이 매끄럽다. 이에 비해 인간은 장이 꼬불꼬불하고 많은 주름으로 이루어져 있다. 육식동물은 고기를 먹어도 쉽게 통과해서 부패가 일어나지 않고 대장암 따위가 생기지 않지만, 인간은 육식으로 대장암을 얻는다. 치아 구조도 곡물을 씹어 먹는 어금니가 훨씬 많다. 우리의 손도 사슴의 배를 찢기보다는 채소를 다듬고 땅콩 껍질을 까기에 적당하게 생겼다. 인간은 오랜 세월 육류를 먹었지만, 지금처럼 육식을 많이 한 적은 없었다. 현대인은 잡식동물을 넘어 '육식동물'처럼 먹고 있다. 인간과 99% 유전자가 일치하는 침팬지도 우리처럼 육식을 많이 하지는 않는다. 다른 동물을 먹기도 하지만 대체로 식물을 먹고 곤충 따위를 먹는 정도다. 고릴라는 완전 채식이다. 현대인이 육식을 많이 하는 것은 생물학적으로 타고난 '고기 킬러'여서가 아니다. 동물을 이윤 창출의 수단으로 삼는 자본주의로 인해 감당할 수 없이 많은 육류가 생산되고 소비가 조장되기 때문이다.

대구 영진고등학교에서는 2012년 100일 동안 희망 학생 34명을 대상으로 하루에 두 번 현미채식 급식을 실시했다. (부모들은 아침밥과 주말 식사를 채식으로 주겠다는 서약서를 학교에 제출했다.) 급식 메뉴는 현미밥에 피망버섯잡채, 호두연근조림, 두부, 나물, 버섯깐풍기 등으로 구성됐다. 왜 채식이 이로운지에 대한 교육이 병행됐다. 100일 현미채식 후 참여 학생들은 체지방, 콜레스테롤이 감소했다. 아토피, 여드름, 소화불량, 지방간 등 모든 증상이 사라졌다. 16년간 아토피로 고생했던 조민혁 군은 단지 현미채식을 했을 뿐인데 완치가 되었다며 "기적이 일어났다"고 했다. 가려움이 사라지자 집중력도 높아지고 성적까지 올랐다.

최근 소아당뇨, 소아비만, 암, 아토피, 비염, 천식, 성조숙증에 걸린 어린이와 청소년이 크게 늘고 있고 20~30대의 불임과 난임 또한 심각하다. 가정의학 전문의로 수많은 만성질환 환자들을 약

없이 식생활 개선만으로 치료하고 있는 세계 최고의 예방의학 전
문가 조엘 펄먼 박사는 《아이를 변화시키는 두뇌 음식》에서 이렇
게 말한다.

많은 부모가 잘 모르고 있는 중대한 문제가 있다. 대부분의 어린이들이
먹고 있는 현대식 식사법은 나중에 암이 생길 비옥한 세포 환경을
만든다. 어른이 되어서 유방암과 전립선암 등을 예방하기는 거의
불가능하다. 암 예방을 위해서 우리는 훨씬 더 일찍, 최소한 열 살
이전에 개입해야 한다. (중략) 아이들이 태어나서 청년이 될 때까지
먹는 (혹은 먹지 않는) 음식이 그 후 50년 이상 섭취하는 음식보다
건강에 미치는 영향이 더 크다.

펄먼 박사는 유아기와 청소년기의 식습관이 평생 건강에 결정
적 영향을 미친다는 사실을 거듭 강조하며, 음식이 신체 건강은 물
론 두뇌 발달에도 큰 영향을 미친다고 말한다. 그가 추천하는 식단
은 이렇다. 동물성 식품을 식물성 식품으로 교체할 것, 채소가 주요
리가 되게 할 것, 정제하지 않은 곡류, 신선한 과일, 견과류, 콩, 씨
앗을 먹을 것. 이렇게 먹을 때 아이들이 가장 건강하고 똑똑하게 자
라며 천식 같은 만성질환, 암, 심장병은 물론 과잉행동증후군도 예
방할 수 있다고 말한다.

　　나와 도영이도 영진고 학생들과 똑같은 기적을 경험했다. 나는 어릴 때부터 아토피가 있었다. 피부과 전문의는 "아토피는 평생 나을 수 없는 병이니 연고약이 떨어지지 않게 항상 상비하라"고 했다. 나는 아토피가 불치병인 줄 알았다. 아토피는 겪어보지 않으면 모르는 고통이다. 가렵기 시작하면 견딜 수 없을 정도로 가려웠다. 약을 바르면 가려움이 감쪽같이 잦아들었지만, 얼마 지나지 않아 더 심해졌다. 그 약이 스테로이드라는 걸 몰랐다. 가공식품, 과자류는 조심했지만 육류, 유제품과 아토피의 연관성에 대해서는 병원에서 들은 적이 없었다. 나는 우유를 좋아했고 중독 수준으로 마셨다.

　　아이가 태어났다. 족발을 삶아 먹으면 젖양이 많아진다는 말을 듣고, 커다란 솥에 족발을 한가득 삶아 끈적끈적한 족발 수프를 마셨다. 고역이었지만 젖이 많이 나올 거라는 생각에 꾹 참고 먹었다. 젖양은 늘지 않았고 아이의 아토피만 심해졌다. 도영이는 볼이 늘 빨갰고 배가 가려워 벅벅 긁어댔다. 말도 못 하는 아기가 아토피로 고통받는 걸 보며 내 마음은 무너졌다. 생협에서 친환경 식재료만 구입해 먹었는데 어째서 아이에게 아토피가 생긴 걸까. 내 피부 체질이 유전으로 대물림된 것만 같았다. 대학병원을 전전했지만 스테로이드 연고만 처방해줄 뿐이었다. 좋다는 로션도 종류별로 써봤지만 큰 차도가 없었다. 아토피 아이를 키웠던 지인으로부터 채식이 도움이 된다는 조언을 들었다. 지푸라기라도 잡고 싶은 심정이었지만, 바로 그 조언을 따르지 못했다. 그즈음 찾아간 한 대학병원의 소아과 전문의가 "아이에게 우유는 반드시 먹여야 하며 고기도 하루 100g 이상 먹여야 한다"고 육식을 '처방'했기 때문이다. 돌을 갓 지난 아기에게 그 양을 다 먹이려면, 매끼니 고기를 듬뿍 줘야 했다. 사이사이 우유를 먹였다. 아이의 아토피는 심해져만 갔다.

아이가 두 돌이 지났을 때 구제역이 발생했고 살처분 광풍이 몰아쳤다. 나는 처음으로 육류의 근원에 대해 생각하게 되었고, 음식과 건강에 관한 자료들을 탐독했다. 불변의 진리처럼 믿어온 것들과 정반대되는 말들이 적혀 있었다. 일방적인 주장이 아니라 수많은 연구와 실험을 근거로 한 명백한 사실들이 적혀 있었다. 영화를 만들며 축산 현장을 직접 눈으로 보았다. 의식 속에 거대한 지각 변동이 일어났다. 육식 위주의 식생활이 동물뿐 아니라 사람과 지구를 죽음으로 몰고 있음을 인정하지 않을 수 없었다. 고기와 우유를 끊었다. 놀라운 일이 일어났다. 불치병으로 알았던 지긋지긋한 아토피가 단박에 완치된 것이다. 도영이도 똑같이 완치됐다. 기쁘기도, 허망하기도 했다. 이토록 간단한 것을 왜 평생 동안 만나온 그 많은 의사들은 아무도 알려주지 않았나. 식물식의 놀라운 치유력을 무시한 채 오직 약에만 의존하게 만드는 병원들, 질병의 원인을 보지 않은 채 증상만 덮는 현대의 주류의학으로 얼마나 많은 이들이 돈과 시간을 낭비하며 고통받는가. 물론 나만의 경험으로 현대의학 전체를 무시하는 오류를 범하려는 것은 아니다. 여전히 현대의학은 많은 병을 진단하고 치료한다. 필요할 땐 약도 써야 한다.

하지만 미국 축산업계의 로비로 구축된 영양학, 그러니까 동물성 단백질과 유제품 중심의 낡은 영양학을 사람들에게 권고하며 식물식이 갖는 예방 효과와 치유 효과를 근거 없는 민간의학쯤으로 치부하는 사람들이 소위 전문가 집단에 너무 많다.

물론 채식이 만병 치료제는 아니다. 채식을 해도 가공식품 위주로 섭취하면 병에 걸릴 수 있고, 채식을 한다고 모든 병이 다 낫는 것도 아니다. 하지만 육류 소비량의 폭발적 증가와 함께 고혈압, 당뇨, 암, 심근경색, 뇌혈관 질환, 비만, 소아암이 정비례해서 급증했다. 한국인이 고기 없는 '가난한 밥상'을 차렸던 과거에는 겪지 않았던 질병들이다. 2011년부터 채식을 시작해 7년 차인 지금, 나는 감기쯤은 웬만해선 걸리지 않고 수년 동안 지끈지끈했던 편두통도 사라졌다. 종종 났던 뾰루지도 전혀 안 난다. 생리통도 사라졌다. 무엇보다, 아토피가 완치된 것은 내 생애 가장 기적 같은 변화였다. 나는 약을 버리고 건강을 얻었다. 식물식이 주는 놀라운 치유를 경험했다.

매트릭스 빠져나오기

워쇼스키 자매의 영화 <매트릭스**The Matrix**>는 인공지능에 의해 지배받는 인간들이 진짜보다 더 진짜 같은 가상현실 매트릭스 안에 갇혀 사는 모습을 통해 우리가 진짜라고 알고 있는 세상이 실은 허구일 수 있음을 이야기한다. 모피어스는 네오에게 진실을 알게 해주는 빨간 약, 허상 속에 머무는 파란 약, 둘 중 하나를 고르라고 한다.

2011년 구제역 살처분 때 내 손에 놓여 있는 파란 약과 빨간 약을 물끄러미 바라보았다. 빨간 약을 꿀꺽 삼켰다. 그 순간, 나를 가두고 있는 매트릭스가 보이기 시작했다. 그것은 나와 내가 먹는 동물의 연결 고리를 끊음으로써 내가 아무 생각 없이 그들을 소비할 수 있도록 만드는 '육식주의 매트릭스'였다.

영화 <매트릭스>를 패러디한 단편 애니메이션 <미트릭스**The Meatrix**>는 바로 이 '육식주의 매트릭스'의 진실을 알기 쉽게 알려준다. 무피어스는 돼지 레오에게 육류와 유제품이 가족형 농장에서 온다는 것은 허상에 불과하다며, 진실을 보여주겠다고 한다. 빨간 약을 먹은 레오는 공장식 축산 현장을 목격하고 진실을 알게 된다.

'빨간 약'을 먹은 것처럼 명확하게, 육식주의 매트릭스를 볼 수 있도록 돕는 책이 있다. 사회심리학자 멜라니 조이의 명저《우리는 왜 개는 사랑하고 돼지는 먹고 소는 신을까Why We Love Dogs, Eat Pigs, and Wear Cows -An Introduction to Carnism》는 육식이 남성 우월주의나 가부장제, 노예제처럼 오랜 세월 강요되고 주입되어온 하나의 이데올로기라는 것을 심리학적 기제를 들어 증명한다.

우리는 고기 먹는 일과 채식주의를 각기 다른 관점에서 본다. 채식주의에 대해서는, 동물과 세상과 우리 자신에 대한 일련의 가정들을 기초로 한 선택이라고 생각한다. 하지만 육식에 대해서는 당연한 것, '자연스러운' 행위, 언제나 그래 왔고 앞으로도 항상 그럴 것으로 본다. 그래서 아무런 자의식 없이, 왜 그러는지 이유도 생각하지 않으면서 고기를 먹는다. 그 행위의 근저에 있는 신념 체계가 우리에게 보이지 않기 때문이다. 보이지 않는 이 신념 체계를 나는 '육식주의carnism'라고 부른다.

육식을 하지 않는 것과 마찬가지로 육식을 하는 것 또한 특정 신념에 따른 선택임에도 불구하고 마치 선택이 아닌 것처럼 보이는 것은 육식주의의 '비가시성', 즉 눈에 보이지 않는 성질 때문이라고 저자는 분석한다. 육식주의는 왜 눈에 보이지 않는가? 어떤 이데올로기가 확고히 자리를 잡았을 때는 눈에 보이지 않는다. 대표적인 예가 가부장제 이데올로기다. 남성을 여성보다 가치 있게 여기고 남성이 여성보다 사회적 권력을 많이 갖게 만드는 이데올로 기인 가부장제는 '이름 없이', '보이지 않는 채로' 수천 년 동안 존재하며 군림해왔다. 이름이 없기에 마치 공기처럼 당연한 것이라 생각했고, 보이지 않기에 저항할 수도 없었다. 이 이데올로기가 가부장제라는 이름을 갖게 된 것은 인류 역사에서 얼마 되지 않는다. 이름이 붙여지자 비로소 가부장제가 하나의 이데올로기일 뿐이며 거부 또는 저항할 수 있는 신념 체계라는 것을 많은 이들이 알게 되었다. 육식주의도 마찬가지다.

한 사회에 확고히 자리 잡은 지배적 이데올로기는 '정상이고 normal, 자연스럽고natural, 꼭 필요한 것necessary'이라는 3N의 과정을 통해 자신의 이데올로기를 '정당화'하며, 그 이데올로기에 저항하는 다른 신념 체계는 '비정상적이고, 부자연스럽고, 필요하지 않은 것'으로 간주해버린다. 그렇기에 지배적 이데올로기는 자주 폭력성을 동반한다. 인종적으로 우월한 백인이 아프리카인을 노예로 삼는 것은 정상적이고 자연스럽고 필요한 일이라는 생각, 유대인은 인종적으로 열등하므로 그들을 죽이는 것은 정상적이고 자연스럽고 필요한 일이라는 생각, 여성은 열등하므로 남성이 세상을 통치하는 것은 정상적이고 자연스럽고 필요한 일이라는 생각. 지금은 말도 안 된다고 여기는 이런 생각들이 한때는 당연한 통념이었고 지배적인 이데올로기로 작동하며 수많은 사람들을 죽이고 억압해왔다.

기독교 백인 중심의 남성 사회는 여자에게 영혼이 있는지 없는지를 놓고 논쟁을 벌였으며 "여자는 본래부터 남자의 소유물로 만들어졌다"고 믿었다. 또 미국 남성 주류는 이렇게 말했다. "남성만 투표하는 것은 선조들이 정해놓은 일이며 여자들이 투표를 하면 국가에 돌이킬 수 없는 손상을 입히고 재앙과 파멸이 온 나라를 덮칠 것이다." 백인 사회는 "아프리카인은 생물학적 구조 자체가 노예로 적합하다"고 주장했다. 2차 대전 당시 독일 사회는 "유대인은 천성적으로 사악하므로 박멸하지 않으면 독일을 파괴할 것"이라고 했다. 과학혁명 이전에 유럽에서는 지구가 우주의 중심이라는 확고한 믿음이 있었다. 코페르니쿠스와 갈릴레오는 주류 과학자들의 천동설에 반대하고 지동설을 알리기 위해 목숨을 걸어야 했다.

그리고 현대사회의 '주류'는 이렇게 말한다. "인간이 동물을 먹는 것은 정상적인 것이고 자연스럽고 꼭 필요한 것이다"라고. 육식주의 이데올로기는 그런 생각을 보이지 않게 강요하며, 동물을 먹지 않기로 한 사람에 대해서는 "정상에서 벗어나는 부자연스럽고 불필요한 소수 의견"으로 치부하고 차별한다.

그렇다면 '육식주의'는 어떻게 내재화됐을까? 거대한 자본을 가진 축산업계로부터 금전적 지원을 받은 20세기 중반의 서구 영양학은 육류와 유제품 섭취의 중요성을 오랜 세월 강조해오며 동물성 단백질 신화를 만들었다. 왜곡된 영양학은 그대로 교육과 정치, 경제, 미디어, 사회 제도 전반에 반영되며 육식의 정당성을 의

심하지 못하게 만들었다. 우리는 이유식을 하면서부터 육식에 길들여지고, 육류와 유제품을 꼭 먹어야 한다고 병원에서 '처방' 받으며, 단체급식을 통해 육식의 필요성을 교육받는다. 고기를 먹는 사람은 '육식주의자'라고 부르지 않고, '일반인'이라 칭하고, 고기를 안 먹는 사람은 '채식주의자'라고 분류한다.

　　지배 이데올로기는 지배 대상이 되는 존재들이 지배 계층과 '다르다'는 것을 강조함으로써 차별과 억압을 정당화한다. 동물원에 인간이 전시된 적이 있다는 것을 아는 사람은 많지 않다. 제국주의 열강의 식민지 약탈이 한창이던 19 ~ 20세기 초, 유럽의 동물원에는 아시아, 아프리카 등에서 약탈해온 야생동물들과 함께 이른바 오지의 원주민들이 전시되었다. 식민지에서 끌려온 원주민들은 자신의 몸과 일상을 낯선 땅, 낯선 사람들 앞에서 전시해야 했다. 인간 동물원은 식민지 원주민들이 유럽인과 얼마나 '다르게' 생겼고, 얼마나 '다른' 생활양식을 가진 '다른' 인종인지를 보여주는 기능을 했다. 하지만 인간 전시는 오래 가지 않았다. 전시된 사람들이 구경하는 사람들의 언어를 배워 말을 걸기 시작했기 때문이다. "구텐 모르겐(안녕하세요)." 전시된 자들이 자신들과 '다르지 않은' 사람이라는 것을 알게 된 유럽의 관람객들은 인간 전시에 불편함을 느꼈고 곧 전시도 사라졌다. 인간 전시는 사라졌지만 동물들은 여전히 해방되지 못했다. 동물들은 인간과 달리 말을 할 줄 모르고 인간과 달리 컴퓨터도 다룰 줄 모르므로, 인간은 그들을 먹고 구경하고 실험하고 껍질을 벗겨 모피를 이용하고 얼마든지 이용해도 된다는 생각이 21세기에도 만연해 있다.

서양 근대 철학의 출발점으로 불리는 17세기 철학자 데카르트는 아내의 개를 판자에 뉘어 네 발을 못으로 박아놓고 산 채로 해부했다. 그는 동물이 "영혼 없는 기계"에 불과하고 그들이 지르는 비명은 "톱니바퀴의 소음"과 같다고 말했다. 데카르트 학파는 동물이 고통을 느끼지 못한다고 믿었다. 반면 동물권리와 양성평등을 주장했던 공리주의 철학자 제레미 벤담은 동물을 인도적으로 대할 것을 요구하며 이렇게 말했다. "질문해야 할 점은 '그들에게도 이성이 있는가?', '그들이 말을 할 수 있는가?'가 아니고 '그들이 고통을 느낄 수 있는가?'이다." 지금 누군가가 데카르트처럼 개를 대한다면 그는 동물 학대범으로 지목되어 사회의 격렬한 분노를 일으킬 것이다. 반면 돼지, 닭, 소는 반생명적인 환경에서 가혹하게 사육되는데도 이것은 어쩔 수 없는 일로 치부된다. 왜 그럴까? 산업과 경제, 문화, 관행이라는 이름으로 폭력이 '제도화'되어 있기 때문이다.

행동주의 철학자 제레미 리프킨은 이를 '차가운 악cold evil'이라고 했다. '차가운 악'은 눈앞에서 버젓이 일어나는 잔인함에 무감각해지도록 만든다. 그 무감각을 강화시키는 것은 '몰개성화'이다. 몰개성화deindivisualization란 개체의 개성을 인정하지 않고 집단 차원에서만 보는 것을 말한다. 돼지는 돼지일 따름, 이놈이나 저놈이나 마찬가지라는 식이다. '고기'라는 용어는 소, 돼지, 닭, 오리들의 개별적인 삶을 지워버리고 추상화시키는, 매우 강력한 이데올로기가 작동하는 언어다. '움직이는 물건', 즉 '동물動物'이라는 표현도 소, 돼지, 닭, 오리, 호랑이, 침팬지 등 각기 다른 개성을 가진 이들을 하나의 집단으로 몰개성화한다. 그러므로 몰개성화에 대한 저항은 그들 하나하나의 사연과 이야기에 관심을 갖는 일로부터 시작된다. 그들의 이름을 부르는 일에서 시작된다.

제인 구달은 아프리카 곰베 정글의 침팬지 집단을 관찰하며 그들 각자에게 이름을 붙였다. 학위 없는 젊은 여성의 연구 방식을 명문대학 남성 학자들은 비난했다. 번호를 붙여야지, 왜 이름을 붙이느냐고. 동물에게 이름을 붙이는 순간, 객관적인 연구가 불가능하다는 게 기존 학계의 생각이었다. 보수적인 학계의 비난에도 제인은 자신의 연구 방식을 고수했고, 침팬지가 각자의 생김새만큼이나 성격이 다르고 인간과 같은 개성적인 존재라는 사실을 밝혀냈다. 제인의 연구는 마침내 획기적인 연구로 인정받게 되었고 일반인들에게도 침팬지에 대한 관심과 사랑을 불러일으켰다. 대중은 플로, 플린트 등 침팬지 가족의 사연을 접하며 마치 친구를 외면할 수 없듯 야생 침팬지의 위기에 관심을 갖게 된다.

이름을 부른다는 것, 그것은 그 존재와 연결되는 것이다.

<작별>을 만들던 당시, 동물원 전시장에 전시된 불특정 다수의 동물들을 촬영하며 더 구체적인 이야기를 찾고 있을 때 새끼 호랑이 크레인을 만났다. 운명처럼 내 앞에 나타난 크레인은 '동물원에서 산다는 것'이 어떤 것인지를 세상에 알리기 위해 나타난 야생의 전령 같았다. <어느 날 그 길에서>를 만들 때 자동차 바퀴에 먼지처럼 사라지는 생명들을 '로드킬 당한 야생동물들'로 추상화시키고 싶지 않았다. 너구리, 삵, 고라니 각자에게 삶이 있고 사연이 있음을 보여주고 싶었다. 그런 바람을 갖고 현장을 뛰어다닐 때 팔팔이를 만났다. 야생 삵 팔팔이는 88고속도로에서 교통사고를 당해 구조된 후 12개의 도로를 건너 자신의 고향으로 돌아갔다. 팔팔이는 인간의 도로가 야생동물들에게 얼마나 폭력적인지, 또 야생동물들은 인간이 생각하는 것보다 얼마나 놀라운 능력을 가졌는지를 보여주기 위해 나타난 메신저 같았다. <잡식가족의 딜레마>를 만들기 전에는 소, 돼지, 닭, 오리를 뭉뚱그려 "농장동물" 혹은 "가축"이라고 불렀다. 그들과 음식 이외의 경험으로 관계 맺어본 적이 없는 나는 그들을 부를 다른 이름을 찾지 못했다. 영화를 만들면서 축산업계에서 그들을 "산업동물" 혹은 "경제동물"이라 부르고 개별 동물들은 번호로 부른다는 사실을 알게 되었다. 운명처럼 십순이를 만났고, 십순이의 여덟 마리 새끼 중 막내에게 돈수라는 이름을 붙여주었다. 십순이와 돈수를 통해 '농장동물', '가축', '고기'라는 추상적인 개념을 넘어서 돼지들의 구체적인 삶과 희로애락을 마주하

게 되었다. 십순이와 돈수는 돼지가 한낱 축산물이 아니라 우리와 '다르지 않은' 생명임을 알려주었다.

고기와 생명 사이에 끊어졌던 연결이 회복되면서, 나는 수십 년간 나의 눈을 가리고 귀를 막았던 매트릭스로부터 빠져나왔다. 매트릭스가 보이지 않았을 때 나는 그 안에 갇혀 있었지만, 이제 매트릭스는 뚜렷이 보이게 됐고 이제부터 시스템이 강요하는 삶이 아닌 내가 바라는 삶을 살아야겠다고 생각했다. 나는 삶의 스위치를 바꿨다. 단절에서 연결로, 차별에서 공감으로.

식물을 먹는다는 것

채식에는 여러 종류가 있다. 동물로부터 취한 그 무엇도 먹지 않는 비건도 있지만, 유제품을 먹는 락토 채식, 달걀을 먹는 오보 채식, 유제품과 달걀을 먹는 락토 오보 채식, 생선과 해산물을 먹는 페스코 채식, 심지어 닭고기까지 먹는 세미 채식, 상황에 따라 유동적으로 육식과 채식을 오가는 플렉시테리언, 덩어리 고기는 안 먹고 고기 고명이나 육수까지는 먹는 '비덩주의(非덩어리주의)'까지. 이런 식의 구분을 좋아하지 않고 나는 이 중 어디에도 속하지 않지만, 채식의 스펙트럼이 생각보다 넓고 실천 방식도 다양하다는 것을 밝히기 위해 적어둔다. '채식이 아니면 육식' 이렇게 이분법으로 나누기보다 할 수 있는 선에서 채식을 지향하는 가이드라인을 스스로 정해보는 것도 좋을 것 같다. 일주일에 네 번 육식을 했다면 한 번으로 줄이거나, 아침과 저녁 식사만큼은 채식을 한다거나 하는 식으로 말이다.

한식은 얼핏 '비건 프렌들리'한 식단처럼 보이지만, 막상 고기 육수나 고기 고명 등을 쓰는 경우가 많고 특히 요즘은 식당에서 고기가루 조미료를 국이나 나물에 넣는 경우가 있어 난감할 때가 많다. 비건 식당을 찾아가기엔 짐이 많고 시간에 쫓길 때가 많다. 그래서 현미밥에 김 등 간단한 도시락이나 과일, 두유, 견과류 같은 먹을거리를 싸 들고 다닐 때가 많지만 그조차 어려울 때가 있다. 나는 비건을 지향하되 상황이 여의치 않을 땐 해산물까지는 먹는 걸로 실천 범위를 정했다. 그렇다고 페스코라고 할 수는 없을 것 같다. 1년 동안 먹는 해산물이 한 접시가 채 안 될 테니까. 우유와 유제품은 먹지 않는다. 그러니까 현재의 나는 '대체로 비건이지만 상황에 따라 조금 물러서기도 하는 채식'을 하고 있다.

"그럼 식물은 안 불쌍해?" 채식을 한다고 하면 이렇게 말하는 사람들이 있다. 감자를 토막 낼 때 비명을 지르지는 않지만, 누가 알겠는가? 그들도 고통을 느낄지. 식물도 함부로 대해서는 안 된다. 하지만 이슬만 먹으며 살 수는 없는 일이다. 중요한 건 '완벽한 선'의 요구가 아니라 '고통의 최소화'가 아닐까. 식물을 먹으니 동물도 먹고, 돼지를 먹으니 개도 먹고 원숭이도 먹는 게 아니라, 할 수 있는 한 고통의 총량을 줄이는 것이다. 동물을 먹는 것은 오히려 더 많은 식물을 해치는 일이다. 전 세계에서 재배되는 콩의 80%가 축산 사료로 쓰인다. 1인분의 소고기 또는 우유 한 잔을 위해 스물두 명의 사람들이 먹을 콩과 옥수수가 사료로 소모된다. 게다가 방목지와 사료 작물 재배를 위해 야생 숲이 파괴되고, 사료용 유전자조작 작물로 다른 식물들의 유전자가 오염되고, 메탄가스가 일으키는 온난화로 숲이 고사하는 것을 생각하면 식물을 보호하기 위해 동물을 먹는다는 것은 전혀 논리적이지 않다.

　나에게 채식은 '먹고 소비하는 동물들의 목록을 늘리는 데서 오는 만족감보다는, 내가 공감하고 돌보는 타자의 범주를 넓히는 데서 오는 행복감이 더 크다는 것을 알게 되는 것'이다.

　채식은 새로운 맛의 세계를 여행하고 섬세한 미각을 회복하는 일이기도 하다. 채식은 무엇무엇을 제외한 빈곤한 식단이 아니고 금욕도 아니다. 나는 채식을 하면서 처음 이유식을 하는 아이처럼, 그동안 고기에 가려져 잊고 있던 채소 고유의 맛을 재발견했다. 채소들은 각기 개성 넘치는 맛과 향, 질감을 갖고 있었다. 토마토 스파게티에 다진 소고기가 들어가야 맛있는 줄 알았는데, 이제는 토마토 고유의 맛을 즐기게 됐다. 토마토와 마늘만으로도 충분하지만 그때그때 루콜라, 줄기콩, 단호박 등 내키는 대로 다른 채소들을 넣어서 그것들이 토마토와 어울리며 이루어내는 놀라운 맛을 경험한다.

　내가 즐겨 사용하는 양념은 들깨다. 나물에도 들깨, 샐러드에도 들깨. 들깨를 한 숟가락 넣으면 고소함이 추가되는 건 물론 채소의 단맛도 더 강하게 느껴졌다. 음식을 영양소로 분류해서 생각하는 환원주의적 사고를 경계해야 하지만, 들깨는 칼슘이 엄청 많고 불포화지방산, 오메가3도 풍부해서 뼈에도 좋고 피부에도 좋고 두뇌에도 좋다. 떡국, 미역국도 소고기로 국물을 냈었는데 그 또한 고정관념이었다. 다시마, 무, 버섯, 양파, 들깨로 떡국을 끓였는데, 애니메이션 <라따뚜이>의 생쥐 요리사가 몰래 뭔가를 넣었나 싶을 정도로 맛있었다.

전에는 버리던 뿌리, 줄기, 껍질도 적극 활용한다. 마크로비오틱 요리에서 이렇게 식물의 전체를 활용하는데, 영양가가 풍부한 부분들을 버리는 게 아깝고 전체를 활용했을 때 맛이 더 좋다는 걸 알게 됐다. 대표적으로 브로콜리 줄기. 전에는 딱딱해서 버렸던 부분인데, 다져서 유부초밥에 넣기도 하고, 가늘게 채 썰어서 당근과 같이 볶음밥에 넣어봤더니 식감이 무척 좋았다.

채식하면서 처음 먹게 된 채소들이 많은데, 마가 대표적이다. 얇게 썬 마에 통밀가루 반죽을 입히고 빵가루를 묻혀서 팬에 구우면, 정말 고소하고 맛있는 마 크로켓이 된다. 카레에 마 가루를 조금 넣으면 걸쭉해지고 영양도 풍부해진다. 자메이카 육상선수 우사인 볼트의 영양식으로 알려진 마는 힘과 에너지를 주는 식물이다. 전에는 잘 몰랐던 콜라비, 비트도 먹게 됐다. 생으로 샐러드에 넣어 먹기도 하고, 얇게 채 썰어 들기름을 넣고 볶으면 무나물보다 단맛이 강한 콜라비 나물이 된다. 채소, 과일, 견과류는 종일 에너지와 활력을 주는 슈퍼 파워 배터리다.

몇 년 전 시골로 이사 와서 텃밭이 생겼는데, 채식을 하다 보니 텃밭이 주요 식량 창고가 됐다. 장점이 한두 가지가 아니다. 장보기 하는 돈과 시간이 절약된다. 상추, 고추, 가지, 오이, 깻잎은 여름 내내 따도 따도 또 나오고, 이것들을 된장, 두부와 함께 먹으면 요리도 필요 없는 영양만점 식사가 된다. 바질을 듬뿍 따다가 잣을 넣어 바질 페스토를 만들어서 파스타를 해 먹는 즐거움이란. 텃밭 덕분에 채소의 꽃이 얼마나 예쁜지 처음 알았다. 마트에서 사다 먹을 땐 한 번도 본 적 없던 파 꽃, 깻잎 꽃, 쑥갓 꽃을 처음 보았다. 향기가 진동한다. 벌과 나비가 온다. 텃밭이 생기니 여치, 사마귀가 찾아오고, 개구리도 오고, 새들도 온다. 작은 생태계가 생겨났다. 눈, 코, 입, 귀, 손 오감이 행복하다. 이웃에게 씨앗을 얻고, 수확한 건 이웃들과 나눈다. 마을 공동체가 생기를 얻는다. 나에게 채식은 '소확행(소소하지만 확실한 행복)'이다.

채식은 육식 혐오자 혹은 채소 신봉자가 되는 것이 아니라 넘치지도 모자라지도 않는 음식으로 몸과 마음, 삶에 생기를 불어넣는 라이프스타일이다.

요리와 뒷정리도 쉽다. 육류 요리 후 기름 묻은 그릇을 닦는 것이 번거로웠는데 채식 요리는 설거지가 간편하다. 세제와 물을 덜 쓰니 환경오염도 줄어든다. 나물에 따라 다듬기 귀찮은 나물도 있지만 고기 내장, 기름, 핏물을 제거하는 일보다는 훨씬 간편하다. 요리가 귀찮을 땐 양배추, 부추, 버섯, 양파, 마늘 등을 물 또는 최소한의 기름으로 볶아 들깨를 솔솔 뿌려 먹는다. 간편하면서도 맛과 영양에 부족함이 없다. 일상은 단순하고 가벼워진다. 체지방이 빠지고 날씬해지는 '다운사이징' 효과도 볼 수 있다.

19세기 초, 시인 퍼시 셸리는 채식의 '다운사이징' 미덕을 이렇게 이야기했다.

육식을 하지 않는 라이프스타일은 정치 경제적으로 성립되어 있는 복잡한 습관을 단순화시킨다. 육식에 의존하는 사람은 자신(의 건강)과 1에이커 분의 곡식을 생산하는 토지를 파괴해야 한다. 식물에서 얻을 수 있는 영양분은 소의 사체에서 얻을 수 있는 것보다 열 배나 더 많을 수 있다.

이상적인 이야기 같지만, 전 세계 사람들이 지금부터 비건이 된다면 2050년까지 기후변화를 80% 막을 수 있다. 환경부에서 발표한 <음식물의 에너지 소모량 및 온실가스 배출량 산정 연구>(2010)에 따르면, 불고기 백반은 7.72kgCO2e의 이산화탄소가 발생하고, 햄버거 세트는 3.74kgCO2e, 콩나물국 백반은 0.54kgCO2e가 발생한다. 채식은 매년 이산화탄소를 1인당 평균 1.5톤 감축하는 효과를 낳는다. 분뇨로 죽어가는 강을 살릴 수 있고, 물을 아낄 수 있다. (500g의 스테이크를 만들기 위해서는 6개월간 샤워할 물이 사용된다. 전 세계 물 사용의 50%가 축산용수로 사용되고 있다.) 식물을 먹는 것은 우리의 하나뿐인 서식지를 살리고 나와 이웃을 살리는 가장 즉각적이고 근본적인 실천이다.

무엇을 먹느냐는 취향의 문제가 아니라 어떻게 살 것인가의 문제이다. 무엇을 먹느냐는 사적인 일 같지만 공적이고 사회적이며 정치적인 일이다. 내가 어떤 세상, 어떤 가치를 지지하는지를 놓고 참여하는 '투표'다. 이 투표가 중요한 이유는 하루 세 번, 인류 전체가 참여하는 투표이기 때문이다. 매일 전 지구적으로 이루어지는 이 거대한 투표에 따라, 지구라는 배에 동승한 모든 승객들의 삶의 질과 생존 여부가 달라진다. 모든 지구인이 유권자인 이 투표에서 채식을 지지하는 것은 비폭력, 평화, 생명의 편에 서는 일이다.

소크라테스의 충고

'프랑켄슈타인' 하면 찢어진 살점을 이어 붙인 흉측하고 포악한 괴물을 떠올리는 사람이 많지만 그 괴물이 채식주의자이고 자연을 사랑하는 피조물이었다는 것은 의외로 알려지지 않았다. 19세기 작가 메리 셸리의 걸작, SF 공포 소설의 고전으로 꼽히는《프랑켄슈타인》. 과학자 빅터 프랑켄슈타인 박사는 해부실과 도살장에 몰래 들어가 시체 조각을 모아 생명을 불어넣어 피조물을 만든다. 하지만 이 피조물은 혐오스러운 외모 때문에 사람들에게 공격받고 마음에 상처를 입는다. 피조물은 자연의 아름다움에서 위로받고 고난에 처한 사람들에게 연민을 느끼는 섬세하고 도덕적인 감수성을 가진 존재였다. 그는 인간의 타락한 문명과 거리를 두겠다고 말하며 이렇게 말한다. "내가 먹는 음식은 인간의 음식과 다르오. 식욕을 채우려고 양과 새끼 염소를 잡아먹는 일은 없을 것이오. 도토리와 딸기면 충분하니까." 왜 작가 메리 셸리는 피조물을 채식주의자로 설정했을까?《프랑켄슈타인》에는 과학으로 자연을 통제하고 조작하려는 계몽주의적 세계관에 대한 성찰과 함께, 단순하고 소박한 삶을 추구하며 자연과의 조화롭고 합일된 삶을 추구했던 19세기 채식주의 세계관이 담겨 있다.

작가 메리 셸리는 물론, 당대의 많은 작가들이 채식주의자였다. 역사적으로 누구나 알만한 영적 지도자, 과학자, 예술가 중에도 채식인이 많았다. 그런데 이들이 채식을 했다는 사실보다 더 놀라운 건, 내가 관심을 갖고 이런저런 자료들을 뒤져보기 전까지 어디서도 이 위대한 지성들이 채식인이었다는 이야기를 들은 적이 없다는 것이다. 마치 누군가 역사책에서 그 구절만 삭제하기로 한 듯이 말이다. 이들의 채식 선택은 역사에서 삭제되거나 무시되어도 좋은 단순한 기호였을까?

19세기에 베지테리언이라는 말이 고안되기 전까지 서구에서는 채식을 '피타고라스식 식사'라고 했다. 그리스의 위대한 수학자이자 철학가였던 피타고라스는 채식인이었다. 영혼 불멸과 모든 생명의 연결성을 믿으며 이상적인 인간형을 추구했던 피타고라스가 지금으로부터 2,500여 년 전 세웠던 학교에서는 육식과 물질주의가 금기였고 동물을 사냥한 모피도 허락하지 않았다. 피타고라스의 채식은 이후 철학자들에게 큰 영향을 미쳤다. 플라톤은《국가론》에서 무엇이 잘 사는 것이고 훌륭한 삶인가, 정의란 무엇인가, 이상적인 국가란 어떤 나라인가에 대한 청사진을 제시한다. 이 책은 스승 소크라테스가 글라우콘과 나눈 대화를 담고 있다. 소크라테스는 평화와 정의를 위해 도시국가의 시민들이 무엇을 먹어야 하는지를 분명히 제시하면서 글라우콘에게 이렇게 말했다.

동물을 먹는 습관으로 인해, 불과 몇 시간 전까지 우리가 하나의 생명체로 알고 있던 동물들, 그 눈동자에 비친 모습을 통해 우리 자신을 볼 수 있었던 그들을 도살해야 하지 않겠나?

소크라테스는 도시가 단순해야 하고 시민들은 보리와 밀로 만든 빵, 올리브, 채소, 완두콩, 무화과, 너도밤나무 열매 등을 먹고 포도주를 적당히 마시고 살아야 한다고 말했다. 그러면 평안한 마음과 건강한 몸으로 살 수 있고 오래 살 가능성이 높다고 했다. 하지만 글라우콘은 "사람들은 긴 의자에 몸을 누이고… 최신식 만찬과 디저트를 먹어야 합니다"라고 말했다. 이에 소크라테스는 답했다.

염증에 시달리는 도시를 원한다면야…. 또 온갖 종류의 동물들이 엄청나게 필요하겠군. 그것을 먹기 원하는 사람들을 위해 말이야. 안 그런가? 그러면 이전 같은 음식을 먹던 때보다 의사들이 엄청나게 필요하지 않겠는가?

이어서 소크라테스는 사람들이 소박한 식사에 만족하지 못하면 동물을 사냥하게 되고, 그 수요가 늘면 가축 사육이 시작되고, 땅이 부족해지고, 마침내 폭력과 전쟁이 일어나게 될 것이라며 육식의 폐해를 설파한다. 《국가론》에 나오는 소크라테스의 말을 인용, 요약해본다.

그렇다면 우리는 도시를 크게 해야 할 것이고 처음의 건강한 도시는 더 이상 적절하지 않게 될 것이네. (중략) 우리는 농장의 돼지를 위해 일할 사람들이 필요하게 되겠지. 이 동물은 초기 도시에서는 필요하지 않았기에 존재하지 않았던 것들이야. 그리고 우리는 다른 종류의 고기를 생산하는 많은 수의 동물들이 필요하게 될 것이네. 만약 누군가가 동물을 먹는다면 그럴 필요가 있지 않겠나? 만약 우리가 그렇게 산다면, 우리는 전보다 더 많은 의사를 필요로 하게 될 것이네. 그리고 전에 인구를 먹여 살리기에 충분했던 땅은 이제 작아지고 불충분하게 되겠지. 그렇다면 이웃의 땅 일부를 빼앗아야 하지 않겠나? 만약 우리가 방목과 경작을 위해 충분히 땅을 가지기를 원한다면 말이네. 그리고 우리의 이웃들은 우리 땅 일부를 가지려고 하지 않겠나? 다음 단계는 전쟁이 될 것이네. 만약 우리가 동물을 먹고자 하는 욕망을 추구한다면 우리가 공정한 사회를 건설하는 데 필요한 조건과 행복 추구를 방해하지 않겠나?

소크라테스의 혜안은 여기서 그치지 않는다.

도시에는 방탕함과 질병이 만연해 있는데 법원과 병원은 충분치 않을 테니 법률가와 의사는 머리를 꼿꼿이 세우고 다니지 않겠는가? 그러면 유복하게 태어난 사람들마저 이런 직업을 갖고 싶어 할 거야.

인류 역사상 가장 위대한 지성 가운데 한 사람이 무려 2,500년 전에, 육식이 일으킬 질병, 토지 분쟁, 변호사와 의사의 난립, 불평등한 사회 권력, 전쟁을 예측했다니 놀랍지 않은가. 인류는 소크라테스의 충고를 따르지 않았고, 그가 예측한 시나리오는 불행히도 21세기에 현실이 되었다.

고대 철학에 심취했던 레오나르도 다빈치 역시 채식인이었는데, 그는 해부학을 통해 동물과 인간의 공통점을 발견하고 동물이 인간과 다를 바 없는 생명이라는 사실을 인지했다. 레오나르도 다빈치는 빵, 신선한 과일, 콩 수프, 아몬드, 채소 샐러드를 좋아했으며 채식 요리법을 메모로 남기기도 했다. 그는 이런 말을 했다.

진실로 인간은 동물의 왕이다. 왜냐하면 인간의 잔인성이 동물을 능가하기 때문이다. 우리는 다른 생명체의 죽음을 통해 살아가는 살아 있는 묘지다. 나는 어렸을 때 고기를 먹지 않겠다고 결심했으며 동물을 살해하는 것을 살인처럼 생각하는 때가 올 것이다.

천재 물리학자 알버트 아인슈타인은 이렇게 말했다.

1kg의 고기를 생산하기 위해서는 23kg의 곡물이 소비된다. 지구의 자원은 모두의 필요를 충족해줄 수 있지만 사람의 탐욕을 충족시키기에는 충분하지 않다. 인류 건강과 지구에서의 생존

가능성을 높이는 데는 채식으로 전환하는 것만큼 도움이 되는 것이 없다. 채식이 인간 성품에 미치는 물리적 효과는 인류 운명에 가장 유익한 영향을 줄 것이다.

아인슈타인이 인류 역사상 가장 머리가 좋은 천재 물리학자라는 건 유치원생에게도 알려져 있지만, 그가 채식을 했다는 것은 많이 알려져 있지 않다. 자신의 이름이 우유회사 브랜드로 이용되고 있는 걸 알면 아인슈타인은 어떤 표정을 지을까?

살아 있는 모든 것들에 대한 자비, 인과의 법칙과 카르마의 원리를 가르쳤던 석가모니는 동물을 죽이거나 먹는 것은 물론, 동물의 가죽과 털을 입는 것, 신는 것도 동물의 카르마를 입게 되는 것이니 깨달음과 해탈을 위해서는 살아 있는 모든 생명을 자비로 대해야 함을 강조했다. 불교 국가였던 신라, 백제는 살생을 금했다. 《삼국유사》, 《삼국사기》를 보면 살생 금지가 법령으로까지 정해져 있었다. (현대의 불교국가인 부탄은 국왕의 지시에 따라 도살장이 없다. 최근 외국인 이주민과 관광객이 늘어나 인도 등에서 육류를 조금씩 수입하고 있지만, 국민 대부분은 유기농으로 재배한 쌀과 채소, 과일 등으로 채식 위주의 식생활을 한다.)

우리나라에서 채식을 하는 사람들의 이야기를 들어보고 싶었다. 임순례 감독을 만나 이야기를 들었다.

"영화를 제작할 때 회식을 하면 거의 삼겹살에 소주잖아요. 저도 술이랑 고기 많이 먹었어요. 2003년도에 <여섯 개의 시선> 찍을 때 같이 일했던 프로듀서가 개를 잃어버렸는데, 찾다가 경동시장에 있는 개소주집 골목으로 들어갔대요. 그곳에 비글, 슈나우저, 요크셔까지… 그 친구가 그걸 보고 고기를 못 먹게 됐다고 하더라고요. 그 얘기를 듣고 '아, 내가 이렇게 애지중지하던 개도 잃어버리면 누군가의 음식이 될 수 있겠구나.' 그런 생각을 했죠. 개하고 교감을 많이 하다 보니까 개와 다른 동물의 차이가 점점 좁혀지는 거예요. 소, 닭, 돼지도 개 못지않게 인간과 교감할 수 있고 인간처럼 고통을 느끼는 존재니까요. '고기, 먹을 만큼 먹었다.' 하는 생각이 들면서, 2004년 1월 1일부터 고기를 안 먹고 있죠. <소와 함께 여행하는 법>을 촬영할 때 처음에는 제작진들이 소와 친숙하지 않아서 '먹보'를 무서워했어요. 소를 살아 있는 생명체로 본 것이 처음인 제작진도 많았고요. 그런데 두 달 동안 같이 있다 보니 굉장히 가까워졌어요. 슈퍼마켓에서 고기로 포장된 것만 봤다가, 먹보가 심술도 있고 유머도 있고 참을성도 있고 꾀도 있고 우리랑 정말 똑같거든요. 스태프들이 이런 이야기를 하더라고요. '가죽 가방이나 가죽 제품, 그런 것들이 어디서 오는지 한 번도 생각해본 적이 없다. 그러나 이제는 생각을 한다.' 그 정도도 큰 변화라고 생각하죠."

가수 이효리 씨는 <씨네21>에 '사랑하세요'라는 제목으로 기고한 칼럼에서, 한때 "진정한 육식광"이었으나 "함께 사는 개와 고양이는 가족처럼 대하면서 거대한 공장식 축산업에 학대당하는 동물을 외면할 수도 없는 일"이어서 채식을 하게 됐다고 했다. 그녀는 이어서 이렇게 말한다. "(채식은) 지구를 위해, 내가 할 수 있는 가장 적극적인 사랑의 표현 방법"이고 "나에게 채식은 엄격한 규칙이나 딱딱한 철학이 아니다. 채식은 사랑이다"라고.

존 레논, 밥 딜런 같은 예술가, 영화배우 나탈리 포트만, 알리시아 실버스톤, 조니 뎁, 브래드 피트, 임수정, 영화배우이면서 환경운동가인 레오나르도 디카프리오, 침팬지 학자 제인 구달 등 '역사와 동시대의 셀렙' 들이 채식을 선택했다. 공통된 이유는 채식이 인류의 영적 성장은 물론, 이 작은 행성에서의 생존과 평화에 기여한다는 믿음이다. 채식은 단순히 고기를 먹지 않고 풀만 먹는 음식 취향이 아닌 것이다.

북아메리카 원주민들의 토템폴은 이들의 세계관을 보여준
다. 범고래, 곰, 늑대 등 부족이 섬기는 야생동물이 사람과
뒤엉켜 조각되어 있다. 원주민들은 '모든 것이 하나로 연결
돼 있음'을 알고 그 순환을 깨지 않는 삶을 살아왔다.

▲ 삶은 감자 또는 단호박에 다진 양배추와 다진 피클, 두유 마요네즈를 넣어 섞은 후 통밀 빵에 얹어 먹는다. (두유 마요네즈는 현미유나 올리브유 등 식물성 기름과 두유를 기본으로 소금, 배즙(원당), 레몬즙(식초), 견과류 등을 믹서에 넣고 갈면 된다.)

◀ 감자조림, 버섯 양배추 볶음, 샐러드, 현미콩밥. 샐러드 소스는 간장, 생들기름, 들깨, 배즙, 매실청 섞어서.

▼ 파프리카, 우엉조림, 볶은 당근, 데친 시금치, 구운 두부, 검정깨 등으로 잡채를 만들어 현미밥에 얹어 먹으면 맛도 영양도 완벽.

동물들의 미투 선언

: 차별에서 공감으로

중립은 압제자를 돕지 절대로 희생자를 돕지 않는다.
침묵은 괴롭히는 자에게 용기를 주지 결코 괴롭힘을 당하는 자에게
용기를 주지 않는다.

— **엘리 비젤**(작가, 노벨 평화상 수상자)

제작일기.

어떤 모임에서 육식과 채식에 대한 대화가 오갔다.

그때 갑자기 남편이 이렇게 말했다.

"봐봐. 힘세고 덩치 큰 동물들은 다 초식동물이야. 코끼리, 소···."

어라, 내가 지난여름에 했던 말이잖아?

그때 난 크고 힘센 동물이 초식동물이라 했고,

남편은 "그럼 육식하는 범고래는 어쩔 거야"라며

내 말을 반박하기 바빴는데.

오늘은 내가 자기한테 했던 말을 그대로 다른 사람들에게 하고 있네?

소의 근육에 기름이 끼게 만드는 '마블링'의 문제에 대해

이야기하기도 하고, 젖소 농장에서 일했던 경험을 들려주기도 한다.

요즘 들어 내가 하고 싶은 말을 그가 할 때가 많다.

사실, 그는 공장식 축산의 현실에 대해 누구보다 잘 알고 있고,

그 시스템이 문제라는 것도 잘 알고 있다. 다만 그 시스템 속에서

아직은 박차고 나오지 못할 뿐. 그래도 공감하는 그에게 고맙다.

알 권리, 선택할 권리

기후 재앙의 변수가 존재하지만, 지금 추세로 인구가 증가한다면 2050년 세계 인구는 100억이 될 전망이다. 지구의 한정된 자원에 말 그대로 빨대를 꽂은 현재의 축산업은 지속 가능하지 않기 때문에, 세계 곳곳에서 대안에 대한 고민과 실험이 활발하게 이루어지고 있다. 토종 씨앗, 유기농, 자연 농업, 도시 텃밭 등 생태적이며 경제적인 대안들이 확산되고 있다. 이런 흐름 속에 채식 문화도 세계적으로 급부상하고 있다.

<잡식가족의 딜레마> 상영을 위해 2015년 2월 베를린 국제영화제에 참석했다. 개막식 후 열린 리셉션 파티가 매우 인상적이었다. 세계 각지에서 온 천 명이 넘는 게스트들을 위해 다양한 음식이 뷔페식으로 제공됐는데 모두 채식, 그것도 비건이었다. 감자, 버섯, 허브 등이 어우러진 기막히게 맛있는 음식들을 먹으며 궁금했다. 독일은 소시지를 많이 먹는 나라 아니었던가? 세계 3대 영화제 중 하나인 베를린 국제영화제에서 비건 리셉션 파티를 하는 이유가 뭘까? 선진국답게 환경오염을 줄이기 위해서이기도 하지만, 무엇보다 영화계 셀레브리티 중에 베지테리언이 상당히 많기 때문일 것이다. 그래도 전체 손님 중에는 소수일 텐데, 소수를 무시

하지 않는 문화가 멋있었다.

베를린에 머무는 일주일 동안, 나는 굉장히 편하고 행복하게 식사를 할 수 있었다. 어느 식당을 가건 비건 메뉴가 있었고 아예 메뉴판에 브이V 라벨로 표시가 되어 있어서 마음 편히 그 메뉴들을 고르면 됐다. 식당뿐 아니라 가게에도 비건 상품에 라벨이 붙어 있어서 고르기가 쉬웠다.

멜라니 조이 박사는 2015년 한국 강연에서 "2010년 독일에서 출간된 비건 요리책은 세 권이었는데, 2014년에는 77권의 비건 요리책이 나왔습니다. 채식 문화의 급격한 확산은 북미도 마찬가지예요. 10년 전 미국에서 '저는 비건이에요'라고 말하면 머리 두 개 달린 괴물쯤으로 바라보던 사람들이, 지금은 '와, 멋지군요. 그래서 당신이 그렇게 젊어 보이는군요'라고 말하면서 자신도 비건이 되고 싶다고 방법을 물어볼 정도예요"라고 말했다.

육식의 본고장이었던 나라들에서 거대한 지각변동이 일어나고 있는 것이 분명하다. 단지 음식뿐 아니라 화장품, 의류, 신발 등 생활용품 전반에서 동물을 이용하지 않은 비건 상품이 대안적인 라이프스타일로 부상하고 있다. 채식이 경제에 미치는 영향이 커지면서 '베지노믹스Vegetarian+Economics'라는 신조어까지 생겼다.

특히 '대체 육류' 산업이 급성장하고 있다. 대체 육류는 크게 두 종류로 나눌 수 있다. 하나는 식물을 이용한 고기, 다른 하나는 진짜 육류의 세포를 배양해서 만든 실험실 배양육이다. 미국의 한 심장전문의는 육류의 포화지방으로 인한 심근경색을 예방하는 대안으로 식물성 버거를 만드는 스타트업 기업을 만들었다. 구글이 3,000억 달러에 인수를 제안하며 눈독을 들였지만 거절한 것으로 알려진 '임파서블 푸드'다. 100% 식물성 재료로 고기의 맛, 질감, 색감을 완벽하게 재현하는 임파서블 버거는 기존 육류와 구분하지 못할 정도의 맛을 자랑하면서도 콜레스테롤은 없다. 그 외 다양한 업체들이 식물성으로 해산물, 우유, 치즈, 아이스크림 등의 대체품을 만들어내고 있다. 기존 육류업계도 식물성 대체 육류 개발에 뛰어들고 있는데, 세계 최대 공장식 축산기업 타이슨 푸드가 100% 식물성 재료로 만든 비건 패티를 출시했고 맥도날드 역시 식물성 버거인 맥비건을 출시했다.

또 다른 대체 육류는 '배양육'이다. 실험실에서 동물의 세포를 배양해서 고기를 만들어내는 방식이다. 인공적이고 부자연스럽지만 따지고 보면 기존의 공장식 축산이야말로 인공적이고 부자연스러운 방식이다. 실험실 배양육은 현재의 축산업이 야기하는 어마어마한 땅과 물의 낭비를 획기적으로 줄일 수 있고 축산 분뇨로 인한 오염과 기후변화, 밀집 사육으로 인한 바이러스와 전염병도 막을 수 있는 혁신적인 대안이다. 다만 육류 섭취에서 오는 건강상의 문제는 남아 있고, 100% 식물로 육류의 맛을 재현하는 상품이 이미 나와 있기 때문에, 굳이 배양을 해서까지 고기를 먹어야 할 필요가 있나 싶은 생각이 든다. 또한 가격도 싸지는 않기 때문에 대체 육류 시장에서 경쟁력을 가질 수 있을지 의문이다. 어쨌거나 중요한 것은 기존의 축산업으로는 '100억의 식탁'을 차릴 수 없다는 점, 그래서 적극적인 대안 모색이 필요하다는 사실이다.

내가 생각하는 진정한 채식은 되도록 가공하지 않은 자연 그대로의 식물을 먹는 것이다. Non-GMO 국내산, 탄소 배출을 줄이기 위해 제철에 가까운 지역에서 생산된 로컬푸드면 좋겠고, 여건이 된다면 텃밭에서 직접 기른 작물이면 더욱 좋겠다. 그러니까 수입과 자본 의존에서 벗어나 '자급자족의 힘'으로 기른 식물을 먹는 것이 내가 생각하는 가장 지속 가능한, 가장 미래 지향적인, 그리고 가장 저렴하고 건강한 채식이다. 고기 맛을 똑같이 재현한, 글로벌 기업의 자본으로 만들어진 대체 육류에 대한 탐닉은 채식의 진정한 가치에서 멀어지는 것 같다. 하지만 주식으로 육류를 먹어왔던 문화권, 혹은 육식을 줄이고는 싶지만 도저히 끊고는 못 살겠다는 사람들에게는 대안이 필요한 것도 사실이다.

채식인이 콩고기나 밀고기를 먹으면 비채식인 중엔 이렇게 비아냥대는 사람들이 있다. "가짜 고기를 왜 먹니. 고기를 먹고 싶으면 먹지, 채식한다면서 가짜 고기를 찾는 건 위선이다"라고. 굳이 비유를 찾자면 콩고기는 어쩌면 전자담배와 비슷할지도 모르겠다. 금연을 시도하는 사람 중에 단박에 끊는 사람도 있고, 조금씩 줄이는 사람도 있다. 유해성 논란이 있지만 전자담배 같은 대용품이 필요한 사람도 있듯이, 오래된 습관인 육식을 끊는 것도 사람에 따라 방법과 속도가 다를 것이다. 채식인들이 콩고기 먹는 게 모순이 아니라, 육식인들이 채식인에게 유독 '완벽'을 요구하는 것이 더 모순 아닐까. 채식인은 완벽주의자가 아니고, 금욕주의자도 아니며, 수도승도 아니다. 다만 더 나은 세상을 위해 자신이 할 수 있는 만큼을 실행으로 옮기는 사람들이다.

한국에서도 채식 문화가 빠르게 퍼지고 있다. 비건 페스티벌이 열리고, 다양한 채식 동아리가 활발히 활동하고, 채식이 가능한 식당을 알려주는 어플리케이션이 보급되고, 관련 책들이 쏟아져 나오고, 최근에는 채식영화제까지 열리는 등 한국에서도 채식 문화가 가시화되기 시작했다. 그러나 여전히 한국은 채식인이 살기 쉽지 않은 나라다. 다양성을 인정하지 않는 문화에서 채식인들은 존중받지 못하고 소외될 때가 많다. 비육식을 선택할 권리는 종종 무시당하고, 왜 고기를 안 먹는지 설명하도록 요구받고, 불편한 질문에 시달리고, 육식을 강요받는다.

아이가 채식을 하는 것에도 편견을 가지는 사람들이 있다. 어떤 이들은 "부모가 아이의 선택권을 빼앗는 거 아닌가. 부모가 아이의 먹을 것을 강요해서는 안 된다. 아이가 먹고 싶은 것을 먹을 자유를 줘야 한다"고 말한다. 나는 거꾸로 묻고 싶다. 아이들이 채식을 하는 것이 부모의 영향이라면, 아이들이 육식을 하는 것은 무엇에 의한 것인가? 아이들은 말을 배우기 전부터 고기를 먹는 법을 부모에게 배우지 않는가? 가족, 학교, 미디어, 마트, 식당, 거리, 세상은 온통 육류로 둘러싸여 있고 더 많은 고기, 더 많은 우유를 먹으라고 하지 않는가? 급식은 거의 육류 중심이고, 마트에선 동물성 재료가 안 들어간 식품을 찾기 어렵고, 식당도 온통 고기 메뉴 일색인데, 아이들이 육식 외의 다른 것을 선택할 권리가 주어지는가? 선택권을 빼앗는 것은 오히려 현재의 육식주의 시스템이 아닌가.

아이들의 '먹을 권리'를 논하기 전에 이 사회가 '알 권리'를 보장하고 있는지를 물어야 한다. 우리 사회는 어린이와 청소년에게, 동물이 어디서 어떻게 사육되고 도축되는지 알려주는가? 공장식 축산과 육식 위주의 식습관이 지구와 우리 자신을 병들게 하고 지구촌 이웃들을 기아와 빈곤으로 내몰고 있다는 사실을 아이들은 알고 있는가? 무엇을 먹어야 사람과 동물, 지구가 건강할 수 있는지 아이들이 배우고 있는가? 부모와 학교의 잘못이 아니다. 어른들조차 '알 권리'를 존중받지 못한 채 살아왔다. 그동안 공장식 축산을 기형적으로 키우며 육류 중심의 식습관을 조장해온 정부와 기업의 책임이다.

하지만 이제 클릭 몇 번이면 우리가 먹는 것의 진실을 얼마든지 알 수 있다. 만약 아이들이 현실을 똑바로 알게 된다면, 다른 것, 더 나은 것을 요구할 거라고 생각한다. 실제로 <잡식가족의 딜

레마>를 본 청소년들이 학교에서 동아리를 만들고, 육류와 축산의 진실을 알리는 전시회를 열고, 책자를 만드는 것을 보며 큰 감동을 받았다.

그런 의미에서 나는 시민들, 그중에서도 어린이와 청소년의 '알 권리와 선택할 권리'가 보장되어야 한다고 생각한다. 과자류, 가공식품 속 정체불명의 동물성 성분에 대한 투명한 공개도 필요하고, 비건 라벨 표시제도 필요한데, 무엇보다 급선무는 단체급식의 선택권이다. 학교, 회사, 군대, 병원 등에서 급식은 고기, 생선, 달걀, 유제품 중심으로 편성돼 있고 비육류 급식을 선택할 권리는 주어지지 않는다. 채식을 원하는 어린이는 학교에서 먹을 반찬이 없어 맨밥만 먹고 와야 하는 불평등과 배고픔에 시달린다. 군대는 더 심각하다. 채식을 하는 군인은 군 생활 내내 선택권이 주어지지 않기 때문이다. 심각한 인권 문제다.

몇 년 전 학교에서 카레를 먹고 사망한 어린이가 있었다. A군은 우유 알레르기가 있었고 우유 들어간 음식을 먹어서는 안 된다는 것을 학교 측에 사전에 알렸다. 그런데 급식에서 나온 카레에 우유가 포함돼 있었다. A군은 카레를 먹었고, 알레르기 발작으로 뇌사 상태에 빠졌다가 목숨을 잃고 말았다. 이후 교육부는 알레르기 유발 식품 공지를 의무화하는 급식법 개정안을 만들었다. 하지만 공지한다고 다 되는 문제일까? 알레르기 때문이든, 환경과 이웃을 위해서이든, 채식을 하는 어린이는 현행 급식 체제에서는 거의 먹을 게 없는데 말이다.

그러므로 비육류, 즉 채식 급식 선택권은 인권 차원에서 반드시 보장되어야 한다. 2017년 포르투갈 의회에서는 학교, 병원, 교도소 등 모든 공공기관 구내식당에서 동물성 성분이 포함되지 않은 비건 메뉴 제공을 의무화한 법률이 통과됐다. 캘리포니아주도 공공기관 구내식당의 비건 메뉴 의무화가 법으로 지정됐다.

채식인 학생이 아니라도, 더 안전하고 건강한 음식을 먹을 권리가 보장되어야 한다. 세계보건기구 산하 국제암연구소에서 석면, 담배와 같은 '1군 발암물질'로 분류한 햄, 소시지 등의 가공육과 '2군 발암물질'로 분류한 붉은 육류가 학교 급식에 거의 매일 포함된다. 육류 편향의 식습관은 어린이, 청소년의 비만, 당뇨, 암, 그리고 아토피, 천식 등 각종 면역계 질환의 증가로 나타나고 있다. 모든 학생들의 밥 먹을 권리를 위해 무상급식이 시행됐다면, 이제는 건강한 밥을 먹을 권리가 보장되어야 한다. 그 시작은 주 1회 채식 급식일 것이다.

전 세계 40여 개국 이상에서 주 1회 채식 급식 운동을 벌이고 있다. 벨기에 헨트를 비롯, 독일 브레멘, 브라질 상파울로, 미국의 뉴욕, 로스앤젤레스, 피츠버그, 클리블랜드, 마이애미, 대만의 타이베이 등이 시 차원의 채식 정책을 시행하여 주 1회 채식 운동에 동참하고 있고, 세계의 수많은 학교에서 주1회 채식 급식을 시행하고 있다. 현재 한국에서는 70여 개 시민사회단체를 비롯하여 서울시와 광주광역시에서 채식친화정책이 시행 중이며, 전북교육청도 '채식 급식 매뉴얼'을 만들어 보급하고 주 1회 채식 급식을 선택적으로 시행하고 있다. 그러나 대부분의 학교는 여전히 육식 위주의 급식에서 벗어나지 못하고 있다. 급식에 고기가 안 나오는 날에는 학생들이 반찬을 많이 남기고 불만을 토로한다는 이유에서이다.

교육이 병행되지 않은 급식 전환은 실패할 확률이 높다. 동물보다 식물을 먹는 것이 건강과 지구에 얼마나 유익한지 안다면, 아이들도 스스로 식습관을 고치기 위해 노력할 것이다. 실제로 일부 학교에서는 식물을 먹는 것의 이로움에 대해 먼저 교육을 한 후에 원하는 학생들에게 채식 급식을 진행했고 반응이 매우 좋았다. 부모 교육이 병행된다면 더욱 큰 효과를 거둘 수 있다. 학교 텃밭은 아이들이 채소와 친해지는 기회를 줄 뿐 아니라 미술, 사회, 수학, 환경, 윤리, 글쓰기 등과 연계될 수 있는 무한한 배움터다. 예를 들어, 감자를 함께 길러본 후에 선생님은 학생들과 이런 대화를 나눌 수 있을 것이다.

"감자 1kg을 생산하려면 물 500ℓ가 필요해. 같은 양의 소고기를 만들기 위해선 물이 150,000ℓ가 필요하단다. 감자보다 소고기에 몇 배의 물이 더 필요하니? 그리고 100억 명의 사람들이 각자 1kg의 소고기를 먹기 위해선 지구에 얼마나 많은 물이 필요하겠니?"

동물들의 미투 선언 : 위드유, 너와 함께

　돼지 발정제가 화제가 된 적이 있었다. 한 정당 대표 남성 정치인이 과거에 한 여성에게 돼지 발정제를 먹이려 했던 일이 자서전에 마치 모험담처럼 적혀 있는 것이 뒤늦게 밝혀졌고 이것이 성폭행 모의 논란을 일으키며 공분을 샀다. 그런데 또 다른 어떤 여성은 실제로 자신이 그런 일을 당했다며 인터넷에 과거를 토로했다. 축산 지역에서 청소년기를 보냈는데 당시 동네 오빠들이 속여서 돼지 발정제가 든 음료수를 먹게 됐고, 나중에 그 사실을 알고 성인이 돼서까지 살인충동과 트라우마에 시달렸다는 고백이었다.

　일찍이 <선녀와 나무꾼> 속 관음 및 납치 성범죄부터 '위안부' 전쟁 범죄, 정치와 종교, 문화계를 막론하고 광범위하게 만연한 성폭행, 데이트 폭력, 묻지마 살해에 이르기까지, 바다의 모래알처럼 많은 여성들이 육체적, 정신적 죽임을 당해왔다. 지금 이 순간에도 여성들은 공중 화장실에서, 집에 가는 길에서, 강간과 살해 위협에 시달린다. 전 세계적으로 횃불처럼 일고 있는 '미투 운동#Me Too'은 인류 역사상 가장 오래된 폭력에 저항하는 중대한 운동이다.

　그런데 이 거대한 폭력에 맞서 이기려면 그 뿌리가 얼마나 깊은 곳에서부터 시작해서 어디까지 뻗어 있는지를 알아야 하지 않을까. 처음 양돈농장에 갔을 때 수천 마리 어미 돼지들이 각각 스톨에 갇혀 강제 임신되는 광경을 보고 어떤 거대한 뿌리를 본 기분이었다. 이것이 바로 세상의 모든 억압에 끝없이 양분을 공급하는 뿌리구나 하는 생각이 들었다. 인간 여성에 대한 억압과 비인간 여성에 대한 억압. 그 전까지 한 번도 연결 짓지 못했던 두 가지 영역이 하나로 겹쳐 보였다.

축산의 현실을 처음 알게 됐을 때, 식용을 위해 공장에서 사육되는 동물들이 지구상에서 가장 큰 고통을 받는 존재들이며 그중에서도 특히 '여성동물'들의 섹슈얼리티가 더욱 가혹한 착취의 대상이 되고 있음을 발견했다. 고통의 무게를 재는 것이 아니고 수퇘지, 수소, 수탉의 삶이라 해서 더 나을 것도 없지만, 여성동물들은 생산능력을 갖고 있다는 이유로 극단적인 착취의 대상이 되기 때문이다.

암퇘지들은 여성들이 분노했던 그 '돼지 발정제'와 정액을 투입 받아 임신된다. 출산을 하면 새끼를 빼앗기고, 또다시 임신, 출산, 새끼와의 분리를 반복한다. 암탉들은 배터리 케이지에 갇혀 알 낳는 기계로 살아간다. 그리고 젖소들. 나는 평생 우유를 음료수 이상으로 생각해본 적이 없었다. 언젠가 한 여성 영화인 동료가 우유는 여성 소에 대한 착취이고 그래서 자신은 우유를 마시지 않는다고 말했다. 그 말을 진지하게 들었지만 곧 잊고 말았다. 우유는 여전히 맛있었기 때문이다. 이후 아기 엄마가 되어 모유수유를 하면서 수년 전 들었던 동료의 말이 불현듯 기억났다. 그리고 돼지농장을 조사하면서 우유의 생산 과정도 알게 됐다. 어미 소들은 새끼를 낳는 즉시 빼앗기고 (새끼를 찾으며 며칠 동안 울부짖는 소들도 있다고 한다), 막상 새끼에게 먹여야 할 젖은 인간이 다 짜 가고, 또다시 젖 생산을 위해 임신된다. 역지사지. 내 아기를 빼앗기고 젖도 빼앗기고 또다시 내 의지와 상관없이 임신되어야 한다면 나는 그 고통을 견딜 수 있을까.

공장이 아닌 농장의 여성동물들도 그 방법이 조금은 덜 강압적이긴 하지만, 임신과 출산의 수레바퀴를 맴돌아야 하는 것은 마찬가지다. 새끼들에게 젖을 먹이고 돌보던 십순이가 갑작스럽게 새끼들과 분리되던 날, 나는 십순이가 얼마나 당황스러워하고 절망하는지를 느낄 수 있었다.

영화에서는 말하지 못했지만, 동물에 대한 폭력은 인간 여성에 대한 폭력과도 깊이 연관되어 있다. 엘리자베스 피셔는 《여성의 창조 : 성적 진화와 사회의 형성Woman's Creation: Sexual Evolution and the Shaping of Society》이라는 책에서 "인간이 동물의 생식을 조종하기 시작하자 잔인성과 죄책감, 그 이후 무감각으로 이어지는 관행들에 더 익숙해지게 되었다. 이러한 동물에 대한 지배가 인간 노예화, 특히 번식과 노동을 위해 여성을 착취하는 모형을 만든 것 같다"고 말한다. 피셔는 동물을 착취하고 종속시키는 폭력이 여성에 대한 남성의 성적 지배의 길을 닦았고, 가부장적인 사회 구조 안에 고도의 억압적 통제를 만들어냈다고 본다.

　동물에 대한 억압과 여성에 대한 억압은 놀라울 정도로 비슷하다. 축산 동물들이 인간의 필요나 판단에 따라 이용되고 운명이 결정되는 것처럼, 가부장제에서 여성은 자신의 삶의 결정권을 스스로 가질 수 없다. 여성 돼지들은 출산과 임신을 반복 당하며 새끼 낳는 '성적'을 높여 국민총생산과 축산 경제 성장과 고기 생산량 증가에 이바지하도록 이용된다. 전통적으로 가부장적 혈통 유지를 위해 출산에 복무하도록 요구받아온 여성들은 이제 고령사회를 맞이해서는 '출산율'을 높여 '노동인력'을 생산해서 국가경제와 '애국'에 이바지하도록 주문받는다. 여성들은 표면적으로는 밖에서 일할 기회가 주어졌지만 여전히 저임금, 비정규직, 경력단절에 시달리며 육아와 가사에 종속되도록 요구된다. 남성 중심 사회에서 젊은 여성은 '영계'라 불리고, 자식들을 낳고 키우고 가임기를 지나 폐경(완경)에 이른 여성들은 '퇴물' 취급을 받는다. 마치 알 낳는 생산성이 떨어지는 암탉을 '폐계'라 하듯.

　영화 속 공장식 축산을 보면서 많은 관객들이 "인간 사회 역시 그다지 다를 바가 없는 것 같다"는 말을 했다. 어느 관객은 성적에 따라 줄 세우고 사회의 '인적자원'으로 길러지는(사육되는) 청소년들의 현실을 떠올렸고, 어느 관객은 한창 나이가 지나면 명예퇴직이라는 이름으로 쫓겨나는(도태되는) 직장인의 현실을 떠올렸고,

어느 관객은 집단 수용된 요양시설 노인들을 떠올렸다. 2016년, 조류독감으로 살처분된 닭들을 위한 위령제에 참여한 한 참가자는 장애인 시설에 살았던 경험을 떠올리며 이렇게 말했다.

"그곳은 시설의 철폐를 주장하면서 나온 일종의 대안 모델의 시설이었음에도 불구하고 우리는 노동을 해야 했고, 제대로 된 케어를 받지 못했고, 사생활이나 성생활 같은 것은 없었고, 개인의 공간도 없었으며, 화장실마저도 노출된 채로 공용으로 사용해야 했습니다. 저는 그곳이 굉장히 숨 막히고 질식할 것 같았고 그곳에서는 살 수 없다고 느꼈습니다. 그런데 단 한 칸. 자신의 몸을 뉘이기도 힘든 그곳에서 알만 낳아야 하는 닭들은 대체 무슨 생각을 하며 숨을 쉬고 있을까요? 장애인을 대하는 논리와 동물을 대하는 논리는 굉장히 같습니다. 홀로코스트에 대해서 유대인만 생각을 하는데 장애인과 동성애자, 트랜스젠더, 크로스드레서 등 규범성을 벗어난 사람들이 많이 학살을 당했습니다. 저는 그 학살을 경험할 뻔했던, 그 폭력을 경험했던 한 사람으로서, 공장식 축산과 이런 모든 시설의 철폐를 주장합니다. 시설에 갇힌 모든 생명들에게 해방을!"

《영원한 트레블링카Eternal Treblinka》라는 원제의 책《동물 홀로코스트》는 '동물과 약자를 다루는 나치식 방식에 대하여'라는 부제를 달고 있다. 저자 찰스 패터슨은 역사와 홀로코스트에 대한 방대한 연구를 바탕으로, 동물에 대한 착취와 인간에 대한 착취가 서로 긴밀히 연관되어 있음을 밝힌다. 그가 역사에서 발견한 패턴은 이렇다. 먼저 인간이 동물을 노예화하고 착취한다. 인간은 동물에게 했던 행동을 다른 사람들에게 한다. 강자 인간이 약자 인간을 대하는 폭력은 다시 동물에게 반복된다. 폭력이 뫼비우스의 띠처럼 계속된다. 저자는 폭력의 뿌리를 쫓아 1만 1천 년이라는 시간을 거슬러 올라간다. 수십만 년 동안 야생과 수평적 관계에 놓여 있던 인간이 동물을 가축화하고 노예화한 이 시점부터 자연을 '통제와 이용'의 대상으로 바라보기 시작한다. 동물을 '사육'하고 '소유'하는 목축문화는 더 많은 가축과 방목지를 소유하기 위한 전쟁을 일으켰다. (윌 터틀의 <월드 피스 다이어트>에 따르면 '자본**capital**'이란 단어는 소와 양의 '머리'를 뜻하는 라틴어 '카피타**capita**'에서 유래했고, 최초의 자본주의자는 땅과 가축을 빼앗기 위해 싸운 목축인이었다. 목축문화와 자본주의가 결합하여 공장식 축산이 되었다.)

인간이 동물을 대하는 방식은 인간이 인간을 대하는 방식을 바꿔놓았다. 동물을 통제하려고 사용하는 방식들(거세, 낙인, 족쇄, 채찍질)이 인간 노예를 통제하기 위해서도 사용되었다. 식민지에서는 백인에게 저항하거나 도망가는 흑인들을 거세했다. 거세로 황소와 종마의 성깔을 누르듯이, '깜둥이'들을 거세로 제압한 것이다. 백인들은 노예가 새로운 주인에게 팔릴 때마다 얼굴에 글자를 새겼다. 동물의 예속화는 인간 역사에서 이전엔 결코 볼 수 없었던 억압적 위계사회를 만들고 전쟁을 촉발시켰다. 동물과 식물의 유전적 형질을 이용하여 품종을 개량하는 육종학은 '인종 개량학'인 우생학으로 이어졌고, 우생학은 나치즘의 토양이 되었다. 20세기 초 미국은 장애인, 동성애자 등을 '사회에 부적합한 인간'으로 규정짓고 이들의 출산을 합법적으로 제한하며 광범위한 단종수술을 실행했다. 독일은 미국을 지도자 국가로 삼고 '인종청소'를 강행했다.

헨리 포드는 공장식 도축장을 보고 자동차 조립 공장의 영감을 받아 많은 돈을 벌었고, 그 돈을 나치에 지원했다. 또 나치를 지지하는 책자도 발간했다. 동물을 착취하는 시스템이 자본주의의 꽃으로 피어나고 그것이 다시 인간 학살로 이어졌던 무섭고 놀라운 연결고리.

살처분에 동원된 공무원들이 말했다. 우리가 나치와 뭐가 다르냐고. 작가 아이작 싱어는 말했다. "동물과의 관계에서 모든 사람들은 나치이다. 그 관계는 동물들에게는 영원한 트레블링카이다." 트레블링카는 폴란드에 있었던 나치 수용소일 뿐 아니라, 제도와 관습의 이름으로 비인간 동물을 착취하는 인류의 현재이다.

횃불처럼 번져가는 위대한 미투 혁명을 응원하고 동참하면서, 나는 만약 비인간 여성 동물들(암퇘지, 암탉, 암소, 암캐 등등으로 불리는 그들)이 직접 미투 선언을 할 수 있다면 어떤 말들을 할까 상상해본다. 그 선언문은 인간 여성의 선언문과 매우 유사할 것이며, 꼬리에 꼬리를 물고 선언이 이어질 것이다. 지구를 몇 바퀴 돌고도 끝나지 않을 정도로 길고 긴 글이 될 것이다. 인간 사회의 미투 혁명이 진정한 혁명이 되려면, 그리고 미완의 혁명이 되지 않으려면, 우리는 비인간 동물들의 편에서 증언자가 되어야 한다. 여성의 몸을 출산 도구, 성욕 만족의 도구로 보는 폭력에 저항하여 여성들은 "나의 자궁은 나의 것"이라 외친다. 그렇다면 동물의 몸을 출산도구, 고기 생산 도구로 보는 폭력에 저항하여 이렇게 말할 수 있지 않을까? "나의 자궁은 나의 것, 그리고 너의 자궁은 너의 것"이라고.

나는 직접 SNS에 선언문을 쓰거나 일인시위를 하거나 촛불집회에 나와 피켓을 들 수 없는 비인간 동물들의 편에 서서 '위드유#With You'를 외친다. 세상의 모든 억압과 폭력이 바라는 것은 침묵이고, 침묵은 동의의 다른 말이기 때문이다.

불과 몇 십 년 전까지 미국에는 버스 앞자리를 백인들에게 양보하고 흑인들은 뒤에 앉아야 하는 법이 있었다. 1955년, 버스 앞자리가 백인들로 다 차자 버스 기사는 뒷자리 즉 유색인종 자리에 앉아 있던 흑인들에게 자리를 양보할 것을 요구했다. 그때 로자 파크스라는 용감한 흑인 여성은 이를 거부했다. 그녀는 '분리에 관한 법률' 위반 혐의로 체포됐고, 이 사건은 흑인인권운동의 도화선이 되었다. 세계 4대 마라톤 대회 중 하나인 보스턴 마라톤 대회는 1960년대까지 여성 참여를 금지했다. 1967년, 캐서린 스위처라는 여성이 대회에 출전했다. 대회 측은 완력으로 그녀를 쫓아내려 했지만 스위처는 당당하게 42.195km를 완주했고, 1972년부터는 여성에게도 참가 자격이 주어졌다. 사우디아라비아에서 여성의 자동차 운

전은 2018년 합법화됐다. 부정의한 문화, 부당한 관습에 의문을 제기하고 다른 행동을 한 사람들이 있었기에, 그리고 그들 옆에서 함께 손잡은 사람들이 있었기에 변화가 시작되고 정의는 한 발자국씩 진보해 왔다. 사회심리학자 멜라니 조이는 "운동은 증언자의 수가 임계질량이라 할 수준을 넘어설 때 성공한다"고 했다. 비인간 동물들의 편에서 증언하는 사람들의 수가 점점 늘어나고 있다. 나는 확신한다. 언젠가는 이렇게 말할 날이 올 것이다. "한때는 우리가 인간처럼 숨 쉬고 느끼는 생명들을 단지 인간이 아니라는 이유로 시계태엽 장치처럼 대했던 시절이 있었지"라고.

슬기로운 해법

《프랑켄슈타인》같은 명작이 나올 수 있었던 배경에는, 작가 메리 셸리와 시인 퍼시 비시 셸리 부부가 동시에 채식주의자였다는 사실이 있다. 둘은 서로 용기와 영감을 줬을 것이다. 톨스토이는 위대한 작가였는지는 모르지만 좋은 남편은 아니었고 '슬기로운' 채식주의자도 아니었다. 아내 소피아의 일기를 보면 남편 때문에 메뉴를 두 가지로 준비해야 해서 너무 힘들다는 푸념이 나온다. 톨스토이는 결혼 중반부터 가족에 소홀했는데 그 와중에 채식을 시작했다. 본인이 요리를 한 것도 아니었기에 아내 입장에서는 당연히 남편의 채식이 마뜩지 않았을 것이다.

영화 상영 후 관객들과 대화를 하다 보면, 채식을 하고 싶지만 배우자나 자녀들이 고기를 너무 좋아해서 채식하기가 힘들다거나, 가족들이 고기를 좀 덜 먹게 하고 싶은데 무슨 좋은 방법이 없겠느냐는 등 묘안을 묻는 분들이 많다. 콜린 캠벨 박사의 영양학센터 홈페이지에는 식물 기반 자연식에 대한 가이드라인과 많은 레시피는 물론 '슬기로운 채식 생활'을 위한 다양한 팁이 올라와 있다. 가령 '채식인이 비채식인 배우자와 함께 사는 법' 같은. 리사 로리머는 여덟 가지 팁을 제시한다. 그 8계명을 요약하면 다음과 같다.

1. 가르치거나 논쟁하려 하지 말고 (활력 넘치는 모습과 삶으로) 보여줄 것.

2. 하루아침에 식탁을 다 바꾸려 하지 말고, 가족이 이미 하고 있는 식물 기반 자연식에 몇 가지를 추가해볼 것.

3. 내가 변화한 여정을 잊지 말 것. 나 역시 얼마 전까지 육식을 했음을 잊지 말 것.

4. 사랑이 가장 큰 힘임을 잊지 말 것. 가족과 더 많이 함께 놀고, 웃고, 대화할 것.

5. 상대방이 식사 중일 때 연설은 금물. (육류를 먹고 있는 중에 육식의 문제를 이야기하면 사람들의 심리는 매우 방어적이 된다.) 예를 들어 식사 중에 삼촌이 "단백질 섭취는 어떻게 하느냐"고 묻는다면 식사가 끝난 후에 알려주겠다고 할 것.

6. 큰 변화는 작은 변화들의 총합임을 잊지 말 것. 천리 길도 한 걸음부터.

7. 혼자는 외로우니 동료들과 만나고 정보를 나눌 것.

8. 맛있는 요리를 해서 식구들을 놀라게 할 것.

멋진 팁이다. 여기에 나는 한 가지를 추가하고 싶다. <잡식가족의 딜레마>를 식구들과 함께 볼 것!

영화를 만드는 과정에서, 그리고 완성된 영화를 상영하고 관객들과 만나고 세상과 소통하는 과정에서, 나는 커다란 인생의 전환기를 거쳤고, 성장했다. 같이 사는 식구들도 덩달아 변화의 시간을 거쳤다. 돌이켜보면 내가 갑자기 채식을 시작하면서 우리 가족도 고충이 컸을 것이다. 채식파 엄마, 육식파 아빠, 그 사이에 낀 아들. 어느 평범했던 '잡식가족'은 딜레마를 겪게 됐다.

남편 영준은 다큐멘터리 감독을 아내로 둔 탓에 남들은 겪지 않는 불편함을 많이 겪었다. 귀찮은 촬영과 인터뷰에 시달리고, 집에서 치킨도 마음 편히 못 먹고. 미안하고 고맙게 생각한다. 처음에 남편은 돼지농장 이야기를 꺼내면 듣고 싶지 않아 하고 '고기 먹을 권리'를 주장하며 예민한 반응을 보였다. 채식이 건강에 좋다고 하면, "스티브 잡스도 채식했는데 왜 췌장암으로 죽었느냐"며 독설을 날렸다. 나의 결단을 대놓고 지지해주지 않는 것에 상처도 받았지만, 돌이켜볼수록 남편은 나의 채식 인생에 엄청난 공로자다. 외식을 하면 늘 채식 식당을 찾아가는 수고를 마다하지 않았다. 영화에서는 굉장한 육식주의자처럼 보이지만 (그래서 수많은 육식인들의 공감대를 끌어모았지만) 실은 그렇게까지 육식에 집착하는 사람은 아니다. 채소도 좋아한다. 다만 자유분방한 성격의 그로서는 자신의 익숙한 식생활을 침해할까 봐 방어벽을 세웠던 것 같다. 솔직히 나도 채식 초기에는 남편이 같이 채식을 했으면 하는 마음이 컸다. 몸에 안 좋을 게 뻔한 것들을 먹고 있으면 잔소리깨나 했다. (지금 알고 있는 리사의 8계명을 그때도 알았더라면.)

하지만 차츰 남편을 바꾸려는 생각을 버렸다. 무엇을 먹든 내버려뒀다. (법륜 스님이 그러셨던가. 도道 중의 가장 훌륭한 도가 '냅도'라고.) 대신 샐러드나 과일 등 좋은 것들을 챙겨줬다. 그러자 그도 변했다. 육식을 끊은 건 아니지만, 전에 즐겨 먹던 고기 요리를 더 이상 하지 않고 해산물에 만족한다. 내가 차리는 비건식도 잘 먹는다. 텃밭을 가꿔 식탁에 신선한 채소를 공급해주고, "페이크fake, 가짜 고기"라 투덜대면서도 시장에서 콩고기를 사 오기도 한다. 주위 사람들에게 현미밥이 좋다며 권하기도 한다. 그러니까 채식에 대해 정말 우호적으로 변했다. 나아가 내가 하는 채식 관련 활동을 응원해주기도 한다.

그가 변화한 계기는 여러 가지가 있겠지만, 반복되는 고병원성 조류독감AI이 큰 계기였던 것 같다. 공장식 밀집 사육, 바이러스와 전염병, 위협받는 야생의 새들과 생태계, 도영이의 신종플루 감염, 또 다른 인수공통전염병에 대한 우려. 이러한 악순환의 근저에 존재하는 육식 문화. 더불어 내가 몇 년 동안 끈질기게 영화를 만드는 과정과 그 결과물로 완성된 영화를 보면서, 차츰 변화가 온 것 같다. 한때 '치킨 킬러'였던 남자, 돈가스 마니아였다가 어느 날 돌연 채식을 선언한 여자의 아슬아슬한 동거. 우리는 서로 간극을 좁혀가며 평화롭게 공존하는 법을 배웠다.

도영은 서너 살 때 '조기교육'을 통해 돈가스가 돼지라는 걸 알아버렸다. 아기 때부터 도영은 딜레마적 존재, 철학적 존재일 수밖에 없었다. 도영은 흔치 않은 질문들을 던졌다.

"엄마, 사람은 동물 먹는 거야, 안 먹는 거야?"

어려운 질문이었다. "아니"라고 하고 싶지만, 현실을 부정할 수는 없었다.

"어떤 사람들은 먹고 어떤 사람들은 먹지 않아."

그런가 하면 어느 날엔 식탁 위의 생선을 보고 이렇게 말했다.

"물고기 불쌍해. 엄마, 눈을 뜨고 있는 물고기는 안 먹을 거야."

프란츠 카프카가 수족관의 물고기들을 보며 먹지 않겠다고 약속하고 그때부터 베지테리언이 된 것처럼, 한국 나이로 겨우 네 살이었던 도영은 식탁 위의 죽은 물고기를 보고 그렇게 말하고 생선을 먹지 않았다. '눈동자를 가진 타자'에 대한 연민의 마음을 도영은 어린 나이부터 갖고 있었다. 새끼 돼지 돈수의 눈동자를 닮은, 어린 아들의 까맣고 착한 눈동자가 내게 묻는 것 같았다.

'엄마, 그림책에서는 친구였던 돼지가 왜 급식판에 고기가 되어 올라와? 엄마는 작은 개미도 함부로 해서는 안 된다고 했는데 왜 돼지는 삼겹살이 돼? 아빠가 치료하는 부엉이, 황조롱이, 뻐꾸기는 보호해야 되는 새들이라고 배웠는데 왜 닭은 날개도 못 펴는 우리에 가두고 키워?'

인간은 모순된 존재다. 우리는 동물을 먹고 사랑하고 혐오해왔다. 그러나 모순의 간극을 줄일 수도 있음을 삶에서 보여주고 싶었다.

도영은 어릴 때부터 고기보다 두부와 콩을 더 좋아했다. 브로콜리 같은 채소도 좋아했다. 도영은 여름날 호박처럼 잘도 자랐다. 한 살, 두 살, 나이를 먹으며 아이의 눈은 더 많은 것들을 보게 되었다. 아이는 학교를 오갈 때마다 온갖 유혹에 빠지는 피노키오가 되곤 했다. 도영은 어느 날 문득 이렇게 말했다.

"엄마, 나 이제 채식주의자 그만할래."

내가 답했다.

"너는 네가 먹는 것이 무엇인지 알 권리가 있고, 엄마는 아이가 먹는 것이 무엇인지 알려줘야 할 의무가 있어. 그래서 알려줬어. 선택은 도영이가 해야겠지."

"선택은 네가 해"라고 '쿨' 하게 답했지만, 사실 마음속까지 '쿨' 한 건 아니었다. 도영이가 채식을 관두겠다고 한 건 고기 때문이 아니라 정체불명의 동물성 재료와 합성 첨가물이 잔뜩 들어간 시중 과자류, 컵라면 따위를 마음껏 먹고 싶어서라는 걸 알고 있었기 때문이다. 해로운 걸 알면서 마냥 먹게 내버려둘 수도 없고, 그렇다고 일일이 잔소리하거나 통제할 수도 없다. 여전히 딜레마다. 아이가 더 정확히 알고 더 현명하게 판단할 수 있도록 도와주는 수밖에. 가령 젤라틴이 들어간 젤리가 소가죽으로 만들어진다는 걸 알려주려면 백 번 말하는 것보다 인터넷에서 관련 사진을 찾아 보여주는 게 훨씬 효과적이다. 육식과 채식에 대해 어린이들 눈높이에 맞게 나온 영상이나 그림책도 있다.

육류, 유제품보다 채소, 두부 등을 좋아하는 도영은 학교에서 먹을 것이 거의 없다. 급식에선 거의 매일 육류가 나오고 대부분의 반찬에 동물성 성분이 포함된다. 아이가 맨밥만 먹게 할 수 없어서 아침마다 반찬 두세 개를 만들어 도시락을 싸서 보낸다. 벌써 몇 년째다. 바쁜 일상 속에 매일 도시락 반찬을 싸는 건 보통 힘든 일이 아니다. 출장 가느라 도시락을 못 싸면 아이는 맨밥만 먹어야 한다. 나물 한 가지라도 나오는 날은 운이 좋은 편이다. 단지 개인의 기호가 아니라 지구와 동물, 다른 이웃들을 위해 채식을 하는 어린이와 그 부모가 왜 이런 불평등과 배고픔을 감수해야 할까. 괜히 돼지농장을 보고, 괜히 채식을 해서 아이를 힘들게 만든 건가? 아이로 하여금 힘든 소수자의 길을 가게 한 것 같아 미안할 때도 있다. 하지만 내가 죄책감을 느낄 문제는 아닌 것 같다. 나는 봐야 할 것을 봤고 해야 할 일을 하고 있을 따름이다.

채식인 어린이의 인권은 물론, 모든 어린이의 건강권을 위해, 그리고 온실가스 감축을 위해서도 현재의 육류 편향 급식은 채식 친화적으로 바뀌어야 한다고 생각한다. 그래서 2018년 교육감 선거 때 채식 운동 단체들과 함께 열네 개 지역 열다섯 명의 교육감 후보들에게 질의서를 보냈다. 주 1회 채식 급식 도입과 더불어 채식 급식 선택권을 보장할 의향이 있는지를 묻는 질의서였다. 답변에서 후보자들은 우리 사회에서 육식을 줄이고 채식을 권장할 필요성에 대해 공감하였고 학생, 교사, 학부모에 대한 교육의 필요성도 공감하였다. 건강, 생태, 비폭력 생명 문화의 관점에서 채식 급식 확대가 필요하다는 것을 인정했고, 한 후보는 채식 교육을 정규

수업에 포함시킬 수 있도록 노력하겠다는 답변을 하기도 했다. 선거 후 나는 녹색연합, 기후행동 비건네트워크 활동가들과 함께 교육청을 찾아갔다. 우리의 제안을 듣고 놀랍게도 교육청은 채식급식 선택권에 대한 제안을 일부 받아들였다. 변화를 위한 가능성이 보였다. 멋진 일이다.

당장 도영이 학교에 도입되는 건 아니므로 나는 당분간 아침잠을 설치고 도시락을 싸야 하고 도영은 무거운 보온밥통을 들고 학교를 가야 한다. 하지만 뜻이 있는 곳에 길이 있는 법. 언젠가는 도시락을 안 싸도 되는 날이 올 거라고, 맛있고 건강한 채식 급식을 많은 아이들이 먹을 수 있는 날이 올 거라고 믿는다. 그러려면 더 많은 부모들, 그리고 어린이들과 이 문제에 대해 공감대를 형성해야겠지. 그래서 지난여름, 폭염에도 불구하고 <맛있는 영화>라는 4일짜리 마을학교를 열었다. 도영이 친구들, 그리고 엄마들에게 다큐멘터리 영화, 짧은 애니메이션 들을 보여주고, 맛있는 채식 요리를 함께해서 먹는 수업이었다. 역시 영화의 힘은 크다. 함께 음식을 만들고 둘러앉아 먹는 것의 힘은 더 큰 것 같다.

도영은 나름대로 생각하며 길을 찾아가는 중이다. 엄마와 같이 있을 땐 채식, 자연식, 아빠와 같이 있을 땐 자장면 등을 먹는 식으로. 다른 육류는 원치 않는데 아이러니하게도 가끔 돈가스를 먹고 싶어 한다. 하지만 이조차도 한 달에 한 번 먹을까 말까 하는 정도.

그러니까 '털 없는 유인원' 도영은 인간과 생물학적으로 가장 닮은 침팬지와 비슷하게 먹고 있다. 95% 이상 비건에 아주 가끔 육류를 먹는 '돈가스 베지테리언'.

엊그제 돈가스를 먹기 전에 도영이가 갑자기 식탁 앞에 엎드려 넙죽 절을 했다. 그러면서 이렇게 말했다.

"돼지야 미안해. 너의 생명을 취해서."

육류를 먹더라도 자신이 먹는 것이 무엇인지 정확히 인지하고 그것에 미안함과 고마움을 표현할 수 있는 아들이 대견하다. 한번은 기후변화 방지와 펭귄 보호를 위한 캠페인 종이에 이런 메모를 적기도 했다.

"펭귄아, 채식을 하고 고기를 먹지 않을게. 가까운 거리는 자전거를 이용하거나 걸어서 갈게."

인생은 예측 불가능하고, 도영은 자라면서 육식주의자가 될지도 모른다. 난 아이의 판단을 존중할 것이다. 지금 아들이 고맙고 자랑스러운 건 단지 채소를 잘 먹고 채식을 지향해서가 아니다. 자신이 먹는 것이 무엇인지 알고, 또 그 음식이 이웃과 지구에 미칠 영향을 인식하기 때문이다. 부모인 우리가 텃밭을 가꾸는 이유도, 채소 또한 삶이 있고 음식의 근원은 땅과 하늘이라는 것을 아들에게 알려주고 싶어서이다.

십순이와 돈수를 만나고, 무엇을 먹을지 고민에 빠지고, 영화를 만들며 길을 찾아간 시간들. 캄캄한 터널 같던 그 시간을 통과한

'잡식가족'은 이전과는 다른 우리가 되었다. 무엇을 먹을지 또는 먹지 않을지에 대해 가족 전체가 똑같은 선택을 하게 됐다는 이야기가 아니라, 대화하고 토론할 수 있게 됐다는 것이 중요한 변화이다. 이 영화를 만들면서 나와 식구들은 '무엇을 먹는가'가 단지 개인적인 취향의 영역이 아니라, 아주 많은 것들과 연관된 문제라는 것을 깨닫게 되었다. 그것이 가장 큰 선물이다.

2011년 초, 도영의 두 돌 생일을 며칠 앞두고 기획안을 쓰기 시작해서 아이가 만 여섯 살이 되던 2015년에 극장에 올렸고, 아이는 이제 곧 만 열 살이 된다. 이 영화와 함께 아이도 나도 훌쩍 자랐다. 영화는 여전히 이곳저곳에서 상영되고, 나는 시간이 날 때마다 관객들과 대화하기 위해 버스에 몸을 싣는다. 영화를 본 한 관객이 묻는다.

"그래서 잡식가족의 딜레마는 해결됐나요?"

나는 답한다.

"잡식가족의 딜레마는 해결이 됐는데, 이제 잡식사회의 딜레마가 시작됐어요."

객석에서 웃음이 출렁인다. 관객들도 같이 딜레마에 빠지게 만드는 것이 이 영화의 목표였다. 그 목표는 달성된 것 같다. 이제부터 딜레마는 모두 함께 풀어가면 좋겠다.

누군가 내게 "다큐멘터리는 생물生物" 같다고 말했다. 언제 어디서 어떤 모습으로 나타날지 모른다는 뜻에서 그런 말을 했던 것 같다. 이것은 다큐멘터리 영화가 (다른 모든 장르의 영화와 마찬가지로) 만들어진 후에는, 작가라는 엄마의 품을 떠난 아이처럼 관객과 함께 세상 속에서 살아 움직인다는 뜻으로도 해석할 수 있을 것 같다. <작별>의 주인공이었던 호랑이 크레인의 슬픈 삶은 '동물원 법' 제정으로 이어졌고, <어느 날 그 길에서>의 주인공들은 야생동물 로드킬의 현실을 알리고 정책을 개선하기 위해 지금도 고군분투 중이다. 그리고 <잡식가족의 딜레마>는 관객들과 함께, 그리고 바라건대 이 책의 독자들과 함께, 공멸의 밥상을 공생의 밥상으로 바꾸기 위해 노력 중이다. 힘든 길이었지만 이 길을 의심한 적은 없고, 고독한 작업이었지만 더 이상 외롭지 않다.

　비인간 동물들은 마이너리티 중의 마이너리티임에 분명하다. 왜냐하면 그들은 인간의 목소리를 낼 수 없기 때문이다. 인도 출신 세계적인 작가 아룬다티 로이는 "작가가 이야기의 주제를 정하는 것 같지만 사실은 이야기가 작가를 찾는다"고 말했다. 나는 그들로부터 부름을 받아 그들이 원하는 방식으로 쓰이고 있는 것 같다. 나는 그 '부름과 쓰임'에 기꺼이 응한다. 내가 감히 그들을 대변하거나 심지어 구원할 수 있다고 믿기 때문이 아니다. 구원받는 것은 오히려 나다. 영화를 만들 때마다 매번 예상하지 못했던, 그러나 결정적인 존재들이 내 앞에 나타났다. 크레인을 만났고, 팔팔이를 만났고, 십순이와 돈수를 만났다. 그들은 내 영화의 주인공이 되었고 내 삶을 변화시켰다. 영화는 치명적이다. 고생길인 걸 뻔히 알지만 또 다시 다음 작품에 빠져들곤 한다. 많은 부름을 받고 오래 쓰이고 싶 다. 이야기로부터, 관객으로부터, 그리고 이 모순투성이 세상으로 부터.

동물원, 길, 그리고 농장에서 카메라
를 들고 그들의 이야기를 '듣기' 위해
노력했다. 눈으로 본 것을 '보았다'고
하지 않고 '들었다'고 하는 것은, 그들
의 눈동자가 어떤 이야기를 들려주는
것 같았기 때문이다.

공장의 어린 돼지들은 마치 강아지들 같았다. 내 손가락을 핥으며 호기심
에 킁킁대던 그들, 그 천진한 눈동자를 잊을 수 없다. 내가 사랑했던 개,
지켜주고 싶었던 호랑이, 내가 먹은 돼지. 그들은 얼마만큼 다르고, 얼마
만큼 같을까.

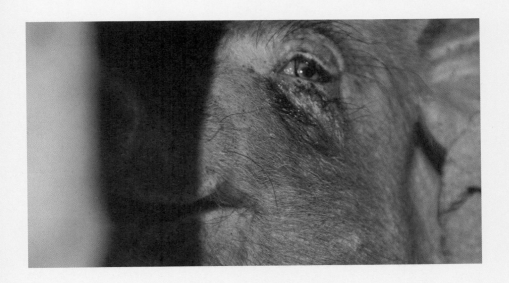

▲ 공장의 비육돈사에서 마주친 어느 돼지의 눈동자. 동물원에 갇힌 동물들에게서 많이 보았던 눈빛이었다.

▼ 동물원에 갇힌 호랑이의 눈동자를 바라보았다. 깊은 호수 같은 그 눈동자에 철창과 내 모습이 비쳤다. 영화는 또 하나의 거울이었다. 인간인 내가 그들과 맺는 관계를 비추는.

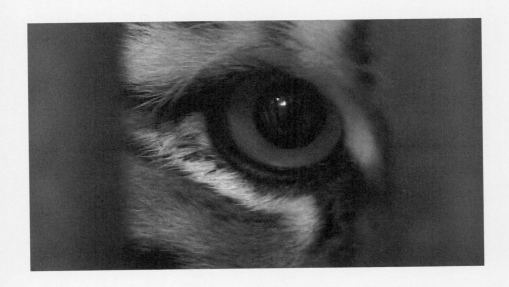

민주주의와 정의를 외쳤던 촛불 광장, 2016년 12월.
그 겨울, 수천만의 닭과 오리가 매몰됐다.
예술가들과 다양한 분야의 시민들이 위령제를 열었다.

위령은 위드유(#With You).
잊지 않겠다, 함께하겠다는 약속이다.

참고 문헌

게일 아이스니츠, 《도살장》, 시공사, 2008

고미송, 《채식주의를 넘어서》, 푸른사상, 2011

권정생, 《강아지똥》, 길벗어린이, 1996

니콜렛 한 니먼, 《돼지가 사는 공장》, 수이북스, 2012

메리 셸리, 《프랑켄슈타인》, 문학동네, 2012

멜라니 조이, 《우리는 왜 개는 사랑하고 돼지는 먹고 소는 신을까》, 모멘토, 2011

모비, 박미연 외, 《고기, 먹을수록 죽는다》, 현암사, 2011

박상표, 《가축이 행복해야 인간이 건강하다》, 개마고원, 2012

박하재홍, 《돼지도 장난감이 필요해》, 슬로비, 2013

새러 래스, 《돼지의 발견》, 뿌리와 이파리, 2007

앨런 와이즈먼, 《인간 없는 세상》, 랜덤하우스코리아, 2007

업튼 싱클레어, 《정글》, 페이퍼로드, 2009

윌 터틀, 《월드 피스 다이어트》, 황소자리, 2013

잔 카자스, 《동물에 대한 예의》, 책읽는수요일, 2011

재레드 다이아몬드, 《총, 균, 쇠》, 문학사상, 2005

제인 구달, 《희망의 밥상》, 사이언스북스, 2006

조너선 사프란 포어, 《동물을 먹는다는 것에 대하여》, 민음사, 2011

조엘 펄먼, 《내 몸 내가 고치는 기적의 밥상》, 북섬, 2007

조엘 펄먼, 《아이를 변화시키는 두뇌 음식》, 이아소, 2008

존 로빈스, 《육식의 불편한 진실》, 아름드리미디어, 2014

존 로빈스, 《음식혁명》, 시공사, 2011

존 맥두걸, 《어느 채식의사의 고백》, 사이몬북스, 2014

진 바우어, 《생추어리 농장》, 책세상, 2011

쯔루다 시즈카, 《베지테리안, 세상을 들다》, 모색, 2002

찰스 패터슨, 《동물 홀로코스트》, 휴, 2014

캐럴 아담스, 《육식의 성정치》, 미토, 2006

콜린 캠벨, 《무엇을 먹을 것인가》, 열린과학, 2012

티머시 패키릿, 《12초마다 한 마리씩》, 애플북스, 2012

팔리 모왓, 《울지 않는 늑대》, 돌베개, 2003

피터 싱어, 《죽음의 밥상》, 산책자, 2008

피터 싱어, 《동물 해방》, 연암서가, 2012

참고 영화 및 방송

라나 워쇼스키, 릴리 워쇼스키, <매트릭스The Matrix>, 1999

로버트 컨너, <푸드 주식회사Food,inc.>, 2008

루이 시호요스, <더 게임 체인저스The Game Changers>, 2018

리처드 링클레이터, <패스트 푸드 네이션Fast Food Nation>, 2006

마뉴 코어맨, <러브미텐더LoveMEATender>, 2011

마들렌 패리, <내 입속의 도살장Murder Mouth>, 2011

제프 올롭스키, <산호초를 따라서Chasing Coral>, 2017

프리 레인지 스튜디오, <미트릭스The Meatrix> 시리즈(1탄, 2탄, 2.5탄)

tvN, <식량일기: 닭볶음탕 편>, 2018

참고 사이트

기후행동 비건네트워크 http://vegan-climateaction.org

농림축산검역본부 '동물보호관리시스템' http://www.animal.go.kr

동물권행동 카라 https://www.ekara.org

동물자유연대 https://www.animals.or.kr

배터리 케이지와 스톨 추방을 위한 백만인 서명운동 http://stopfactoryfarming.kr

베지닥터 http://www.vegedoctor.org

서울환경영화제 http://www.seff.kr

순천만세계동물영화제 http://www.anffis.kr

콜린 캠벨 영양학센터(T. Colin Campbell Center for Nutrition Studies)
https://nutritionstudies.org

휴메인소사이어티 미국(The Humane Society of the United States: HSUS)
https://www.humanesociety.org

<잡식가족의 딜레마> 관련 주소

블로그 https://blog.naver.com/dilemma_2015

페이스북 페이지 https://www.facebook.com/dilemma.2015

배급사 시네마달 http://www.cinemadal.com

사랑할까, 먹을까

ⓒ 황윤, 2018

초판 1쇄 발행 2018년 12월 17일
초판 7쇄 발행 2023년 11월 13일

지은이 | 황윤
펴낸이 | 이상훈
편집2팀 | 허유진 원아연
마케팅 | 김한성 조재성 박신영 김효진 김애린 오민정

펴낸 곳 | (주)한겨레엔 www.hanibook.co.kr
등록 | 2006년 1월 4일 제313-2006-00003호
주소 | 서울시 마포구 창전로 70 (신수동) 화수목빌딩 5층
전화 | 02) 6383-1602~3 팩스 | 02) 6383-1610
대표메일 | book@hanien.co.kr

ISBN 979-11-6040-721-1 03300